Dr. Klaus Mühlbauer

DIE 133 WICHTIGSTEN FRAGEN UND ANTWORTEN ZUR VERMÖGENS-ANLAGE

Früher in Rente – so funktionierts!

simplified

FBV

simplified

Redaktion: Judith Engst
Korrektur: Anja Hilgarth
Umschlaggestaltung: Pamela Machleidt
Umschlagabbildung: shutterstock, Raid
Abdul Rahman
Satz: Daniel Förster, Belgern
Druck: CPI books GmbH, Leck
Printed in Germany

1. Auflage 2019
© 2019 by FinanzBuch Verlag
ein Imprint der Münchner
Verlagsgruppe GmbH,
Nymphenburger Straße 86
D-80636 München
Tel.: 089 651285-0 / Fax: 089 652096

Für Fragen und Anregungen:
info@finanzbuchverlag.de

**Bibliografische Information der
Deutschen Nationalbibliothek:** Die
Deutsche Nationalbibliothek verzeichnet
diese Publikation in der Deutschen
Nationalbibliografie. Detaillierte
bibliografische Daten sind im Internet
über http://d-nb.de abrufbar.

Die im Buch veröffentlichten Ratschläge wurden von Verfasser und Verlag
sorgfältig erarbeitet und geprüft. Eine Garantie kann jedoch nicht über-
nommen werden. Ebenso ist die Haftung des Verfassers beziehungsweise
des Verlages und seiner Beauftragten für Personen-, Sach- und Vermögens-
schäden ausgeschlossen.

ISBN Print 978-3-95972-204-9
ISBN E-Book (PDF) 978-3-96092-376-3
ISBN E-Book (EPUB, Mobi) 978-3-96092-377-0

www.finanzbuchverlag.de
Beachten Sie auch unsere weiteren Verlage unter
www.m-vg.de.

Inhalt

simplified

Die simplified-Buchreihe

Warum mir genau jetzt dieses Buch so wichtig ist

Die »Zinsdiät« ist schon seit langer Zeit zur Nulldiät geworden! Das schürt die Unsicherheit vieler Anleger. Scheinbar weiß kaum noch jemand, wie Geld am besten investiert werden kann. Viele Sparer und Investoren sitzen erstarrt da wie das berühmte Kaninchen vor der Schlange. Sie sind wie gelähmt von den Ereignissen, die sich in den vergangenen Jahren an den Kapitalmärkten zugetragen haben.

Wer selbst sein Vermögen verwaltet, kommt scheinbar gar nicht mehr mit dem Lesen nach, um sich über die aktuellen Entwicklungen an den Finanzmärkten zu informieren. Und auch Gespräche beim Finanzberater werden – unter anderem durch immer umfangreichere Regularien – oft als langatmig und mühsam empfunden. Immer mehr Fachvokabular durchtränkt die Beratungsgespräche. Zunehmend entsteht damit Komplexität und Verwirrung statt Klarheit.

Meine Ideen im vorliegenden Werk habe ich nach meiner persönlichen »k&k-Methode« entwickelt: klar & knapp! Schon vor vielen Jahren hat der Kabarettist Dieter Hildebrand festgestellt: »Alles, was dem Rotstift zum Opfer fällt, fällt nicht der Länge zur Last!«

Sehr oft bekomme ich Geschichten wie die folgenden zu hören:

Laura und Ben haben bisher auf Finanzberatung komplett verzichtet. Denn sie wussten nicht, wie sie einen kompetenten Berater finden sollten, der ihnen die oft komplexen Finanzthemen leicht verständlich erklären kann. Stattdessen haben sie an so manchem Wochenende Google »befragt« und viel Zeit in virtuellen Chatrooms verbracht. Beide sind fest entschlossen, bei einem günstigen Angebot bald zuzuschlagen. Schließlich steht der Urlaub in Kürze an und bis dahin soll die lästige Pflicht der Vermögensanlage unbedingt erledigt sein. Mit hoher Wahrscheinlichkeit wollen sie ein Tagesgeldkonto für den Großteil ihres Ersparten eröffnen. Darüber hinaus planen sie eventuell, in ein Unternehmen zu investieren, das ihr Nachbar gut kennt und mit dem er seit Jahren anscheinend gute Gewinne macht. Augenscheinlich ist den beiden nicht wirklich klar, worin überhaupt ihr Anlageziel besteht.

Konstantin fühlt sich im Finanzdschungel verloren. Seit jeher hat er seine finanziellen Rücklagen monatlich auf sein Tagesgeldkonto überwiesen und dort sind sie auch geblieben. Regelmäßig liest er Artikel über mögliche Schieflagen von Banken. Aus diesem Grund hat er bei unterschiedlichen Banken zwei weitere Tagesgeldkonten eröffnet. Sein Ziel: eine gute und vor allem sichere Streuung für sein Erspartes aufzubauen. Nach kurzer Zeit muss er aber feststellen, dass die Zinsen bei allen Banken sehr niedrig sind. Ihm ist natürlich bewusst, dass die Preiserhöhungen beim täglichen Einkauf im Supermarkt und bei Restaurantbesuchen bei Weitem nicht durch seine Tagesgeldzinsen zu erwirtschaften sind. Dadurch fühlt er sich noch mehr verunsichert.

Mein Ziel besteht darin, den Nebel rund um das Thema Geldanlage zu lichten. Ich hoffe sehr, dass dieses Buches für Sie eine kurzweilige Lektüre ist und dass Sie das Lesen wirklich genießen. Sich mit seinem Vermögen zu beschäftigen, ist kein Hexenwerk und sollte große Freude bereiten. Schließlich haben Sie lange und hart für Ihr Geld gearbeitet!

»Wer nichts weiß, muss alles glauben!« Gezielte und gut portionierte Informationen sind die beste Basis für jede Überlegung im Hinblick auf Ihr Vermögen. Gleichgültig, ob Sie sich selbst um eine Vermögensstruktur kümmern, die zu Ihnen passt, oder ob Sie dafür professionelle Finanzberatung in Anspruch nehmen: Bei immer größer werdender Unsicherheit gilt mehr denn je die Aussage: **»Wo Informationen fehlen, da wachsen die Gerüchte!«**

Den meisten Menschen sind finanzielle Rücklagen sehr wichtig. Und dennoch beschäftigen sich nur wenige Menschen gerne und intensiv mit der Anlage ihres schwer verdienten Geldes. Aus einschlägigen Umfragen geht hervor: Die Menschen in Deutschland verbringen pro Woche mehr Zeit damit, ihr Auto zu waschen, als sie sich pro Jahr mit dem Thema Vermögensanlage beschäftigen. Und auch der Kauf einer Waschmaschine wird mit einer Internet-Recherche zumeist gewissenhafter vorbereitet als ein Beratungstermin bei einem Finanzexperten respektive einer Finanzexpertin.

Dabei war Geldanlegen immer schon einfach, ist noch immer einfach und wird immer einfach bleiben. **Streuung ist und bleibt der Schlüssel zu finanziellem Erfolg!** Streuen Sie also Ihr Vermögen und denken Sie immer daran: **»Wer gut streut, der rutscht nicht aus!«**

Teil 1: Basiswissen Geld und Sparen

»Geld macht nicht glücklich.
Aber wenn man unglücklich ist,
ist es schöner, in einem Taxi zu weinen
als in einer Straßenbahn!«

Marcel Reich-Ranicki

1. Wozu braucht man eigentlich Geld?

Geld hat wichtige Funktionen und man kann sich unser heutiges Leben ohne Geld gar nicht mehr vorstellen, denn mit Geld kann man:

> tauschen,
> berechnen (bezahlen) und
> Werte aufbewahren.

»Geld ist, was Geldfunktionen erfüllt«, fasste kürzlich Bundesbank-Präsident Jörg Weidmann zusammen. Gleichgültig ob Münzen, Papiergeld, Muscheln oder Perlen: Wenn die drei Geldfunktionen erfüllt sind, dann handelt es sich per Definition um Geld.

Insbesondere zu Beginn der Finanz- und Staatsschuldenkrise haben die eigentlich banalen Fragen nach der Notwendigkeit von Geld und seinen Funktionen eine ganz eigene Dramatik entwickelt. Vor allem die zunehmende Verschuldung vieler Staaten hat bei vielen Menschen große Unsicherheit im Hinblick auf Geld und auf Währungen ausgelöst. Als sichtbares Zeichen dieser allgemeinen Unsicherheit kann man die zunehmende Zahl und das anwachsende Geldvolumen auf kurzfristigen Tagesgeldkonten sowie das

gestiegene Konsumniveau werten. Der Rückschluss aus diesem Verhalten liegt auf der Hand: Immer weniger Geld wird langfristig angelegt, um auch später davon gut leben zu können (tauschen).

Dabei ist es immer von überragender Bedeutung, dass wir alle für unsere Altersvorsorge genug Geld zur Seite legen und uns dann vor allem auch darum kümmern. Schließlich möchten wir ja im Alter darauf zurückgreifen. Der entscheidende Punkt dabei ist, dass wir nicht nur Geld sparen sollten, sondern uns mit unseren Ersparnissen auch beschäftigen müssen, um die Werthaltigkeit unseres Vermögens für heute, morgen und auch übermorgen zu sichern.

Drehen wir mal Kalender und Uhr sehr lange zurück und versetzen wir uns in jene Zeit der Naturalwirtschaft, als es noch kein Geld gab. Damals tauschten die Menschen zumeist die Dinge des täglichen Lebens direkt, also Ware gegen Ware, miteinander. Dieser direkte Tausch von Gütern und Dienstleistungen hat lange Zeit gut funktioniert, warf jedoch auch Probleme auf, weil beispielsweise beide Tauschparteien zur gleichen Zeit am gleichen Ort sein und ihre gegenseitigen Bedürfnisse auch zueinander passen mussten. Geld hat erfreulicherweise viele solcher Probleme gelöst. Am Prinzip des Tauschens hat sich seither nichts geändert. Beim Einkaufen im Supermarkt tauscht man Geld gegen Ware und auch Beschäftigte in Fabriken oder Büros tauschen Arbeitszeit und Wissen gegen Lohn oder Gehalt – also gegen Geld.

Aktuell befinden sich Euroscheine im Wert von 1.193 Milliarden Euro und Euromünzen im Wert von 29 Milliarden Euro im Umlauf. Hoffentlich gehören auch einige davon Ihnen! Wenn dem so ist, dann motivieren Sie sich doch am besten dazu, sich um dieses Geld auch angemessen zu kümmern. Denn eines ist klar: Viele Menschen sparen viel Geld. Betrachtet man die Geldbestände auf Tagesgeld-, Spar- und Girokonten, dann scheint es den meisten Menschen ziemlich egal zu sein, was mit ihrem gesparten Geld passiert. Lassen Sie es bei Ihrem Geld nicht so weit kommen!

2. Wie viel ist mein Geld denn wert?

Ein Geldschein ist eine Art Schuldschein, mit dem das Versprechen verbunden ist, dass sein Gegenwert durch den Schuldner anerkannt wird. Schuldner ist der Staat. Somit verspricht der Staat – also am Ende die Gemeinschaft der Steuerzahler eines Staates – die Rückzahlung dieses Schuldscheins. Unser heutiges Geld ist also nicht durch Sachwerte unterlegt, sondern durch die Wirtschaftskraft eines Landes.

Die Akzeptanz von Geld basiert somit auf dem Vertrauen der Bevölkerung, mit einem erhaltenen Geldschein (Schuldschein) auch selbst wiederum Güter und Dienstleistungen kaufen zu können. Verliert die Bevölkerung dieses Vertrauen, dann können sich – wie nach dem zweiten Weltkrieg – Zigaretten- oder Schokoladenwährungen quasi zu einer Art »Parallelgeld« entwickeln.

Und tatsächlich hört und liest man, dass der Wert unseres Geldes immer geringer wird. Das ist so nicht ganz richtig, denn ein Euro war gestern ein Euro, ist heute ein Euro und wird auch morgen noch ein Euro sein. Die Menge der Waren und Dienstleistungen, die wir für einen Euro kaufen können, variiert jedoch in den meisten Fällen und wird im Zeitablauf zumeist leider immer geringer. Haben wir vor längerer Zeit noch zwei Kugeln Eis in der Eisdiele für eine Deutsche Mark erhalten, waren es vor einigen Jahren nur noch zwei Kugeln für einen Euro. Und oftmals gibt es heute nur noch eine Kugel Eis pro Euro.

Führt man diesen Gedankengang zu Ende, dann wird deutlich, dass die große Anzahl an Menschen, die Waren und Dienstleistungen anbieten, und die ebenfalls große Anzahl an Menschen, die Waren und Dienstleistungen nachfragen, den Wert des Geldes gemeinsam bestimmen. Für eine festgelegte Geldeinheit, beispielsweise einen Euro, wird die Menge an Waren und Dienstleistungen, gegen die sich dieser Euro eintauschen lässt, also quasi laufend »verhandelt«.

Sind die Bananen beim Obsthändler um die Ecke zu teuer, weil es beispielsweise für einen Euro nur eine Banane gibt, dann wird ein Verbraucher entweder keine Bananen erstehen oder sie bei einem anderen Händler kaufen. Bietet der Obsthändler um die Ecke jedoch am kommenden Tag Bananen zum halben Preis an, sprich zwei Bananen für einen Euro, dann nimmt ein Kunde dieses Angebot vielleicht an. Dieses ständige Verhandeln nach dem Prinzip »Versuch und Irrtum« (trial and error) führt dazu, dass Preise für Waren und Dienstleistungen festgelegt werden und damit eben auch der Wert des dafür einzutauschenden Geldes.

Im Langfristvergleich zeigt sich, dass die Menge an Waren und Dienstleistungen, die für einen festgelegten Betrag erhältlich sind, zumeist sinkt und entsprechend eben auch der Gegenwert des Geldes geringer wird. Daraus lässt sich leicht ableiten, warum man Geld auf die hohe Kante legen

und dann eben auch besonders gut anlegen sollte: Das eigene Geld soll mehr werden, um damit später mindestens genauso viel – oder noch etwas mehr – kaufen zu können wie heute. Entscheidend ist folglich nicht der Geldbetrag, den ein Mensch gespart hat, sondern die Menge an Gütern und Dienstleistungen, die er sich damit – auch später einmal – kaufen kann.

3. Wie lässt sich zwischen Vermögen und Verbindlichkeiten mithilfe von Geldzu- und Geldabflüssen unterscheiden?

Zunächst einmal könnte man meinen, es wäre nun wirklich trivial, Vermögen und Verbindlichkeiten – also Schulden – nach unterschiedlichsten Kriterien voneinander abzugrenzen. Wer mit seinem Finanz- oder Anlageberater einen Termin hat, wird sehr wahrscheinlich mit ihm über sein Vermögen sprechen. Und steht ein Termin in der Kreditabteilung der Bank an, dann stehen wohl ziemlich sicher Verbindlichkeiten, also Schulden, im Fokus.

Eine der wichtigsten Regeln bei der Vermögensanlage ist jedoch, zwischen Vermögen und Verbindlichkeiten zu unterscheiden. Die grundsätzliche Überlegung muss also lauten:»Investiere ich gerade eben in Vermögen oder gehe ich gerade Verbindlichkeiten ein?« **Vermögen gilt es zu mehren, Verbindlichkeiten gilt es zu kontrollieren.** Was zunächst so einfach klingt, ist manchmal gar nicht so einfach.

Betrachten wir dazu ein paar Beispiele: Bei Aktieninvestments bekommen Sie Dividenden ausgeschüttet und Sie haben langfristige Chancen auf Kursgewinne. Bei Investitionen in festverzinsliche Wertpapiere erhalten Sie Zinszahlungen und eine vermietete Immobilie bringt Ihnen Mieteinnahmen ein.

Damit lassen sich diese drei Beispiele gemäß den Zahlungsströmen, die Ihnen zufließen, eindeutig als Vermögen definieren. Ihr neues Smartphone jedoch kostet ebenso regelmäßig Geld wie Ihr neu gekauftes Auto. Nicht der einmalige Kaufpreis, sondern die Folgekosten (monatliche Flatrate ebenso wie beispielsweise Tankfüllungen, Reparaturkosten und Kfz-Steuer) machen beide vermeintlichen Vermögensgegenstände für Sie zu Verbindlichkeiten. Erst wenn Sie Ihr Smartphone oder Ihr Auto wieder verkaufen, dann fließt Ihnen Geld zu.

Gemessen an den laufenden Zahlungsströmen (Cashflow) ist auch eine selbst genutzte Immobilie als Verbindlichkeit anzusehen. Denn bei Ihrem eignen Haus müssen Sie laufend Rechnungen bezahlen und mir hat noch nie jemand Geld gegeben, damit ich darin wohne. Erst wenn Sie die eigengenutzte Immobilie (hoffentlich gewinnbringend) verkaufen, fließt Ihnen Geld zu und es wird aus diesem Betrachtungswinkel ein Vermögensgegenstand daraus.

Mit diesen Ausführungen will ich gar keine negative oder positive Wertung einer eigengenutzten Immobilie vornehmen. Grundsätzlich geht es aber darum, Vermögen und Verbindlichkeiten gezielt voneinander abzugrenzen und den Blick für diese Unterscheidung zu schärfen.

Verbindlichkeiten einzugehen ist grundsätzlich nicht schlimm. Schwierig wird es erst, wenn man sich verschuldet und fälschlicherweise denkt, dass (aktuelle oder künftige) Verbindlichkeiten eigentlich dem Vermögen zuzurechnen seien. Ein Beispiel: Ein Ferienhaus auf Mallorca wird von vielen sicher zunächst einmal als Vermögenswert betrachtet. Doch selbst wenn es komplett mit Eigenmitteln gekauft wurde, fallen für den Eigentümer laufende Kosten an, wie beispielsweise Reparaturen. Zudem verzichtet er oder sie auf Zinseinnahmen für das eingesetzte Eigenkapital (soge-

nannte Opportunitätskosten). Erst beim Verkauf dieses Ferienhauses fließt
wieder Geld in die eigene Kasse.

Simplified Fazit

Vermögen ist alles, was (regelmäßig) Ertrag abwirft. Einkommen aus
Vermögen heißt auch deswegen Einkommen, weil Geld »hereinkommt«.
Zahlungsströme fließen damit zum Eigentümer hin. Getätigte Investments, die überwiegend Folgekosten nach sich ziehen und damit Zahlungsströme vom Eigentümer wegfließen lassen, sind als Verbindlichkeiten einzustufen.

4. Warum ist Sparen so wichtig und wie motiviere ich mich, mit dem Sparen anzufangen und mein Geld anzulegen?

»Spare in der Zeit, dann hast du in der Not!« Diese Aussage ist zwar wahr. Aber dennoch lockt man damit heute – bei einem insgesamt recht hohen Wohlstandsniveau – kaum noch jemanden hinter dem Ofen hervor.

Sparen ist nichts anderes als ein zeitlicher Konsumaufschub. Sie verzichten auf heutigen Konsum, um sich späteren Konsum leisten zu können. Und natürlich ist vielen der heutige Spatz in der Hand – beispielsweise das neue Smartphone oder die neue Handtasche – lieber als die zukünftige Taube auf dem Dach. Denken Sie jedoch unbedingt daran, dass Ihre »Taube« Ihr hohes Wohlstandslevel im Alter ist. Das ist dann in einer Phase Ihres Lebens, in der Sie körperlich eventuell nicht mehr in der Lage sind, schnell mal eben einen Job zu erledigen und dafür entlohnt zu werden. **Alles, was Sie vor dieser Lebensphase nicht an materiellen Voraussetzungen geschaffen haben, können Sie dann zumeist nicht mehr nachholen!**

Das sogenannte Zwecksparen zeigt, dass viele Menschen grundsätzlich sehr gut sparen können. Dabei haben diese Sparer als Motivation ein oft kurzfristiges Ziel vor Augen, wie zum Beispiel den Kauf eines neuen Autos. Fürs Zwecksparen sind viele Menschen bereit, auf Konsum zu verzichten und Geld auf die hohe Kante zu legen. **Dieses beim Zwecksparen gelernte Verhalten sollte man sich einfach bewahren und auch bei langfristigen Zielen anwenden, vor allem bei der Altersvorsorge.** Bedenken Sie immer: **Irgendwann ist morgen heute und morgiger Konsum ist dann heutiger Konsum.**

Denken Sie beim Sparen also nicht ausschließlich in Geldeinheiten, sondern auch in Zeiteinheiten. Es ist doch ein wirklich befreiendes Gefühl, wenn Sie für sich folgende Rechnung aufmachen können:

> Ich spare jeden Monat 100 Euro und habe nach vier Jahren 4.800 Euro.
> Jeden Monat gebe ich 1.200 Euro aus.
> Das bedeutet, dass ich nach vier Jahren schon vier Monate lang von meinen Ersparnissen leben könnte.

Motivieren Sie sich im Anschluss an den Sparprozess zum Geldanlegen, indem Sie sich die grundlegenden Zusammenhänge zwischen Sparen und Investieren klarmachen: Sie haben in einem ersten Schritt für Ihr Geld fleißig gearbeitet, auf Konsum verzichtet und Geld beiseitegelegt. **Der ganze Fleiß lohnt sich jedoch erst richtig, wenn Sie nun auch den zweiten Schritt machen und Ihre Ersparnisse sinnvoll anlegen!**

TNS Infratest hat in Umfragen ermittelt, dass Menschen in Deutschland etwa 21 Stunden im Leben über ihre eigene Altersvorsorge nachdenken. Nehmen wir einmal an, dass man damit mit dem 18. Lebensjahr beginnt, und gehen wir davon aus, dass man mit dem 60. Lebensjahr damit aufhören würde. Das würde bedeuten, dass man in diesen angenommenen 42 Jahren jedes Jahr 30 Minuten über seine Altersvorsorge nachdenkt. Das sind magere 2,5 Minuten pro Monat!

Für die oft als unangenehm und lästig empfundene Vermögensanlage nehmen sich die meisten Menschen nur sehr wenig Zeit. Die TNS-Infratest-Umfrage belegt, dass für andere Entscheidungen und Tätigkeiten deutlich mehr Zeit eingeplant wird:

> Autokauf: 37 Stunden – und das für jedes einzelne gekaufte Fahrzeug (!)
> Kauf einer Einbauküche: 25 Stunden – für jede einzelne eingebaute Küche
> Durchschnittliche Zeit vor dem Fernsehgerät: 239 Minuten pro Tag

Achten Sie einfach mal auf den üblichen Sprachgebrauch. Viele Menschen betonen, dass der »Zeitaufwand« fürs Geldanlegen sehr hoch ist – und das Wort »Aufwand« ist dabei durchaus negativ gemeint. Deutlich motivierender ist es doch, positiv von einer **»Zeitinvestition« für die Vermögensanlage** zu sprechen. Es wird Ihnen allein schon durch den Sprachgebrauch leichter fallen, etwas Positives mit der Vermögensanlage zu verbinden. Streichen Sie also ab sofort einfach die Floskel »Zeitaufwand fürs Geldanlegen« aus Ihrem Wortschatz und verwenden Sie lieber den Begriff »Zeitinvestition für die Vermögensanlage«. **Denn der Prozess, Geld durch Geld zu verdienen, startet im Kopf.** Sie machen sich selbst somit am besten klar: Geldverdienen durch Geldanlegen ist ein positives Erlebnis und kann wirklich große Freude bereiten.

Setzen Sie sich Zwischenziele für Ihr Erspartes. Wenn jemand mit 18 Jahren anfängt fürs Alter zu sparen, dann wird es sehr schwer, den langen Zeitraum von mehr als 40 Jahren in einem Stück zu greifen. Überlegen Sie lieber realistisch, welchen Betrag Sie in zwei Jahren und in fünf Jahren angespart haben möchten. Setzen Sie sich dann einmal pro Jahr in einer Besprechung mit sich selbst an einen Tisch und schreiben Sie Szenarien auf, die alle mit den Worten beginnen: »Was wäre, wenn …«

Denn was wäre denn, wenn Sie ab morgen nichts mehr sparen könnten, jedoch den bisher angesparten Betrag einfach stehen ließen? Die Welt würde sicher nicht untergehen und später könnten Sie weitersparen und müssten nicht wieder bei null anfangen. Und was wäre, wenn Sie ab dem kommenden Jahr den doppelten Betrag monatlich auf die Seite legen würden? Kurzfristig reich würden Sie vermutlich nicht werden, aber ein gutes Gefühl hätten Sie schon dabei, oder?

Die meisten Menschen denken in Bildern und lernen durch visuelle Darstellungen. Machen Sie sich das doch einfach zunutze und speichern Sie PDFs von Investmentdepots oder Tagesgeldkonten ordentlich auf Ihrer Festplatte ab. Oder Sie heften die Standmitteilungen Ihrer Fondspolicen sauber in Ihrem Geldanlage-Ordner ab. Sie werden bestimmt das gute Gefühl haben, wieder etwas Sinnvolles erledigt zu haben.

Und sollten Sie nicht sicher sein, ob Sie sich mit diesen beiden Hilfestellungen tatsächlich motivieren können, dann suchen Sie sich doch eine gute Finanzberaterin oder einen guten Finanzberater, denn ein echter Profi als Ansprechpartner kann wahre Wunder bewirken.

5. Wie schaffe ich es, mich beim Sparen laufend zu disziplinieren?

Sparen ist ein Vorgang, den jede(r) für sich selbst starten und dann vor allem auch langfristig durchhalten muss. Nutzen Sie den **mentalen Trick, an eine »Zeitinvestition« zu denken und sich zeitliche Zwischenziele zu setzen,** um die Motivation für den Startpunkt des Sparens zu finden. Selbst wenn ein schlechtes Gewissen Sie zum Sparen motiviert – egal! Hauptsache, Sie disziplinieren sich laufend und langfristig.

Jedem Sparer kann ich nur raten: Widersetzen Sie sich dem Herdentrieb beim Sparen ebenso wie beim darauffolgenden Investieren des Ersparten! **Motivieren Sie sich doch einfach mit positiven Emotionen wie beispielsweise dem unglaublich schönen Gefühl finanzieller Sicherheit, die bereits mit kleineren gesparten Beträgen aufkommen kann.** Und nutzen Sie doch einfach einen disziplinierenden Trick, den erfolgreiche Springreiter anwenden: **Diese richten ihre Aufmerksamkeit nicht auf das Hindernis, sondern auf den Landeplatz hinter dem Hindernis!** Visieren Sie also mit Ihrem geistigen Auge den Zeitpunkt an, an dem Sie bereits mehrere Tausend Euro gespart haben. Dann werden die beiden Hürden »Startpunkt des Sparens« und »langfristige Disziplin« gleich viel kleiner und Sie können sich auf Ihre Punktlandung freuen.

Fangen Sie also am besten gleich mit dem Sparen an und richten Sie sich nicht nach anderen. Sie wissen nämlich nie, ob die Erzählungen anderer mit dem Tenor der eisernen Spardisziplin wirklich wahr sind oder ob nicht doch eine Schenkung den vermeintlichen Sparprozess ganz enorm beschleunigt hat. Nur weil Nachbarn eine Ferienwohnung oder ein neues Auto kaufen, muss das für Sie nicht automatisch auch richtig sein. Viele dieser vermeintlichen Vermögensgegenstände bringen laufende Kosten mit sich und stellen damit eher Verbindlichkeiten als Vermögen dar. Und nach wie vor gilt: **Wer Verbindlichkeiten einkauft, muss auf seine Gehaltsabrechnung schauen. Wer Vermögen einkauft, kann auf seine Depotaufstellung schauen.**

Menschlichen Entscheidungen – und damit eben auch dem Sparprozess – liegt immer ein Mix aus Gefühlen und Verstand zugrunde. Die emotionale Ebene wird dabei vom Bauch verkörpert. Wer hat nicht schon einmal den Satz gehört: »Ich habe ein gutes Bauchgefühl bei dieser

Entscheidung.« Diese Emotionen treten in Wechselwirkung mit der rationalen Ebene.

Die Darstellung zeigt, dass beide Ebenen und auch das ganz natürliche Wechselspiel von Bauch und Kopf für die Spardisziplin absolut notwendig sind. Um wirklich langfristig zu sparen, brauchen Sie immer wieder mal einen emotionalen Anstoß ebenso wie das konkrete, gezielte Durchführen und die laufende Kontrolle.

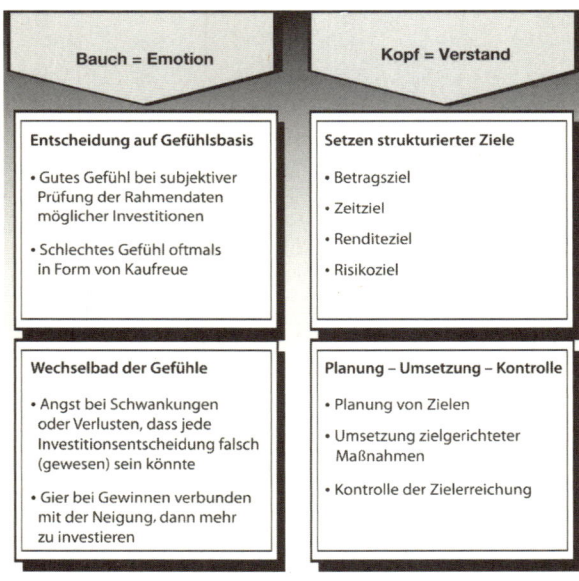

Entscheidungsebenen eines Sparers, Quelle: eigene Darstellung

6. Was muss ich tun, um meinen Spargroschen zur Vermögensanlage zu machen?

Viele Kinder kennen das: Die Eltern, der Onkel, die Oma – jemand schenkt ihnen ihr erstes Sparschwein und wirft hoffentlich gleich auch etwas Geld hinein. Zumeist wird dann das Ersparte zügig in Süßigkeiten oder Spielsa-

chen getauscht. Diese Form des Zwecksparens weckt hoffentlich bei jeder Leserin und jedem Leser dieses Buches eine schöne Erinnerung an die eigene Kindheit oder an die eigenen Kinder.

Werden die Beträge größer und vor allem die Sparzeiträume länger, dann wird es natürlich immer bedeutsamer, wenn das Sparschwein geschlachtet wird. Fließt der Inhalt aus dem Bauch des edlen Porzellantiers nicht unmittelbar in den Konsum, sondern soll er mittel- und langfristig investiert werden, dann transferiert man Bargeld durch Einzahlung auf das eigene Konto in Buchgeld.

Wer den Schritt vom Bargeld zum Buchgeld gemacht hat, für den ist Geldanlegen ganz einfach. Der Betreffende geht zu seinem Finanzberater oder zu seiner Bank und eröffnet zunächst ein Wertpapierdepot, um darin dann seine Wertpapiere lagern zu können. Depots werden angeboten von Banken, Sparkassen, Direktbanken und Investmentfonds-Plattformen. In einem Wertpapierdepot lassen sich vor allem Investmentfondsanteile, Aktien und festverzinsliche Wertpapiere lagern. Eröffnet man ein reines Investmentfondsdepot oder kauft man eine Fondspolice, dann können darin ausschließlich Anteile von Investmentfonds gelagert werden. Natürlich werden die Begriffe in späteren Kapiteln noch ausführlich erörtert.

Geldanlegen war einfach, ist einfach und wird immer einfach sein. Sie müssen für sich zunächst zwei Grundsatzfragen ganz ehrlich und klar beantworten:

> Wollen oder müssen Sie in der näheren Zukunft (z. B. in den nächsten zwölf Monaten) von diesem Geldbetrag etwas für Ihr tägliches Leben verwenden? Und wenn ja, wie viel?
> Wie weit in der Zukunft liegt Ihr langfristiges Sparziel?

Wer Geld benötigt, um sich kurzfristig mal was leisten zu können – vielleicht ein langes Urlaubswochenende in einer tollen Stadt –, legt diesen Teil seines Geldes beispielsweise auf ein Tagesgeldkonto. Will er jedoch für ein Ziel sparen, das vier oder fünf Jahre in der Zukunft liegt, dann verleiht er vielleicht sein Geld am Kapitalmarkt und kauft eine Anleihe. Der Teil des eigenen Vermögens, der in den kommenden 15, 20 oder 25 Jahren vermutlich nicht benötigt wird, sollte sauber und ordentlich gestreut und auch in Sachwerte, also in Aktien, Rohstoffe oder Immobilien investiert werden.

In allen Fällen, egal ob ein Anleger sein Geld verleiht (Sparbuch, Anleihe) oder ob ihm etwas gehört (Aktie, Immobilie), möchte er natürlich die Chance haben, mehr Geld zurückzubekommen, als er ursprünglich angelegt hat.

Und wenn der Onkel oder die Oma kein Sparschwein, sondern ein Sparbuch schenken, dann ist die Transformation von Bargeld in Buchgeld gar nicht mehr notwendig. Eine richtige Vermögensanlage ist das in ein Buch oder eine Service-Card umgewandelte Sparschwein natürlich noch nicht. Zur Vermögensanlage wird der gebuchte Betrag erst, wenn der Sparer das Geld, oder Teile davon, auch als Vermögensanlage behandelt, sprich es wohlüberlegt und langfristig anlegt.

7. Warum ist die Bewertung von Vermögen und Verbindlichkeiten für mich wichtig?

Der Wert eines Vermögensgegenstandes wird letztlich immer von mindestens zwei Parteien festgelegt, nämlich vom (potenziellen) Verkäufer und vom (potenziellen) Käufer. Zugegebenermaßen klingt das banal, und dennoch ist dieser Umstand der Kern einer jeden Bewertung, also der Preisfindung.

Nehmen wir zur Erläuterung ein Beispiel aus dem alltäglichen Leben, den Verkauf bzw. Kauf eines Gebrauchtwagens. Der Neupreis des Wagens hat vor zehn Jahren 25.000 Euro betragen. Beispielsweise setzt man als (potenzieller) Verkäufer einen aktuellen Wert in Höhe von 20 Prozent des Neupreises, also 5.000 Euro an. Aus dem Blickwinkel des (potenziellen) Käufers ergibt sich vielleicht ein anderes Bild, zumal er die Anzahl der gefahrenen Kilometer als eher hoch einschätzt, und somit taxiert er den aktuellen Wert des Pkws auf 15 Prozent vom Neupreis, also auf 3.750 Euro.

Bisher spreche ich ganz bewusst immer vom potenziellen Käufer und vom potenziellen Verkäufer, da der Handel ja noch nicht abgeschlossen wurde. Denn die Preisvorstellungen beider Parteien klaffen schließlich um 1.250 Euro auseinander.

Was also ist denn nun der echte Wert des Pkws? Am Ende dieser Preisverhandlung wird sich entweder ein Kompromiss ergeben und beide treffen sich beispielsweise in der Mitte bei 4.375 Euro. Oder aber von den beiden wird kein Kompromiss gefunden und der Handel kommt folglich nicht zum Abschluss. **Der Preis ist die entscheidende Variable in dieser Gleichung.** Diesem Umstand ist auch der Ausdruck der Börsianer geschuldet: »Der Preis räumt den Markt!« Zu bedenken ist, dass an der Börse immer die Zukunft gehandelt wird. So ist beispielsweise der buchhalterische Wert einer Maschine eines Unternehmens weniger entscheidend als die zukünftigen Gewinne, die dieses Unternehmen damit machen kann.

Das Kfz-Beispiel zeigt, dass der Wert eines Vermögensgegenstandes erst dann festgelegt werden kann, wenn sowohl der mögliche Verkäufer als auch der mögliche Käufer bereit sind, sich auf einen Wert zu einigen. In die Welt der Finanzen übersetzt, bedeutet das, dass beispielsweise eine Aktie erst dann den Eigentümer wechselt (gehandelt wird), wenn Verkäufer und Käufer bei ihren Preis- bzw. Kursvorstellungen übereinkommen. Auch bei festverzinslichen Wertpapieren, Edelmetallen oder Immobilien ist dieses Prinzip immer dasselbe.

Selbst die (schwierige) Frage, wie hoch der Wert einer eigengenutzten Immobilie ist, lässt sich demnach erst im tatsächlichen Verkaufsprozess beantworten. Denn neben dem (potenziellen) Verkäufer ist ja schließlich auch der (potenzielle) Käufer an der Preisfindung beteiligt. Und selbst ein unabhängiges Gutachten ändert an dem Umstand nichts, dass erst die beiden Unterschriften beim Notar den finalen Wert festlegen.

Simplified Fazit

Beim Basiswissen Geld sollten folgende drei Punkte im Fokus bleiben:

1. Wer Verbindlichkeiten einkauft, muss auf seine Gehaltsabrechnung schauen. Wer Vermögen einkauft, kann auf seine Depotaufstellung schauen.

2. Sich zum Sparen zu motivieren, ist ebenso wichtig, wie sich beim Sparen laufend zu disziplinieren und das Ersparte dann auch gezielt anzulegen.

3. Geldanlegen ist einfach, wenn man ein Zeitraster erarbeitet und festlegt, wann man sein Geld braucht. Dieses Raster gilt es dann gezielt umzusetzen und regelmäßig zu überarbeiten.

Teil 2: Basiswissen Vermögensanlage

»Es ist besser, einen Tag im Monat über sein Geld nachzudenken, als einen ganzen Monat dafür zu arbeiten!«

John Davison Rockefeller

8. Wie lässt sich mithilfe meiner Vermögenszuflüsse mein Vermögensbestand noch vergrößern?

Der Zusammenhang zwischen Bestandsgrößen (Vermögen) und Stromgrößen (Zuflüsse/Abflüsse) ist sehr einfach und vielleicht gerade deswegen so bedeutsam. Durch Stromgrößen (zum Beispiel die Anlage von 100 Euro im Monat) entstehen natürlich Bestandsgrößen (zum Beispiel 10.000 Euro Vermögen nach acht Jahren und vier Monaten). Und genau aus diesem Vermögensbestand können dann wieder neue Kapitalzuflüsse (zum Beispiel 100 Euro im Jahr aus den angesparten 10.000 Euro) entstehen. Für diesen Zusammenhang gelten jedoch zwei elementare Voraussetzungen:

1. Bestände bauen sich nur auf, wenn man kontinuierlich und langfristig Zuflüsse einbringt. Laufendes und regelmäßiges Sparen ist also Pflicht!
2. Erträge aus dem Vermögensbestand dürfen nicht verfrühstückt, also konsumiert werden, sondern sind dazu da, den Bestand weiter auszubauen.

Verwendet man die Zahlungsströme im oben angeführten Beispiel eben nicht für den Konsum, dann erhöht sich durch die Zuflüsse aus dem Vermögensbestand der Vermögensbestand selbst auf 10.100 Euro.

Wenn man keine sechs Richtigen im Lotto hatte, dann benötigt man Zeit, um sein Vermögen durch Sparen aufzubauen, und noch mehr Zeit, um weitere, merkliche Zuflüsse aus diesem Vermögensbestand zu generieren. Und um sein Geld irgendwann mehr und mehr für sich arbeiten zu lassen, ist und bleibt die Interaktion entscheidend zwischen persönlicher Bilanz – in Bilanzen stehen stichtagsbezogene Bestandsgrößen – und persönlicher Gewinn- und Verlustrechnung, in der die Stromgrößen notiert werden.

Die gute Nachricht dabei lautet, dass es wirklich funktioniert, Geld mit Geld zu verdienen. Allerdings benötigt man dafür zumeist einen langen Zeitraum und man muss für mindestens diesen Zeithorizont auch diszipliniert sein.

Simplified Fazit

Zeit und Disziplin sind die beiden wichtigsten Komponenten beim Vermögensaufbau. Daraus lässt sich natürlich auch ableiten, dass man so jung wie nur irgend möglich mit dem Aufbau seines Vermögens beginnen sollte, um ausreichend Zeit dafür zu haben.

9. Was sind Zinsen?

Der Zins ist der Preis des Geldes. Verleihen Sie Geld, dann bekommen Sie Zinsen. Das können für verliehene 10.000 Euro beispielsweise 100 Euro pro Jahr sein. Leihen Sie sich Geld, dann müssen Sie Zinsen zahlen. Dabei ist es völlig egal, ob eine Bank einen Kredit an eine Privatperson vergibt oder ob ein Anleger eine Anleihe kauft und damit einen Kredit an den Anleiheschuldner vergibt. Es kommt immer auf die Kreditwürdigkeit – also die Bonität – des Schuldners an. Das lateinische Wort »bonitas« ist am besten zu übersetzen mit »Vortrefflichkeit« und die Bonität beinhaltet zwei Kriterien:

> die persönliche Kreditwürdigkeit und
> die wirtschaftliche Kreditwürdigkeit.

Die persönliche Kreditwürdigkeit wird oftmals auch als Rückzahlungswilligkeit bezeichnet und ist somit der unbedingte Wille eines Kreditnehmers, die geliehenen Mittel an den Gläubiger wieder zurückzuzahlen. Bei Bankern gilt nach wie vor der Ausspruch:»Der beste zu vergebende Kredit ist der Blankokredit.« Gemeint ist damit der Umstand, dass Banken am liebsten Kredite ohne Sicherheiten ausreichen würden, weil die persönliche Kreditwürdigkeit des Kreditnehmers derart positiv einzuschätzen ist, dass die Notwendigkeit zur Besicherung eines solchen Kredits gar nicht besteht. Die Verwaltung von Sicherheiten wird also als quasi unnötiger Kostenfaktor betrachtet. Bei der wirtschaftlichen Kreditwürdigkeit steht nicht der Wille, sondern die Fähigkeit eines Kreditnehmers im Vordergrund, das geliehene Kapital auch wieder zurückzahlen zu können.

Der Mechanismus, der hinter der Festlegung der Zinshöhe steckt, ist denkbar einfach:

> Geht ein Gläubiger davon aus, dass ein möglicher Schuldner nicht absolut willens und/oder nicht wirtschaftlich in der Lage ist, das geliehene Geld wieder zurückzugeben, wird wohl ein Kreditvertrag erst gar nicht zustande kommen.

> Erscheint die persönliche Kreditfähigkeit eines potenziellen Schuldners als gegeben, die wirtschaftliche Kreditfähigkeit nach eingehender Analyse jedoch nur gut und eben nicht sehr gut, dann wird ein Gläubiger von seinem Schuldner höhere Zinsen verlangen. Das höhere Risiko der Kreditrückzahlung findet seinen Ausdruck in einer höheren Risikoprämie, die den Zinssatz insgesamt erhöht. Die Höhe des Zinssatzes hängt folglich ganz entscheidend von der Bonität des Schuldners ab.

> Ein weiterer bedeutender Faktor für die Zinshöhe ist der Zeitraum, für den man Geld leiht bzw. verleiht. Wer sein Geld kurzfristig verleiht, indem er beispielsweise eine Anleihe mit einer Laufzeit von einem Jahr kauft, der verzichtet nur für ein Jahr darauf, mit seinem Geld andere Investitionen tätigen zu können. Zudem ist das Risiko, das verliehene Geld nicht wieder zurückzuerhalten, nach einem Jahr geringer als nach beispielsweise fünf Jahren. Wer jedoch eine Anleihe mit 15 Jahren Laufzeit kauft, dessen Verzicht dauert länger und dessen Risiko ist zumeist auch deutlich höher. Für diesen längeren Verzicht und das höhere Risiko möchte der betreffende Kreditgeber natürlich durch einen höheren Zinssatz entschädigt werden.

10. Was sind Dividenden?

Die Dividende ist der anteilige ausgeschüttete Unternehmensgewinn, der den Eigentümern eines Unternehmens jährlich zufließt. Erwirtschaftet ein Unternehmen in einem Jahr mehr Erträge, als es Aufwendungen hat, erwirtschaftet es also einen Gewinn, dann stellt sich für Eigentümer und Management dieses Unternehmens natürlich die Frage, was mit diesem Gewinn geschehen soll. Für die Verwendung von Gewinnen gibt es lediglich zwei Möglichkeiten:

1. Der erwirtschaftete Gewinn verbleibt im Unternehmen, um davon beispielsweise Investitionen zu tätigen und damit die Substanz dieses Unternehmens zu stärken. Jede Maschine, die das Unternehmen anschafft, hat eine zukünftig höhere Produktionsmenge zur Folge und bietet somit die Chance auf einen zukünftig höheren Gewinn.
2. Der erwirtschaftete Gewinn wird an die Eigentümer ausgeschüttet. Diese können dann wieder neu entscheiden, ob und gegebenenfalls wie sie die zugeflossenen Mittel investieren möchten. Sie können also mit dem anteiligen ausgeschütteten Gewinn mehr Aktien desselben Unternehmens kaufen, jede andere Art von Vermögensanlage tätigen oder das zugeflossene Geld für Konsum verwenden.

In der Praxis werden die beiden Möglichkeiten oftmals kombiniert. Ein Teil des Gewinns verbleibt im Unternehmen und ein Teil des Gewinns wird an die Eigentümer ausgeschüttet. Das Management einer Aktiengesellschaft (der Vorstand) unterbreitet einen Vorschlag zur Gewinnverwendung an die Eigentümer (die Aktionäre), die dann in einem jährlich stattfindenden Treffen (Hauptversammlung) über die Gewinnverwendung entscheiden, also dem Vorschlag des Vorstands zustimmen oder nicht zustimmen.

Wer sich an einer Aktiengesellschaft beteiligt, also Aktien des betreffenden Unternehmens kauft, der hat als Aktionär auch das Anrecht auf die anteilige Gewinnausschüttung in Form einer Dividende. Um die erhaltene Dividende mit erhaltenen Zinszahlungen vergleichen zu können, wird die Dividendenzahlung ins Verhältnis zum eingesetzten Kapital gesetzt. Wer beispielsweise 1,50 Euro Dividende je Aktie erhält und die betreffende Aktie für 50 Euro gekauft hat, dessen Dividendenrendite lässt sich wie folgt ermitteln:

$$1{,}50\ \text{€}\ /\ 50\ \text{€}\ \times\ 100\,\%\ =\ 3\,\%$$

Bringt eine Geldanlage also 3 Prozent Dividendenrendite und beispielsweise nur 2 Prozent Anleihenrendite, dann scheint ein Aktienengagement – aus dem Blickwinkel einer laufenden Zahlung – fair zu sein. Dividenden werden allerdings in der Regel nur ausgeschüttet, wenn ein Unternehmen auch Gewinne erwirtschaftet, die es teilweise ausschüttet. Für diese Unsicherheit wird jedoch in obigem Beispiel ein Prozentpunkt mehr an Mitteln ausgezahlt.

11. Welche drei Feinde torpedieren eine sinnvolle Vermögensanlage und wie lerne ich am besten aus Fehlern bei meiner Vermögensanlage?

Auch bei der Vermögensanlage kann man – wie so oft im Leben – sagen: **Manchmal gewinnt man, und manchmal lernt man!** Laut dem Kapitalmarktforscher Vernon Smith macht jede Generation von Kapitalanlegern ihre eigenen Erfahrungen und somit ihre eigenen Fehler.

Fasst ein kleines Kind auf eine heiße Herdplatte, dann wird das arme Kind dies wohl nicht wieder tun, denn es hat auf schmerzhafte Art und Weise gelernt, dass das ein Fehler war. Dennoch wird sich dieses Kind mit großer Wahrscheinlichkeit im Erwachsenenleben hin und wieder vorsichtig an den Herd stellen, eine Suppe kochen und somit aus seinen Fehlern lernen. Zu lernen bedeutet auch bei der Vermögensanlage folglich nicht, nach Fehlern die Aktivität Vermögensanlage gänzlich einzustellen. Ein übergeordneter Fehler ist somit schon identifiziert, und jeder Investor sollte seine Investitionsaktivität gezielt und in Verbindung mit den gewonnenen Erfahrungen auch weiterhin durchführen.

Immer noch hört man Aussagen wie beispielsweise: »Den gleichen Fehler wie 1996 mit den Telekom-Aktien werde ich nie wieder machen und kaufe daher auch keine Aktien mehr.« Oder: »Meine Argentinien-Anleihen wurden mir vor langer Zeit mit 70 Prozent Verlust zurückbezahlt und deswegen kaufe ich keine Anleihe mehr.«

Die reine Vermeidung von Fehlern – so dies überhaupt möglich sein sollte – würde somit auch den Erfolg vermeiden, der aus den Lehren aus solchen Fehlern resultiert. Konkret lassen sich drei Feinde der Vermögensanlage identifizieren:

1. Planlosigkeit
2. Informationsdefizite
3. Zeitverzögerungen

Zur Vermögensanlage gehört immer ein Plan, in dem festgelegt ist, welche Ziele der Anleger mit der Vermögensanlage verfolgt und wie er diese Ziele erreichen möchte. Wer als Sparer beispielsweise jeden Monat 100 Euro zur Seite legt, um eine Summe von 10.000 Euro anzusparen, der braucht dafür – ohne die Einrechnung von Zinsen – acht Jahre und vier Monate. Wer sein Ziel von 10.000 Euro schneller erreichen will, muss entweder monatlich mehr sparen oder Zins und Zinseszins mit einplanen. Gleichgültig, welchen persönlichen Plan ein Sparer verfolgt: Es ist immer wichtig, einen Plan zu haben. Ohne Plan wird er sich vermutlich den berühmten heißen Tipp erhoffen, bei dem sich so mancher schon kräftig die Finger verbrannt hat.

Dem eigenen Plan folgend sollte ein Anleger sowohl für bereits getätigte Investitionen als auch für künftige Investitionen ausreichend Informationen einholen. Das klingt kompliziert und zeitaufwendig, muss es aber gar nicht zwingend sein. Oftmals reicht es schon völlig aus, sich über die Presse zu informieren und dann gezielt mit seiner Beraterin oder seinem Berater zu sprechen. Die wenigsten Kapitalanleger wollen sich Tag und Nacht mit ihren Investitionen beschäftigen. Und das muss auch nicht sein, denn mit gesundem Menschenverstand vorzugehen, reicht meistens völlig aus.

Vermögensanlage sollte nie überhastet stattfinden. Sich aber andererseits Monate oder gar Jahre mit Entscheidungen Zeit zu lassen, ist oftmals ebenso kontraproduktiv. Wer das Gefühl hat, alle notwendigen Informationen erhalten zu haben, sollte diese auch zeitnah überdenken und eine Entscheidung für oder gegen eine Investition treffen. Informationen, die erst einmal monatelang in der Schublade liegen, verlieren zunehmend an Bedeutung.

Die meisten Fehler bei der Vermögensanlage entstehen durch Unkenntnis, mangelnde Bereitschaft, sich laufend mit dem Thema zu beschäftigen, oder durch das Zusammenspiel von Gier und Angst. Wer sich also an seinen Plan hält und bereit ist, Grundregeln zu berücksichtigen, kann ohne Scheu in die durchaus faszinierende Welt der Kapitalmärkte eintreten.

Ebenso wie in so vielen anderen Lebensbereichen lautet eine wesentliche Grundregel bei der Geldanlage: **Stillstand ist Rückschritt!** Das bedeutet: **Ein kontinuierlicher Lernprozess ist unverzichtbar und absolute**

Pflicht! Aber keine Angst, ein ganz wesentlicher Vorteil des kontinuierlichen Lernens besteht darin, dass man zunehmend mehr Erfahrung gewinnt und dann darauf zurückgreifen kann, je länger der Lernprozess andauert. Und genau damit wiederum wird der Lernprozess beschleunigt.

Ein Hauptfehler beim Geldanlegen besteht darin, dass man unbewusst agiert und außerdem nicht dauerhaft handelt. Erfahrungsgemäß ärgert man sich natürlich enorm, wenn man Teile seines Vermögens investiert hat und sein Geld ausgerechnet dann benötigt, wenn man im Minus ist. Hat man Geld durch eine falsche Investition oder durch Fehler beim Anlageverhalten verloren, dann sollte man ebenso detailliert analysieren, warum das passiert ist, wie wenn man richtig Geld verdient hat. Im Falle eines Gewinnes nämlich legen die meisten Investoren keinen großen Wert darauf, zu ergründen, warum sie erfolgreich waren. Wenn es funktioniert hat, dann klopft man sich nur zu gerne auf die Schulter und beglückwünscht sich selbst zu seiner Heldentat.

Simplified Fazit

Planung, Durchführung und Kontrolle sind auch bei der Vermögensanlage die drei Bausteine, die helfen, das eigene Ziel zu erreichen und gleichzeitig Fehler zu vermeiden.

Man sollte nie vergessen, dass Hochmut vor dem Fall kommt. Vielleicht ist man ja große Risiken eingegangen und hatte nur großes Glück mit einer solch riskanten Investition. Nach jeder getätigten Investition sollte man schlicht und einfach eine kurze schriftliche – und vor allem ehrliche – Analyse durchführen, um zu hinterfragen, warum man Geld verdient hat oder eben auch nicht erfolgreich war. Und auch vor jeder neuen Investition sollte man schriftlich festhalten, was das Ziel, der Zeithorizont und die Chancen und Risiken einer Investition sind.

Der Präsident der Deutschen Bundesbank, Jens Weidmann, hat dazu einmal sehr treffend bemerkt: »Die Reihenfolge der Schritte muss stimmen, wenn man nicht stolpern möchte!« Also gilt es, erstens darüber nachdenken, warum man Geld verloren oder verdient hat, um dann zweitens seine Lehren für weitere Investitionen daraus zu ziehen.

12. Warum sind Risiken bei der Vermögensanlage unerlässlich und welches ist das richtige Maß an Risiko für mich?

Bei wirklich jeder Form von Vermögensanlage gibt es Chancen und Risiken. Die Chancen werden an anderer Stelle behandelt. Hier soll es deswegen ausschließlich um die Risiken gehen.

Wer beispielsweise sein Bargeld unter das Kopfkissen legt, dem könnte es gestohlen werden. Wer sein Erspartes auf ein Sparbuch oder auf ein Tagesgeldkonto einzahlt, der muss trotzdem auch weiterhin das Inflationsrisiko in Kauf nehmen. Die Geldentwertung ist oftmals deutlich höher als die Zinsen, die Banken, Bausparkassen oder Versicherungsgesellschaften für kurzfristige Einlagen gewähren. Wer eine Anleihe kauft, muss das Risiko eines Zahlungsausfalls durch den Schuldner akzeptieren. Wer Aktien kauft, oder Edelmetalle wie beispielsweise Gold, der muss mit täglichen Kursschwankungen leben. Der Kauf einer Immobilie als Mietobjekt bringt das Risiko mit sich, dass der Mieter seine Miete nicht zahlt. Zudem kann der Wert der Immobilie im Zeitablauf vielleicht sinken.

Mit diesen Beispielen will ich niemandem das Thema Vermögensanlage madig machen. Es soll aber schon verdeutlicht werden, dass es auch beim Thema Geldanlage nichts geschenkt gibt. Jeden Euro Ertrag, den Sie mit Ihrer Vermögensanlage erwirtschaften, kaufen Sie sich mit dem damit verbundenen Risiko ein. Zu jeder Form der Geldanlage gibt es somit eine dazugehörige Risikoprämie.

Das Prinzip einer Risikoprämie ist am einfachsten durch ausgewählte Rechenbeispiele zu illustrieren. Nehmen wir an, der Zinssatz für Tagesgelder liegt etwa bei 0,5 Prozent und unterliegt damit langfristig natürlich einem enormen Inflationsrisiko. Kurzfristig jedoch – und das ist ja auch der Charakter des Tagesgeldes – kann man diesen Zins als risikofreien Zins bezeichnen. Die Höhe der Rendite, die man insgesamt für eine bestimmte Vermögensanlage bekommt, setzt sich vor allem aus den beiden Komponenten »risikofreier Zins« und »Risikoprämie« zusammen:

Rendite (?) = risikofreier Zins (0,5 %) + Risikoprämie (?)

Wer als Anleger 2 Prozent Rendite bekommen will, muss eine Risikoprämie von 1,5 Prozent akzeptieren: 2 % = 0,5 % + 1,5 %

Liegen meine Renditeerwartungen bei 6 Prozent oder darüber, dann ist die Risikoprämie für Aktien über die vergangenen zehn Jahre anzusetzen: 6 % = 0,5 % + 5,5 %

Man kann an diesen Rechenbeispielen erkennen, dass es vielleicht eines der größten Risiken ist, überhaupt kein Risiko eingehen zu wollen. **Die Gretchenfrage sollte folglich am besten nicht lauten, ob Sie überhaupt irgendwelche Risiken bei der Vermögensanlage eingehen wollen, sondern, welche Risiken zu Ihnen persönlich passen und welches Maß an Risiko Sie tragen können und wollen.**

Um diese Frage beantworten zu können, gilt es zunächst einmal festzustellen, was mit Risiko gemeint ist. Geht es um das Risiko der Geldentwertung, dann führt das zu einem anderen Ergebnis als bei der Betrachtung des Schwankungsrisikos. Tagesgeld weist keine Schwankungen auf, dafür erhält sein Besitzer aber auch Zinsen, die geringer sind als die Inflationsrate. Aktienfonds bieten die Chance auf Erträge oberhalb der Inflationsrate, dafür schwankt ihr Wert jedoch täglich.

Der Vergleich von Tagesgeld und Aktienfonds nach deren unterschiedlichen Chancen und Risiken führt bei Ihnen eventuell bereits dazu, dass Sie überlegen, idealerweise in beide Anlageformen zu investieren. Entscheidend für das richtige persönliche Maß an Risiko und damit die Ge-wichtung beider Anlageformen. Würden Sie von insgesamt 10.000 Euro eher 8.000 Euro auf das Tagesgeldkonto packen und 2.000 Euro in Aktien-fonds investieren? Oder kaufen Sie sich je zur Hälfte beide Investitions-möglichkeiten ein? Mit einem solchen sehr leicht umzusetzenden Vorge-hen können Sie Ihren eigenen Risikotyp ganz leicht bestimmen.

Überlegen Sie auch immer, ob Sie das zu Ihnen passende Risikomaß zusammen mit einem Finanzberater ermitteln. Geldanleger agieren mit ih-rem eigenen Vermögen meist sehr emotional, und externe Hilfe kostet zwar Geld, kann aber zu deutlich mehr Objektivität und besseren Anlagen führen. Bedenken Sie, dass sich Geldanleger gut mit Kindern beim Skifah-ren vergleichen lassen. Meistert ein Kind einen Hügel ganz besonders gut, dann ist der Enthusiasmus nach der Fahrt meist groß. Als Folge davon möchte das Kind sehr wahrscheinlich nochmals zum Gipfel und eine wei-tere Abfahrt wagen. Dieses Mal aber dann bitte auf einer schwierigeren Piste!

Im übertragenen Sinne ist bei Kapitalanlegern dasselbe Phänomen zu beobachten: Je erfolgreicher ein Anleger in der jüngeren Vergangenheit mit seinen Kapitalanlagen war, desto mehr wird sein Risikoempfinden ge-dämpft. Kurzfristige Erfolge können also durchaus bei Geldanlegern die Sinne vernebeln. Sie führen oft zu einer falschen Risikoeinschätzung.

Stürzt ein skifahrendes Kind hingegen, wird es oftmals unsicher und möchte für diesen Tag mit dem Skifahren vielleicht sogar aufhören. Und auch bei Kapitalanlegern ist ein ähnliches Verhalten oft festzustellen. Sinken die Kurse des Vermögenswertes, den man gerade erworben hat, dann hat man zumeist gar keine Lust mehr, sich mit dem Thema Vermögensanlage zu beschäftigen. Depotauszüge, Versicherungspolicen oder Sparbriefe werden bestenfalls ungelesen in den dafür vorgesehenen Ordner eingeheftet.

Der Analogie zum Skifahren folgend kann man sagen: Der beste Skifahrer ist derjenige, der sein Können selbst am besten einschätzen kann. Dabei ist zu viel Risikobereitschaft ebenso negativ zu sehen wie zu wenig. Bei zu viel Risiko könnte man stürzen und bei zu wenig Risiko wird man seine Fähigkeiten nicht weiterentwickeln und kaum Spaß haben – sprich: Geld verdienen.

Die beste Möglichkeit, das persönliche Risikomaß zu ergründen, ist die kontinuierliche Übung in der Praxis. Natürlich ist es schmerzlich, wenn man mit einem Misserfolg in die Phase des Geldanlegens startet. Auch das Kind, das bei seiner ersten Skiabfahrt stürzt, wird beim nächsten Mal nur mit gebremstem Enthusiasmus seine Skibindung klicken lassen. Dennoch sollte man sich gerade auch durch Misserfolge nicht abschrecken lassen. Nur wer überlegt am Ball bleibt, wird seine Fähigkeiten als Kapitalanleger und damit auch sein Vermögen gezielt weiterentwickeln können.

Möchte man nur geringe Risiken eingehen, dann wird man auch nur geringe Chancen haben, sein Geld zu mehren. Kein Risiko einzugehen ist dabei vermutlich ähnlich schlecht wie große Risiken einzugehen. Der richtige Chance-Risiko-Mix ist also für jeden Anleger der Schlüssel zu seinem persönlichen Anlageerfolg. Hat man die für sich passende Mischung erst einmal festgelegt, dann geht es in den weiteren Schritten darum, diese im Zeitablauf regelmäßig an die jeweilige Lebenssituation anzupassen.

13. Wie unterscheide ich Geldwerte und Sachwerte?

Die Abgrenzung von Geldwerten und Sachwerten ist einfach und dennoch von überragender Bedeutung, weil beide Wertkategorien ganz eigene Charakteristika aufweisen:

> Geldwerte sind nominale Werte, wie beispielsweise das Guthaben auf einem Sparbuch oder einem Tagesgeldkonto. Auch Anleihen gehören zu den Geldwerten. Bei Geldwerten verleihen Sie Ihr Geld. In Geldwerte legen Sie Ihr Vermögen eher kurzfristig an.
> Sachwerte sind anfassbare, reale Vermögensgegenstände wie zum Beispiel Immobilien, Aktien oder Rohstoffe. Bei Sachwerten gehört Ihnen ein Vermögensgegenstand. Für die Investition in Sachwerte benötigen Sie in der Regel einen langfristigen Anlagehorizont.

Natürlich kann man auch einen Geldschein oder ein Sparbuch anfassen. Einen realen Wert haben Sie aber weder mit diesem Geldschein noch mit einem physischen Sparbuch erlangt. Kaufen Sie jedoch eine Immobilie oder beteiligen Sie sich an einem Unternehmen, kaufen Sie also dessen Aktien, dann gehören Ihnen anteilig eben auch die Maschinen, mit denen dieses Unternehmen Waren produziert, und somit eben ein realer Wert. Denken Sie beispielsweise an einen Autohersteller wie BMW. Die Maschinen, mit denen BMW seine Fahrzeuge herstellt, wären dann anteilig eben auch Ihre Maschinen, wenn Sie BMW-Aktionär wären.

Bezogen auf Ertrags- und Risikoprofil lassen sich Geld- und Sachwerte recht deutlich voneinander abgrenzen. Geldwerte weisen zumeist geringere Schwankungen auf und die Ertragschancen daraus sind dafür auch

eher als niedrig anzusehen. Denken Sie dabei nur mal an Ihr Tagesgeldkonto. Meine größten Risiken bei Geldwerten sind die Unsicherheit bei der Rückzahlung meines verliehenen Geldes durch den Schuldner sowie natürlich die Geldentwertung. Die Preise für einige Sachwerte werden sekündlich an den Weltbörsen festgestellt (z. B. Aktien oder Rohstoffe) und unterliegen deswegen zum Teil enormen Schwankungen. Die Ertragschancen daraus sind dafür natürlich auch höher. Bei Sachwerten wie beispielsweise Aktien sind die Inflationsrisiken naturgemäß geringer, zumal ja den produzierenden Unternehmen bei gestiegenen Produktpreisen auch höhere Geldbeträge zufließen. Neben den Preisschwankungen ist das größte Risiko von Sachwerten die Wiederveräußerbarkeit. Denken Sie beispielsweise an Immobilien, für die mitunter nur schwerlich Käufer zu finden sind, wenn sich beispielsweise ihre Lage durch Wegzug eines großen Arbeitgebers im Laufe der Jahre verschlechtert hat.

14. Warum ist es gut für mich, mein Vermögen zu streuen?

»Wer gut streut, der rutscht nicht aus!« Die Vermögensstreuung (Fachausdruck: Diversifikation) ist eines der wichtigsten Grundprinzipien der Geldanlage. Mit der Streuung Ihres Vermögens rücken Sie die Sicherheit des angelegten Geldbetrages bewusst in den Vordergrund und decken dadurch so manche Risikoflanke ab. »Nicht alle Eier in einen Korb zu legen« bedeutet also, eine Strategie der Sicherheit aufzubauen. Es geht darum, zu mischen anstatt zu pokern.

Stellen Sie sich Ihr Vermögen am besten wie ein Gebäude vor, das auf mehreren Säulen steht. Mit sehr wenigen oder nur einer Säule ist ein solches Gebäude wahrscheinlich sehr instabil. Wer jedoch ein Gebäude mit zu vielen Säulen baut, kann die Anzahl der Säulen nicht mehr überblicken oder gar instandhalten und pflegen. **Bei diesem gedanklichen Vermögensstrukturgebäude ist das Sparen und Investieren das Fundament sowie die Sicherheit und der Ertrag das Dach. Dieses Dach wird von den einzelnen Säulen einer ausgewogenen Geldanlage getragen.**

Jeder Anleger kann ganz einfach Schritt für Schritt und strukturiert sein eigenes Gebäude aufbauen. Beim Errichten und Pflegen der einzelnen Säulen gilt es zunächst einmal, zwischen Geldwerten und Sachwerten zu

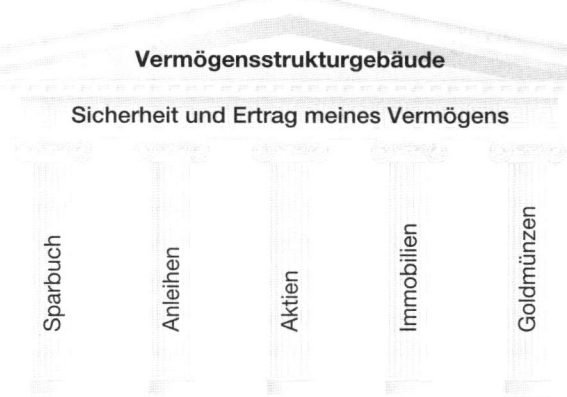

Vermögensstreuung einfach und bildlich – das Vermögensstrukturgebäude, Quelle: eigene Darstellung

unterscheiden. Die größte Bedeutung sollte dabei der richtigen Gewichtung von Geld- und Sachwerten zukommen.

Sie könnten beispielsweise eine Aufteilung zwischen Geld- und Sachvermögen zu jeweils 50 Prozent als Startpunkt nehmen:

Geldwerte	Sachwerte
5.000 Euro	5.000 Euro

Tabelle 1: Beispiel einer Gewichtung von Geldwerten und Sachwerten für 10.000 Euro

Dann sollten Sie konkrete Vermögensbestandteile in dieses Raster einordnen, die Sie vielleicht ja ohnehin schon besitzen:

Geldwerte		Sachwerte	
Sparbuch	Anleihe	Aktienfonds	Immobilienfonds
2.500 Euro	2.500 Euro	2.500 Euro	2.500 Euro

Tabelle 2: Beispiel einer Gewichtung einzelner Vermögensklassen für 10.000 Euro

In einem nächsten Schritt können Sie dann überlegen, ob diese Struktur zu Ihrer persönlichen Lebenssituation sowie zu Ihrem persönlichen Chance-Risiko-Profil passt. Falls nicht, dann fangen Sie am besten an, die Gewichtungen zu verändern. Rechnen Sie beispielsweise in den kommenden Monaten mit einer größeren Ausgabe (z. B. dem Kauf eines Autos), dann ist es natürlich sinnvoll, den Block der Geldwerte zulasten der langfristigen Sachwerte zu vergrößern.

Geldwerte	Sachwerte
7.000 Euro	3.000 Euro

Tabelle 3: Beispiel einer Gewichtung mit Schwerpunkt Geldwerte wegen einer in Kürze geplanten größeren Anschaffung

Planen Sie keine größere Ausgabe in den kommenden Monaten, sondern haben Sie vor allem eine langfristige Altersvorsorge im Blick, dann scheint ein größerer Sachwerteblock sinnvoll. Vielleicht machen Sie sich wegen der schwankenden Wertentwicklung Sorgen und verlagern deswegen nur etwas mehr Gewicht auf die Sachwerte-Spalte zulasten der Geldwerte-Spalte.

Geldwerte	Sachwerte
4.000 Euro	6.000 Euro

Tabelle 4: Beispiel einer Gewichtung mit Schwerpunkt Sachwerte zur langfristigen Altersvorsorge

Wenn Sie diese einfache, jedoch eher grobe Entscheidung grundsätzlich für sich getroffen haben, dann gliedern Sie einfach die Geldwerte und Sachwerte etwas detaillierter auf. Das Tagesgeldkonto und die kürzlich gekaufte Bundesanleihe gehören auf die Geldwerteseite. Ein Aktienfonds, Goldmünzen oder eine Immobilie gehören auf die Sachwerteseite.

Simplified Fazit

Eine sichere und individuell passende Vermögensstruktur erreichen Sie am einfachsten über die Veränderung der Gewichtung von Geldwerten und Sachwerten.

15. Wie soll ich Vermögen streuen, wenn ich noch gar kein Vermögen habe?

Nur die wenigsten Menschen kommen kurzfristig zu Geld. Daher ist es den meisten nicht möglich, in kurzer Zeit ihr eigenes Vermögensstrukturgebäude zu errichten. Der Bau der einzelnen Säulen findet vielmehr Monat für Monat und Jahr für Jahr statt, wobei Sie – wie beim Hausbau eben auch – einen Vermögensbaustein nach und nach auf den anderen legen. Zudem verlangt der Aufbau der einzelnen Säulen es durchaus, die eigene Komfortzone zu verlassen, was mitunter einem emotionalen Kraftakt gleichkommt. Sparbuch und Tagesgeld sind weit verbreitete Vermögensbausteine, während nur wenige Anleger Aktien und Rohstoffe besitzen. Wer sein eigenes Vermögensstrukturgebäude ordentlich bauen will, sollte es mit dem Schriftsteller Jean Cocteau halten: »**Leben Sie nicht nur in den Ruinen Ihrer Gewohnheiten.**«

Im Lauf der Zeit sollten Sie die Anzahl an Säulen errichten, die zu Ihren Bedürfnissen passt. Zudem sollten Sie die Stärke der einzelnen Säulen regelmäßig überprüfen. Am einfachsten legen Sie für sich ein zeitliches Muster fest, und zwar nicht nur ein Zeitmuster, wann Sie Geld zum Aufbau des Gebäudes ansammeln möchten, sondern gleichzeitig auch eine zeitliche Abfolge, wann Sie Teile des Geldes vermutlich wieder benötigen werden.

Einmal im Jahr zeichnen Sie sich dann idealerweise das entstehende Vermögensstrukturgebäude auf, um zu prüfen, ob Sie auch keine Säule vergessen haben, und um zu sehen, ob die Stärke der einzelnen Säulen noch mit Ihren finanziellen Vorstellungen und Zielen übereinstimmt. Die Sparbuchsäule wird sich dabei nur in dem Maße verändern, in dem Sie neu angespartes Geld auf Ihr Sparbuch eingezahlt haben, zumal die Verzinsung von Spareinlagen eher gering ist. Die Aktiensäule wird allein durch die Schwankung der Aktienkurse einmal dicker oder auch einmal dünner sein. Wird sie durch gestiegene Aktienkurse dicker, dann sollten Sie prüfen, ob Sie andere Anlagechancen wahrnehmen wollen. Gegebenenfalls bieten sich Teilverkäufe von Aktien oder Aktienfonds an. Wird jedoch die Aktiensäule durch gefallene Aktienkurse dünner, dann sollten Sie sich Gedanken machen, ob Sie nicht bei den dann günstigeren Aktienkursen die Säule durch zusätzlich investiertes Geld wieder dicker machen wollen, um auf diese Weise zukünftige Marktchancen besser wahrnehmen zu können. **Ein solches Vorgehen nennt man antizyklisches Investieren. Sie verhalten sich sehr klug, wenn Sie das tun. Sie verkaufen nämlich genau dann Teile Ihrer Aktien-Säule, wenn die Kurse hoch sind, und Sie kaufen Aktien dazu, wenn die Kurse günstig sind.**

Die meisten Anleger neigen zu kurzfristigem Denken, weswegen die Sparbuchsäule oft dicker gebaut wird, als sie sein sollte. Wenn Sie das feststellen, dann nehmen Sie davon etwas weg. Sie machen die Säule also dünner und bauen eine neue Säule oder machen eine der anderen bestehenden Säulen dicker. Tun Sie das nicht, dann droht das Dach des Gebäudes einzustürzen.

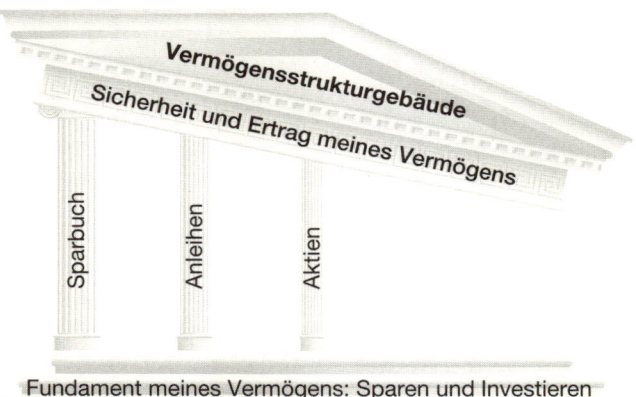

Ein unausgewogenes Vermögensstrukturgebäude kann leicht instabil werden. Quelle: eigene Darstellung

Die einzelnen Gebäude sehen unterschiedlich aus, weil jeder Mensch unterschiedliche finanzielle Ziele und Wünsche hat und diese auch noch zu unterschiedlichen Zeitpunkten erreichen möchte. Damit ist grundsätzlich auch kein Gebäude richtig oder falsch gebaut. **Fehler kann nur machen, wer vergisst, die Säulen seines Gebäudes regelmäßig mit seiner eigenen Lebenssituation zu vergleichen und zu überprüfen.** Es gilt hier der bewährte Grundsatz: »What gets measured, gets managed!«, was auf diese Handlungsempfehlung bezogen bedeutet: »Alles, was konkret gemessen wird, genießt auch immer ein hohes Maß an Aufmerksamkeit!«

16. Wie ändert sich mein Anlageverhalten im Zeitablauf?

Es gibt einen unglaublich positiven Aspekt bei einem solchen Vermögens-strukturgebäude: die Tatsache, dass sich dieses Haus nach einiger Zeit ge-wissermaßen allein weiterbaut. Schließlich gibt es Zinsen für Gelder, die Sie verliehen haben, und auch die Sachwertesäulen können durch mögli-che Mieteinnahmen, Dividenden und Kursgewinne bei Aktienanlagen quasi von allein dicker werden. **Um von diesem großartigen Effekt pro-fitieren zu können, brauchen Sie jedoch zwei ganz wichtige Zutaten: Zeit und Disziplin!**

> **Zeit**, um fleißig zu sparen und dem Gebäude die Chance zu geben, sich durch Zins und Zinseszins vielleicht sogar selbst zu vergrößern.
> **Disziplin**, um alle Säulen aufzubauen, sie regelmäßig zu überprüfen und um Ihrem langfristigen Plan treu zu bleiben.

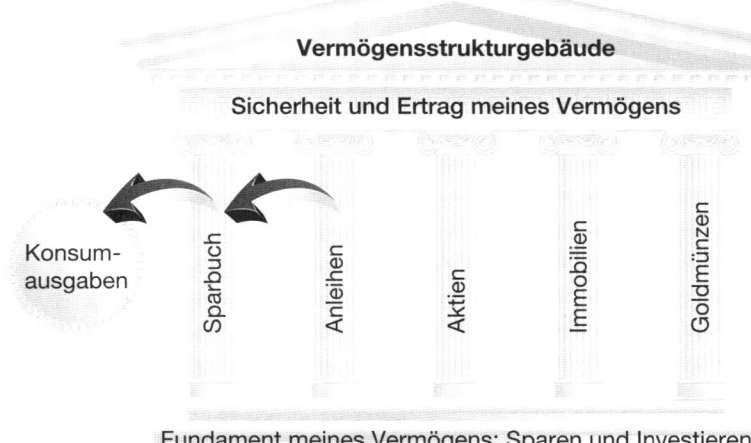

Konsum als Motivation zum weiteren Aufbau des Vermögensstrukturgebäudes, Quelle: eigene Darstellung

Sinken die Zinsen stark, dann ergibt es dennoch keinen Sinn, die Sparbuchsäule einzureißen und das daraus abgeschöpfte Geld für Verbrauchsgüter auszugeben. Sinken die Aktienkurse in den Keller, dann ist es ebenfalls nicht sinnvoll, die Aktiensäule einzureißen und damit beispielsweise die Sparbuchsäule dicker zu machen. Gerade andersherum zu handeln wäre richtig. Sinken Aktienkurse, dann sollten Sie Ihre Aktiensäule ausbauen, denn dann sind die Einstiegskurse ja gerade günstig.

Das Vermögensstrukturgebäude wird sich im Laufe der Zeit natürlich verändern zum einen, weil sich das gesamte wirtschaftliche Umfeld ohnehin verändert (z. B. Zinsen, Aktienkurse), und zum anderen, weil sich die eigenen Lebensziele ebenfalls immer wieder ändern. Auf die grundsätzliche Idee, die Säulen kontinuierlich zu überprüfen, hat das jedoch keinen Einfluss. Diese Notwendigkeit entsteht allein schon aus der Tatsache, sich um die eigenen Vermögensgegenstände kümmern zu müssen:

> Vermögen heißt Verantwortung!
> Wer etwas Geld gespart bzw. investiert hat und sich nicht weiter darum kümmert, dem ergeht das wie einem Autofahrer, der keinen Führerschein hat: Wird er nicht erwischt, dann merkt es auch keiner. Aber wehe, der Betreffende wird von der Polizei kontrolliert respektive als Anleger von einer heftigen Marktbewegung erwischt: Dann gibt es ein riesiges Donnerwetter mit allen negativen Folgen!

Nach wie vor hat John Davison Rockefeller recht, wenn er sagt: »Es ist besser, einen Tag im Monat über sein Geld nachzudenken, als einen ganzen Monat dafür zu arbeiten!«

Simplified Fazit

Sich hin und wieder für Konsumzwecke einen Ziegelstein aus seinem Gebäude zu nehmen, ist wichtig, um sich selbst von Zeit zu Zeit aufs Neue zu motivieren, das Gebäude auch weiterzubauen. Besagter Ziegelstein sollte allerdings gut ausgewählt und sehr kontrolliert entnommen werden. Entnehmen Sie nie Erträge aus Ihrem Vermögen, sonst erschaffen Sie vielleicht eine Zeitbombe oder laufen Gefahr, den Sparprozess ganz aufzugeben.

17. Wie finde ich den richtigen Zeitpunkt zum Investieren in einzelne Vermögenswerte?

Wenn Sie es bewerkstelligt haben, dass Monat für Monat ein Überschuss bleibt, haben Sie zwar den ersten Schritt für den Vermögensaufbau getan. Noch wichtiger ist aber die Art und Weise, wie Sie Ihr erspartes Geld dann im nächsten Schritt anlegen. Leider machen sich viel zu wenig Menschen genau darüber Gedanken:

Anlageerfolg = Sparen + überlegte Geldanlage

Wichtig ist bei der Geldanlage zunächst der Blick in den Spiegel und dann erst die Beobachtung des Marktumfeldes. Das bedeutet, dass Sie als Anleger zunächst Ihre eigene Lebenssituation in den Mittelpunkt stellen sollten, um danach die einzelnen Säulen Ihres Vermögensstrukturgebäudes aufzubauen. Erst im Anschluss sollten Sie den Markt und vor allem die Grundzusammenhänge des Marktes in den Fokus rücken.

Es ist ja schlichtweg nicht ratsam, das ganze Geld auf dem Sparbuch zu halten, wenn Sie doch eigentlich eine möglichst hohe Rendite erzielen möchten. Genau so wenig sinnvoll ist es, Ihr ganzes Vermögen in Aktienfonds anzulegen, wenn Sie jederzeit kurzfristig große Teile Ihres Geldes benötigen könnten.

Am besten ist es, nicht lange Anlauf zu nehmen, sondern mit dem Aufbau der eigenen Vermögensstruktur sofort zu beginnen. Beim Start werden Sie immer ein lachendes und ein weinendes Auge haben. Planen Sie beispielsweise, 15.000 Euro in europäische Aktien zu investieren, dann sollten Sie zügig für 5.000 Euro einen europäischen Aktienfonds kaufen. Steigen dann die Kurse europäischer Aktien, haben Sie ein lachendes Auge beim Blick auf Ihre bereits investierten 5.000 Euro und ein weinendes Auge mit Blick auf die noch nicht investierten 10.000 Euro. Gehen die Kurse von europäischen Unternehmen jedoch nach unten, dann haben Sie bei Ihren investierten 5.000 Euro ein weinendes und bei Ihren noch nicht investierten 10.000 Euro ein lachendes Auge.

Die Kombination aus Einmalanlagen und monatlichem Sparen hat sich als sehr hilfreich erwiesen. So könnten Sie beispielsweise die 15.000 Euro aus dem obigen Beispiel auch zu gleichen Teilen und zur selben Zeit in europäische, amerikanische und asiatische Aktienfonds investieren. Im Anschluss zahlen Sie dann vielleicht monatlich jeweils 50 Euro im Rahmen eines Investmentfonds-Sparplans oder eines fondsgebundenen Versicherungsproduktes, also einer Investmentfonds-Police, in diese Fonds ein. Mit einem solchen Vorgehen haben Sie zum einen wichtige Bausteine für gleich drei Säulen Ihres Vermögensstrukturgebäudes aufgestellt, und gleichzeitig managen Sie den weiteren Ausbau dieser Säulen. Sparraten können von Ihnen übrigens jederzeit erhöht, verringert, ausgesetzt oder gestoppt werden.

18. Wie lassen sich unterschiedliche Vermögenswerte in Anlageklassen einordnen?

Mit der Bündelung von Vermögenswerten erlangt man einen besseren Überblick über das eigene Vermögen. In der Praxis hat sich die Zusammenfassung in fünf Anlageklassen bewährt:

> Geldmarktpapiere
> Anleihen
> Immobilien
> Aktien
> Rohstoffe

Diese Anlageklassen lassen sich nach Fristigkeit sowie nach Chance-Risiko-Profil einordnen. Beide Kriterien der Einordnung laufen dabei in dieselbe Richtung, zumal Chancen vor allem bei den Sachwerten Immobilien, Aktien und Rohstoffe im Zeitablauf tendenziell steigen und Risiken eher sinken.

Anlageklassen				
Geldmarkt-papiere	Anleihen	Immobilien	Aktien	Rohstoffe
ideale Mindesthaltedauer				
kurzfristig	3 Jahre	10 – 15 Jahre	10 – 15 Jahre	10 – 15 Jahre

Tabelle 5: Anlageklassen und Zeithorizont

Die ideale Mindestanlagedauer einer Anlageklasse ist nur eine Indikation und die Betonung liegt sicher auf dem Wortteil »Mindest«. Um dieses Raster tatsächlich in Ihrer eigenen Vermögensstruktur umzusetzen, benötigen Sie:

> Zeit und Geduld
> Disziplin
> Engagement zur regelmäßigen Überprüfung

In der Finanzmarkt- und Staatsschuldenkrise öffnet sich die Schere zwischen Investitionen in kurzfristige und in langfristige Anlageklassen immer weiter. Es ist fast gleichgültig, ob Sie Ihr Geld in Geldmarktpapieren, auf Sparbüchern oder Tagesgeldkonten mit Zinssätzen zwischen 0 Prozent und 1 Prozent anlegen oder ob Sie kurzlaufende Anleihen der Bundesrepublik Deutschland mit einem ähnlichen Zinssatz kaufen. Bei kurzem Zeithorizont ist Anlegern dabei die sichere Rückzahlung wichtiger als die Höhe der Rendite.

Und auch langfristige Anlagen in Sachwerte zeigen, dass sowohl Chancen als auch Risiken deutlich höher geworden sind. So mancher Investor muss bereits lange warten und ist nach Jahren vielleicht noch immer nicht in der Nähe des Einstandskurses seiner Anlage. Andererseits haben Langfristinvestoren, die antizyklisch ge- und verkauft haben, teilweise enorm hohe Gewinne eingefahren.

Mit dem Bild einer sich öffnenden Schere ist folglich gemeint, dass es viele für Kurzfrist-Investments geeignete, schwankungsarme Anlageklassen und viele für die Langfrist-Anlage geeignete, schwankungsreichere Vermögensklassen gibt. Nur der mittelfristige Bereich von drei bis sieben Jahren scheint für Investoren schwer zu belegen zu sein. Für Aktien oder Rohstoffe erscheint ein mittelfristiges Engagement für Investoren deutlich zu kurzfristig und für Spekulanten haben diese Zeitraster sowieso keine Relevanz. Für AAA-Anleihen ist das Zinsniveau im mittelfristigen Bereich nur unerheblich höher als im kurzfristigen Bereich und lohnt daher auch kaum. Lediglich Anleihen von Schuldnern geringerer Bonität könnten – von Fall zu Fall betrachtet – eine gute Möglichkeit für mittelfristige Anlagen bieten.

Die Aufteilung (Allokation) des Vermögens in diese verschiedenen Anlageklassen (englisch: Assets) trägt den englischen Fachbegriff »Asset Allocation«. Mit der Asset Allocation sind vor allem die unterschiedlichen Gewichtungen der einzelnen Anlageklassen gemeint.

19. Wie kann ich bei niedrigen Zinsen mit verschiedenen Anlageklassen am besten tricksen?

Vor allem in Zeiten niedriger Zinsen denken viele Anleger über genau diese Frage nach. Gemeint ist damit zumeist die Investition in eine Anlageklasse, deren Charakteristika nicht zum Anlageziel eines Investors passt. Manche Anleger schielen auf hohe Dividendenausschüttungen bei Aktien und haben vielleicht einen Zeithorizont von ein bis zwei Jahren im Auge. Das passt nicht zusammen! Andere Anleger kaufen Anleihen mit höherer Effektivverzinsung und berücksichtigen dabei nicht ausreichend, dass die Zinshöhe immer auch mit bestimmten Risiken einhergeht. Solche Tricks gehen oft am Ziel vorbei. Das zeigt das Beispiel von offenen Immobilienfonds, das im Folgenden kurz erläutert werden soll.

Zahlreiche Anleger haben Teile ihrer Liquiditätsreserve – die ja mit dem Ziel des kurzfristigen Geldparkens gehalten wird – nicht in Tagesgeldern oder Geldmarktfonds gehalten, sondern haben stattdessen in offene Immobilienfonds investiert. Diese vermeintliche Alternative versprach eine gute Rendite mit geringen Kursschwankungen und damals noch täglicher Verfügbarkeit. Damit wurde die langfristige Anlageklasse »Immobilie« als kurzfristige Parkmöglichkeit missbraucht. Für die meisten Anleger hat dieser vermeintliche Trick jedoch nicht funktioniert. Denn im Zuge der Finanzkrise mussten zahlreiche offene Immobilienfonds schließen, ein Verkauf der Anteile war damit unmöglich und Milliarden an Anlegergeldern in Immobilienfonds waren eingefroren. Der Grund dafür waren einige große, institutionelle Investoren, die ihre investierten Gelder aus Immobilienfonds abgezogen hatten. Dadurch waren die Liquiditätsreserven der betroffenen Immobilienfonds schnell aufgebraucht.

Ein Immobilienfonds muss nach gesetzlichen Vorgaben schließlich mindestens 51 Prozent des Fondsvolumens in Immobilien halten. Im Umkehrschluss bedeutet dies, dass maximal 49 Prozent in liquiden Mitteln gehalten werden dürfen. Diese waren durch panikartige Anteilsverkäufe institutioneller Investoren schnell abgeschmolzen. Das war so lange unkritisch, wie das Gros der Investoren investiert blieb. Ab dem Zeitpunkt, zu dem Investoren ihre Fondsanteile wieder zu Geld machen wollten, mussten die betroffenen Fonds passen. Nachdem Immobilien kaum kurzfristig veräußerbar sind, war das Dilemma groß: Anleger wollten die tägliche Liquidität, die ihnen versprochen worden war, und die Fonds waren illiquide. In der Folge wurden Mittelabflüsse dieser Fonds durch Schließung der Fonds verhindert und auch die privaten Investoren konnten ihre Anteile nicht mehr veräußern.

Der Gesetzgeber hat darauf reagiert: Seit dem 22. Juli 2013 gelten strenge Regeln bei der Rückgabe von Anteilen offener Immobilienfonds:

> Ab Kaufzeitpunkt ist eine Mindesthaltedauer von 24 Monaten verpflichtend.
> Die Rückgabe von Anteilen ist erst nach einer einjährigen Kündigungsfrist möglich.
> Wurden Anteile offener Immobilienfonds vor dem 22. Juli 2013 erworben, dann können pro Kalenderhalbjahr Anteile für maximal 30.000 Euro an die Fondsgesellschaft zurückgegeben werden.

Immobilienfonds sind sehr gute Anlagevehikel. Das obige Beispiel zeigt jedoch, dass Tricksereien mit Anlageklassen nicht dauerhaft funktionieren.

Achten Sie deswegen immer genau darauf, in welche Anlageklasse Sie investieren und ob diese zu Ihren persönlichen Zielen sowie zu Ihrer persönlichen Chance-Risiko-Einschätzung passt.

Teil 3: Finanzberatung und Vermögensanlage in der Praxis

»Guter Service kostet Geld.
Schlechter Service kostet Geld
und Nerven!«

Jochen Spangenberg

20. Welchen Nutzen bietet mir ein Finanzberater?

Grundsätzlich kann jeder Anleger seine Geldangelegenheiten komplett alleine regeln und auch laufend betreuen. Ein vertrauensvoller und kompetenter Ansprechpartner hat bei dem so wichtigen und komplexen Thema der Vermögensanlage jedoch einen sehr großen Wert:

> Wenn Sie mit dem Thema starten, dann kann Ihnen ein guter Berater oder eine gute Beraterin wertvolle Grundlagen vermitteln, Sie können dabei viel lernen und vermeiden zumeist teure Fehler.

> Sind Sie bereits tiefer ins Thema eingedrungen, dann kann ein gut zuhörender Ansprechpartner Sie immer auch mit aktuellen Informationen versorgen, die Ihnen helfen, eine geeignete Entscheidungsgrundlage zu schaffen.

> Und selbst als Experte sollten Sie sich nicht beratungsresistent zeigen. Ein kompetenter Ansprechpartner ist oftmals ein guter Sparringspartner. Gute Ideen entstehen oft durch intensive Diskussion.

Machen Sie sich nur von Anfang an klar, dass jegliche Form von Beratung nicht kostenfrei sein kann. **Denn wäre Beratung umsonst, dann wäre sie wahrscheinlich tatsächlich umsonst (im Sinne von vergeblich)!** Das soll nicht bedeuten, dass jede Beratung auch ihr Geld wert ist. Sie sollten einfach bei der Inanspruchnahme von Beratung beide Seiten derselben Medaille betrachten: Welche Art und welchen Umfang von Dienstleistung möchten Sie erhalten und was wird die Inanspruchnahme dann folgerichtig kosten?

Wie in vielen anderen Bereichen des Lebens gilt auch in der Finanzdienstleistung: »**You get what you pay for!**«, frei übersetzt bedeutet das, dass Sie zumeist **die Qualität der Leistung bekommen, für die Sie auch zu zahlen bereit sind.** Fokussieren Sie sich am besten erst im zweiten Schritt auf die Kosten. In einem ersten Schritt sollten Sie sich vielmehr gezielt überlegen, welche Art von Dienstleistungen Sie von einem guten Berater erwarten. Am Ende des Tages werden Sie über Ihr Geld immer selbst die Hoheit haben und deswegen auch selbst entscheiden wollen. Die Ratschläge guter Finanzberater können Ihnen enorm helfen, die für Sie richtige Entscheidung zu treffen. Und denken Sie immer daran: **Ein guter Rat ist erst dann ein guter Rat, wenn Sie ihn auch konkret umsetzen können!**

21. Welche Arten von Beraterinnen und Beratern gibt es in Deutschland?

Die am Markt agierenden Beraterinnen und Berater lassen sich nach unterschiedlichen Kriterien einordnen. Ein bedeutendes Kriterium ist der rechtliche Rahmen, in dem ein Berater oder eine Beraterin arbeitet. Am Markt agieren im Wesentlichen:

> angestellte Bankberater/-innen
> unabhängige Finanzberater/-innen
> Ausschließlichkeitsberater/-innen

Ein Bankberater ist üblicherweise ein Angestellter einer Bank. (Hinweis: Im Folgenden verwenden wir die männliche Form, selbstverständlich ist aber immer auch die weibliche Berufsbezeichnung gemeint.) Deswegen findet die Beratung zumeist in den Räumen der betreffenden Bank statt. Als Bezahlung erhalten diese Berater ein festes Gehalt und zusätzlich oftmals einen erfolgsabhängigen – und damit variablen – Gehaltsbestandteil auf jährlicher Basis. Produkte des eigenen Hauses kennen Bankberater meistens am besten. Diese müssen jedoch bei Beratungen nicht zwingend im Vordergrund stehen. Oftmals greifen Bankberater jedoch verstärkt darauf zurück.

Unabhängige Finanzberater zeichnen sich dadurch aus, frei in ihrer Produktauswahl zu sein. Sie sind weder an eine Bank noch an eine Investmentfondsgesellschaft, eine Versicherung oder eine Bausparkasse gebunden. Manche dieser Berater haben eigene Besprechungsräume, andere führen Beratungen vor allem in den (Wohn)Räumlichkeiten ihrer Kunden durch. Eine Vergütung erhält ein unabhängiger Berater entweder aus der Provision, die nach einem erfolgreichen Vertragsabschluss an ihn fließt, oder er vereinbart ein gesondertes Honorar mit seinen Kunden, das sich zumeist auf der Grundlage eines festen Stundensatzes errechnet.

Ist ein Berater in die Ausschließlichkeitsorganisation beispielsweise einer Versicherungsgesellschaft eingebunden, dann greift er auf das Produktportfolio dieser Versicherung zurück. Als Einfirmen-Vertreter kann er zumeist kaum Produkte von anderen Anbietern vermitteln, ist dafür aber über seine Produkte meist sehr gut informiert. Die rechtliche Grundlage für Ausschließlichkeitsberater sind die §§ 84 ff. HGB. Deren Bezahlung besteht ebenfalls aus einer erfolgsabhängigen Provisionsvergütung. Einige Produktgeber beteiligen sich zudem an den Fixkosten des Beraters, wie beispielsweise der Büromiete.

Dem Gesetzgeber liegt die Weiterbildung von Finanzberater erfreulicherweise zunehmend am Herzen. Seit dem Jahr 2018 gibt es eine Pflicht für Finanzberater, sich mindestens 15 Stunden pro Kalenderjahr weiterzubilden. Um diese Stundenanzahl zu erreichen, können Präsenzveranstaltungen besucht oder an Webinaren teilgenommen werden. Alle Weiterbildungsinitiativen unterliegen strengen Regeln. So muss beispielsweise ein qualifizierter Trainerleitfaden vor Veranstaltungen erstellt werden, um die Inhalte von Veranstaltungen genau zu dokumentieren.

Unabhängig vom rechtlichen Rahmen, in dem Finanzberater agieren, gibt es nur ein wirklich wichtiges Unterscheidungskriterium, das bei der Auswahl entscheidend ist, nämlich die Frage: **Ist mein Berater ein Kümmerer oder eine Eintagsfliege?** Die Eintagsfliege drängt auf schnellen Abschluss und ist danach de facto nur noch schwer zu erreichen. Kümmerer hingegen sind und bleiben an der Seite ihrer Kunden. Fragen werden schnell und kompetent beantwortet. Kümmerer machen Ihnen zudem gezielt neue

Angebote. Somit können Sie im Zeitablauf immer wieder neu entscheiden, ob ein Angebot zu Ihnen passt oder nicht. **Suchen Sie am besten also nach einem Kümmerer. Glauben Sie mir, es wird sich für Sie lohnen!**

22. Welcher Berater ist für mich nun der richtige und welche drei Fragen sollte er mir unbedingt stellen?

Den richtigen Ansprechpartner zu finden, ist insbesondere bei Finanzangelegenheiten nicht einfach. Vor allen Dingen sollte der Berater oder die Beraterin Ihrer Wahl jemand sein, zu dem Sie Vertrauen aufbauen wollen. Der Aufbau von Vertrauen benötigt natürlich Zeit, und die Grundsatzfrage lautet folglich: **Mit wem verbringen Sie bereitwillig Zeit, um eine Vertrauensbasis zu schaffen?**

Für alle Arten von Beratern lassen sich reichlich positive wie auch schwierigere Punkte zur Abwägung finden. Entscheidend ist meines Erachtens jedoch nicht, wie ein Berater in die genannte Klassifizierung – Bankberater, unabhängiger Berater oder Ausschließlichkeitsberater – einzuordnen ist, sondern **ob er Ihnen die notwendigen Fragen zu Ihren finanziellen Zielen, Ihrem Chance-Risiko-Profil sowie zu Ihrem Vermögen und Ihren Erfahrungen in der Form stellt, dass Sie diese gut in Ihre eigene Situation einordnen können.** Überlegen Sie, ob Sie nicht gerade aufgrund dieser Fragen Vertrauen zu Ihrem Berater aufbauen möchten, und arbeiten Sie aktiv mit ihm zusammen. Besprechen Sie jede große Veränderung in Ihren Vermögensverhältnissen gezielt mit ihm – gleichgültig, ob Sie Geld zum Anlegen haben oder Geld benötigen. Mindestens einmal im Jahr sollten Sie ohnehin ein Gespräch mit ihm führen, um sicherzustellen, dass sowohl er als auch Sie gegenseitig wieder auf dem aktuellen Stand sind.

Damit bleibt jedoch eine der wesentlichen Fragen zu klären: Wie finden Sie einen guten Berater? Über Google den Namen von Finanzdienstleistern zu recherchieren, ist natürlich einfach. Vereinbaren Sie am besten einen persönlichen Termin und stellen Sie Ihren Ansprechpartner auf die Probe. Nicht Sie sollten ihm die Fragen stellen, sondern er Ihnen! Dazu ist es notwendig, dass Sie ihn mit notwendigen Informationen versorgen, sonst kann natürlich keine vernünftige, individuelle Beratung stattfinden.

Bereits zu Beginn von Rhetorik-Seminaren hört man oft den Satz: »**Wer fragt, der führt.**« Sehr gute Finanzberater zeichnen sich durch eine sehr gute, verständliche **Gesprächsführung** aus. Lassen Sie also ruhig den Profi, der Ihnen gegenübersitzt, die Fragen stellen und damit das Gespräch führen. Jeder kompetente Ansprechpartner sollte Ihnen dabei unbedingt folgende drei Fragen stellen:

> **Was sind Ihre persönlichen Ziele bei der Vermögensanlage und welchen Zielkorridor – bezogen auf Chancen und Risiken der Geldanlage – geben Sie vor?**

Denken Sie bitte daran: Möglichst hohe Renditen erzielen und dabei kein Risiko eingehen, ist kein sehr realistisches Ziel. Etwas konkreter darf es schon sein! Wie hoch soll denn die von Ihnen gewünschte Rendite sein und wie hoch ist Ihre Risikobereitschaft, um diese Rendite zu erwirtschaften? Mit welchen möglichen Verlusten könnten Sie denn noch ruhig schlafen? Welche langfristigen Gewinne würden Sie gerne erwirtschaften?

> **Wie sieht Ihre aktuelle Lebenssituation aus und welche Zeithorizonte und Fristigkeiten leiten Sie bei der Vermögensanlage daraus ab?**

Wie alt sind Sie? Wollen Sie fürs Alter vorsorgen oder sparen Sie für eine bestimmte Anschaffung (z. B. ein Auto)? Trennen Sie innerhalb Ihres Vermögens unbedingt kurzfristige, mittelfristige und langfristige Ziele. Irgendwie einmal Geld auf die hohe Kante zu legen, ist als Antwort auf obige Fragen eine recht seichte Aussage. Lassen Sie sich ruhig Zeit bei Ihren Überlegungen, schließlich geht es nicht um triviale Fragestellungen. Und Tagesgeld ist ebenso wenig für die langfristige Altersvorsorge geeignet wie ein Rentenversicherungsvertrag für das kurzfristige Geldparken.

> **Welche Reserven haben Sie schon angespart und welche Erfahrungen besitzen Sie bereits beim Thema Geldanlage?**

Seien Sie ehrlich – sich selbst und auch dem Berater gegenüber. Haben Sie geringe Reserven und noch wenig Erfahrung bei der Vermögensanlage, dann sagen Sie das. Bleiben Sie aber unbedingt offen für Neues. Nur weil Sie in bestimmte Anlageklassen noch nie investiert haben, heißt das nicht, dass Sie das nicht doch tun sollten. Können Sie schon auf Reserven zurückgreifen, dann ist es vielleicht ratsam, einen Teil davon in einem Block anzulegen und zusätzlich monatlich zu sparen, um weiter an Ihrem Vermögensaufbau zu arbeiten.

Simplified Fazit

Ein guter Finanzberater ist Gold wert! Er sollte in allen Vermögensfragen Ihr »Single Point of Contact« sein. Geben Sie ihm die notwendigen Informationen und bauen Sie Vertrauen zu ihm auf. Sagen Sie ihm deutlich, was Sie von ihm erwarten. Offenheit und Vertrauen ist die Basis für erfolgreiche Geschäfte. Und ein Geschäft ist erst dann ein gutes Geschäft, wenn es für beide Seiten ein gutes Geschäft ist!

23. Wie viel Steuer muss ich auf die Erträge meines Vermögens zahlen?

Einkünfte, die Ihnen – gleichgültig, aus welcher Quelle – zufließen, unterliegen der Einkommensteuer. Die Rechtsgrundlage dafür ist das deutsche Einkommensteuergesetz (EStG), das sich nach Gewinneinkünften und Überschusseinkünften untergliedern lässt. Sieben Einkunftsarten sind im EStG definiert:

Gewinneinkünfte	Überschusseinkünfte
• Einkünfte aus Land- und Forstwirtschaft (§§ 13, 14 EStG) • Einkünfte aus Gewerbebetrieb (§§ 15, 16, 17 EStG) • Einkünfte aus selbständiger Arbeit (§ 18 EStG)	• Einkünfte aus nichtselbständiger Arbeit (§ 19 EStG) • Einkünfte aus Kapitalvermögen (§ 20 EStG) • Einkünfte aus Vermietung und Verpachtung (§ 21 EStG) • Sonstige Einkünfte (§§ 22, 23 EStG)

Tabelle 6: Gewinneinkünfte und Überschusseinkünfte

Sechs dieser sieben Einkunftsarten werden für die jährliche Steuererklärung addiert. Die Summe daraus bildet dann die Basis, die mit Ihrem persönlichen Steuersatz multipliziert wird. Das Ergebnis dieser Berechnungen ist dann der Steuerbetrag, den Sie im jeweiligen Kalenderjahr zu zahlen haben.

Die einzige Ausnahme bei diesem Vorgehen bilden die Einkünfte aus Kapitalvermögen. Seit dem 1. Januar 2009 werden diese Einkünfte pauschal und gleich direkt beim Mittelzufluss, also an der Quelle, besteuert. Sowohl bei sogenannten ordentlichen Kapitalerträgen (z. B. Zinsen und Dividenden) als auch bei außerordentlichen Kapitalerträgen (z. B. Kursgewinnen) wird eine pauschale Steuer abgezogen. Diese Steuer heißt Abgeltungssteuer und beträgt 25 Prozent zuzüglich Solidaritätszuschlag in Höhe von 5,5 Prozent (aus diesen 25 Prozent) und Kirchensteuer in Höhe von 8 Prozent bzw. 9 Prozent (aus diesen 25 Prozent), je nach Bundesland. **In der Summe werden jedem Steuerpflichtigen beim Zufluss von Wertpapiererträgen pauschal 26,375 Prozent (konfessionslos), 28,375 Prozent (Baden-Württemberg und Bayern) bzw. 28,625 Prozent (andere Bundesländer) dieser Zuflüsse in Form der Abgeltungssteuer abgezogen.**

Als jährlichen Freibetrag gibt es den sogenannten Sparer-Pauschbetrag in Höhe von 801 Euro (Ledige) bzw. 1.602 Euro (zusammen veranlagte Ehepaare). Bis zu diesem Betrag an Kapitalerträgen müssen keine Steuern entrichtet werden. Bei 1 Prozent Verzinsung meiner Ersparnisse fällt also erst Abgeltungssteuer an, wenn mein angelegtes Vermögen mehr als 80.100 Euro (Ledige) bzw. mehr als 160.200 Euro (Verheiratete) beträgt. Es sei an dieser Stelle die Anmerkung erlaubt, dass die Steuern vermutlich gerne gezahlt würden, wenn dafür nur die Verzinsung entsprechend höher wäre. Unterm Strich zählt natürlich das Nettoergebnis, also das Ergebnis nach Steuern.

Auch Aktionäre, denen ja – beim Verkauf ihrer Aktien oder Aktienfonds – in den vergangenen Jahren reichlich Kursgewinne hätten zufließen können, sind von dieser Steuer betroffen. Beispielsweise stieg der Deutsche Aktienindex DAX im Jahr 2012 um 30 Prozent. Somit hätten sich 80.000 Euro aus dem obigen Beispiel, in DAX-Papiere angelegt, um 30 Prozent, also um 24.000 Euro auf 104.000 Euro vermehrt. Im Falle des Verkaufs wären aus den 24.000 Euro dann etwa 28,5 Prozent Abgeltungssteuer, also 6.840 Euro angefallen. In der Betrachtung nach dem Steuerabzug wären den Aktionären jedoch immer noch 17.160 Euro Ertrag geblieben. Der 1-Prozent-Sparer hätte also am Ende dieser Betrachtungsperiode ein Vermögen von 80.800 Euro, während Aktionäre 97.160 Euro Vermögen hätten.

Mit dem Investmentsteuerreformgesetz wird seit dem Jahr 2018 die Besteuerung von Investmentfonds neu geregelt. Die Besteuerung erfolgt nicht mehr allein auf Anlegerebene, sondern auch auf Fondsebene. Mit dieser Form der Besteuerung geht eine nicht zu unterschätzende Komplexität einher. Das Ziel dieses neuen Gesetzes besteht darin, inländische und ausländische Publikumsfonds gleich zu besteuern. Damit es zu keiner Doppelbesteuerung bei Anlegern kommt, wurden verschiedene Teilfreistellungen im Gesetzestext eingeführt, was schlichtweg heißt: Als Ausgleich für die Besteuerung auf Fondsebene werden die Erträge beim Anleger teilweise von der Abgeltungssteuer freigestellt.

Wer Aktien oder festverzinsliche Wertpapiere im Rahmen einer fondsgebundenen Lebens- oder Rentenversicherung, also einer Fondspolice, hält, dem fließen die oben beschriebenen Erträge nicht im Sinne der Einkommensteuer zu und es fällt somit während der Laufzeit auf Anlegerebene keine Abgeltungs- oder sonstige Steuer an. Nachdem jedoch bei der Einbettung von Wertpapieren in Versicherungsprodukte auch Kosten für das Versicherungsprodukt anfallen, gilt es, den Steuer- und den Kostenaspekt abzuwägen und sich anhand von konkreten Rechenbeispielen eine Entscheidungsgrundlage zu schaffen. Dabei kann Ihnen sicherlich am besten ein guter Berater helfen. Lassen Sie sich dazu doch einfach ein für Sie passendes Angebot errechnen.

Simplified Fazit

Die Abgeltungsteuer bei Kapitalerträgen ist im deutschen Einkommensteuerrecht eine Besonderheit, denn mit der automatischen Abführung dieser Steuerbeträge ist die Steuerschuld eines Steuerpflichtigen komplett abgegolten.

24. Was sollte ich aus steuerlicher Sicht beim Vererben und Verschenken beachten?

Grundsätzlich fallen auf den reinen Bestand von Geld- oder Wertpapiervermögen keine Steuern an. Lediglich bei Immobilienvermögen sind Substanzsteuern in Form der Grundsteuer zu entrichten, die in der Regel quartalsweise zu zahlen ist. Die Höhe dieser Grundsteuer wird von den kommunal zuständigen Behörden festgelegt, indem der errechnete Steuermessbetrag mit dem Hebesatz multipliziert wird.

Bei einem Vermögensübertrag in Form einer Erbschaft oder Schenkung sind jedoch sehr wohl Substanzsteuern zu entrichten: die sogenannte Erbschafts- und Schenkungssteuer. Der Gesetzgeber hat Erbe und Schenkung im Erbschafts- und Schenkungssteuergesetz (ErbStG) zusammengefasst. Wenn der Empfänger seinen Wohnsitz oder gewöhnlichen Aufenthaltsort in Deutschland hat, dann hat der Empfänger in beiden Fällen die Pflicht, Steuern zu bezahlen.

Vermögenswert abzüglich Freibetrag	Steuerklasse I			Steuerklasse II	Steuerklasse III
	Ehegatte	Kinder	Enkel	Geschwister	Freunde
	500.000 €	400.000 €	200.000 €	20.000 €	20.000 €
bis 75.000 €	7 %			15 %	30 %
bis 300.000 €	11 %			20 %	30 %
bis 600.000 €	15 %			25 %	30 %
bis 6.000.000 €	19 %			30 %	30 %

Tabelle 7: Übersicht zur Schenkungs- und Erbschaftsteuer

Das bedeutet, dass nach der Höhe des geschenkten bzw. ererbten Vermögensbetrages und nach dem Verwandtschaftsgrad aus der Substanz des Vermögens Steuern zu bezahlen sind. Nach Abzug der Freibeträge fällt entsprechend dem Wert des Vermögens ein mit dem Betrag ansteigender Steuersatz an. Der Freibetrag steht alle zehn Jahre erneut zur Verfügung.

Wer Vermögen verschenken oder später vererben will, sollte dies frühzeitig und gezielt planen. Zudem ist es sicherlich ratsam, die Zehnjahresfrist der Freibeträge im Blick zu behalten. Vor allem mithilfe von Lebens- und Rentenversicherungen ergeben sich Gestaltungsmöglichkeiten im Bereich der Erbschafts- und Schenkungssteuer. Dieser Umstand resultiert daraus, dass Versicherungsnehmer und versicherte Person bei einem Versicherungsvertrag unterschiedlich sein können.

Es lohnt sich auf alle Fälle, mit einem Steuerberater und einem Finanzberater einen gemeinsamen Termin zum Thema »Vererben und Verschenken« zu vereinbaren. Der Steuerberater wird Ihnen dabei helfen, einen passenden steuerlichen Rahmen zu stecken. Und der Finanzberater kann für Sie individuelle Vorschläge erarbeiten, wie Sie diesen Rahmen am besten nutzen können.

25. Welche Kosten entstehen bei der Vermögensanlage?

Kosten der Geldanlage sind ein recht häufig in den Medien diskutiertes Thema. Zum einen ist das natürlich sehr gut, weil jeder Euro an Kosten Ihren Ertrag schmälert. Zum anderen ist die Fokussierung allein auf Kosten natürlich viel zu einseitig. Bekanntlich hat jede Medaille zwei Seiten. Auch beim Thema Vermögensanlage sollten Sie die Kosten und die dafür erhaltenen Leistungen in einem Gesamtpaket betrachten.

Kosten lassen sich im Wesentlichen in drei Blöcke untergliedern:

> Administrationskosten
> Vermittlungs- und Beratungskosten
> Produktkosten

Unter den **Administrationskosten** lassen sich alle Kosten zusammenfassen, die mit der technischen Verwaltung Ihres Vermögens anfallen. Beispiele dafür sind jährlich anfallende Depotgebühren oder die einmaligen Einrichtungskosten für einen Rentenversicherungsvertrag. Depotkosten werden entweder als feste Jahreskosten in Euro berechnet, wie beispielsweise 49 Euro, oder aber sie belaufen sich auf einen Prozentsatz Ihres Depotvolumens, z. B. 0,5 Prozent aus 50.000 Euro = 250 Euro.

Vermittlungs- und Beratungskosten sind die einmaligen oder laufenden Kosten, die für die betreffenden Dienstleistungen zu zahlen sind. Beim Kauf von Investmentfonds fällt zu Beginn des Vertrages zumeist ein Ausgabeaufschlag von 3 oder 5 Prozent an, der zum großen Teil der Vergütung Ihres Beraters dient. Sparen Sie monatlich beispielsweise 100 Euro in Form eines Investmentfonds-Sparplans, dann erhält Ihr Berater seine Vergütung aus dem Ausgabeaufschlag in Höhe von 3 Euro oder 5 Euro monatlich. Beim Abschluss eines Bausparvertrages oder einer Rentenversicherung fließt zumeist der Provisionsbetrag für die gesamte Laufzeit auf einmal bzw. binnen weniger Jahre an Ihren Berater.

Das bedeutet, dass der Betrag für die gesamte Laufzeit eines Produktes – oftmals mehrere Hundert Euro – direkt oder indirekt von Ihnen zu zahlen ist. Das ist schlecht für Sie, wenn Sie den Berater nach Abschluss des Versicherungsvertrages nie wieder sehen oder wenn Sie einen Bauspar- oder Versicherungsvertrag während der Laufzeit wieder stornieren. Das ist aber gut für Sie, wenn Sie ein jährliches Beratungsgespräch mit Ih-

rem Berater vereinbaren und den betreffenden Vertrag bis zum Ende der vereinbarten Laufzeit halten. Zunehmend werden Beratungsleistungen gegen Honorar – analog beispielsweise zur Vergütung eines Rechtsanwaltes in Form eines festen Stundensatzes – in den Medien diskutiert. Vom Gesetzgeber wurde bereits das »Gesetz zur Förderung und Regulierung einer Honorarberatung über Finanzinstrumente« verabschiedet. In den kommenden Jahren wird sich zeigen, ob sowohl bei Geldanlegern als auch bei Finanzberatern die Akzeptanz dieser Vergütungsform zunehmen wird.

Produktkosten sind Kosten, die für das Management, also die Verwaltung innerhalb von Produkten, anfallen. Beispielsweise verlangen Investmentfondsgesellschaften für die Verwaltung von Wertpapierportfolios einen jährlichen Prozentsatz des anvertrauten Vermögens, der in den meisten Fällen zwischen 0 und 2 Prozent liegt. Auch andere Produktanbieter, wie Bausparkassen, Banken und Versicherungsgesellschaften, verlangen direkte oder indirekte Gebühren für ihre Produkte. Diese werden oftmals transparent ausgewiesen, Sie müssen sie aber nicht extra zahlen, da sie in der Regel innerhalb der Produkte direkt vom investierten Geld abgezogen werden.

Über eine angemessene Höhe all dieser Kosten kann man trefflich diskutieren. Achten Sie daher zum einen auf die Kosten, bevor Sie sich beraten lassen oder einen Vertrag abschließen. Vergessen Sie zum anderen aber nicht, dass dauerhaft im Leben nichts umsonst ist. Fordern Sie die Gegenleistungen ein, für die Sie bezahlt haben. Denn wenn Sie Bargeld unter dem sprichwörtlichen Kopfkissen horten, dann fallen Ihnen zwar weder Administrations- noch Beratungs- noch Produktkosten an. Ob das aber die richtige Vermögensanlage oder die richtige Altersvorsorge für Sie ist, darf stark bezweifelt werden.

26. Wie lege ich Kindergeld am besten an?

Die laufenden Kindergeldzahlungen sind ein ideales Beispiel für den kontinuierlichen Aufbau und die dauerhafte Verwaltung von Vermögen. Für Säuglinge und Kleinkinder sind die Voraussetzungen ideal:

> Säuglinge und Kleinkinder haben einen unglaublich langen Zeitraum vor sich, in dem sich Vermögen hervorragend aufbauen lässt.

> Sie wissen über viele Jahre nichts von diesem Vermögen und sind daher zwangsläufig nicht in Versuchung, Geld zu entnehmen und zu verbrauchen.
> Schwankungen von Vermögensteilen interessieren die kleinen Geldanleger schon deshalb nicht, weil sie ja noch nichts von ihrem Vermögen wissen.

Machen Sie nicht den Fehler, Gelder, die für die Zukunft Ihres Kindes bestimmt sind, Monat für Monat lediglich auf ein Tagesgeldkonto zu überweisen. Damit helfen Sie Ihrem Sprössling nicht wirklich.

Vermögensstreuung ist kein Anrecht von uns Erwachsenen. Auch das Vermögen von Kindern muss professionell verwaltet werden. Natürlich eröffnen Sie ein Tagesgeldkonto als Liquiditätsreserve für Ihre Kleinen. Nutzen Sie zudem unbedingt den Cost Average Effect (die Erklärung dazu finden Sie weiter hinten in diesem Buch). Und mal ehrlich – Schwankungen von Vermögenswerten sind vielleicht eine nervliche Belastung für Sie als Vater oder Mutter. Wenn jedoch aufgrund Ihrer Überlegungen nach 20 Jahren ein stattliches Vermögen für Ihr Kind angewachsen ist, dann wird es sich sicher sehr herzlich bei Ihnen für Ihre Weitsicht bedanken.

27. Wie starte ich als Berufseinsteiger mit meiner Vermögensanlage?

Wenn Sie Ihre Berufsausbildung beendet haben und voller Enthusiasmus in das Arbeitsleben starten, dann ist eines meistens knapp: Geld. Sie benötigen neue Kleidung, vielleicht ein Auto und wollen sich schließlich von Ihrem hart verdienten Geld auch etwas leisten.

Versäumen Sie jedoch auf keinen Fall, **sofort** damit zu beginnen, Geld auf die hohe Kante zu legen. Die Aufschieberitis ist die größte Gefahr für Berufseinsteiger! Wenn Sie nicht unmittelbar mit dem Prozess des Sparens (Konsumverzicht) und des Investierens (Ihr Geld für sich arbeiten lassen) starten, dann wird der innere Schweinehund jeden Monat größer.

Ein regelmäßig abgebuchter Investmentfonds-Sparplan oder eine Fondspolice mit laufenden Beiträgen sind im wahrsten Sinne des Wortes Gold wert. Sie werden nämlich auf diese Weise Ihre Sparleistungen analog Ihrer Mietzahlung und Ihrer Telefonrechnung gleich als fixe monatliche Ausgaben einordnen. Gut so!

Haben Sie die erste magische Schwelle von 1.000 Euro Vermögen erreicht, wird es mental leichter für Sie. Denn wären es nur 200 Euro Vermögen, würden Sie vielleicht gerne noch zugreifen und das Geld für Ihre normalen Alltagskosten verwenden. Bei zunehmend größeren Beträgen ist die psychische Hürde für ein solches Verhalten schon deutlich höher. Also auf geht's: Augen zu und durch!

28. Wie lege ich mein Geld aus dem Verkauf einer geerbten Immobilie am besten an?

Häufig liest man in der Presse von der »Generation der Erben«. Die meisten Menschen erben jedoch nur kleine Beträge, während nur wenige Menschen größere Erbschaften machen. Das Erben ist jedoch bei Weitem nicht ausschließlich ein materielles Thema. Vielmehr ist die Trauer über einen Todesfall oftmals das, was die Hinterbliebenen am meisten in Anspruch nimmt.

Wenn Sie eine Erbschaft antreten, dann machen Sie bei der weiteren Vermögensanlage auf gar keinen Fall einen Schnellschuss. Die meisten Dinge können warten, bis Sie Ihren Kopf wieder frei haben. Sprechen Sie mit Ihrem Finanzberater, damit Sie objektiven Rat an Ihrer Seite wissen.

Haben Sie eine Immobilie geerbt, handelt es sich dabei oft um das elterliche Anwesen. Damit sind zum einen viele Emotionen verbunden und zum anderen ist ein Immobilienverkauf keine einfache Sache. Makler- und Notartermine werden Sie stark in Anspruch nehmen. Besichtigungstermine mit potenziellen neuen Eigentümern sind nervenaufreibend und beanspruchen viel Zeit und Kraft. Oftmals wird Ihnen für Investitionen des aus dem Immobilienverkauf resultierenden Vermögens kaum mehr Energie bleiben.

Machen Sie sich das bewusst und parken Sie Ihr Geld am besten erst einmal auf einem Tagesgeldkonto. Im Laufe der Zeit entnehmen Sie diesem »Park-Konto« dann Gelder, die Sie Schritt für Schritt investieren. Liegen auf diesem beispielhaften Tagesgeldkonto 100.000 Euro, dann nehmen Sie doch in einem ersten Schritt 10.000 Euro davon und investieren es in zwei unterschiedliche Investmentfonds: einen Misch- und einen Aktienfonds. Somit haben Sie sich überwunden, mit Ihrem Vermögen aktiv zu werden, und Sie lernen im Laufe der folgenden Wochen und Monate auch gleich, was diese Investitionen für Sie bedeuten. Denken Sie über Absicherungen durch Versicherungsprodukte nach und erarbeiten Sie sich ein Ziel. Was möchten Sie mit dem neu hinzugekommenen Geldbetrag erreichen?

Planen Sie dabei umsichtig, denn es wäre schade, wenn sich in einigen Jahren herausstellen würde, dass das meiste Geld für die Kosten des täglichen Lebens versickert ist. Nehmen Sie am besten einen festen Anteil des Gesamtbetrages, beispielsweise 5 Prozent, und nutzen Sie diesen Betrag zum Auffüllen Ihrer Energiespeicher bei einem tollen Urlaub. Danach erst sollten Sie Ihre Ziele nach Fristigkeiten auflisten. Steht die Verlängerung Ihres Darlehens für die eigene selbstgenutzte Immobilie in zwei Jahren wieder an, dann verwenden Sie doch einen Teil des geerbten Geldes für die Rückführung Ihres Darlehens. Denken Sie auch an einen möglichen Frühruhestand, mithilfe Ihrer finanziellen Planung ist dieser Wunsch für Sie vielleicht leichter erfüllbar.

Nach der Planung und Zielfestlegung ordnen Sie Ihren Zielen konkrete Anlageklassen zu und bestücken diese ganz zum Schluss mit einzelnen Produkten.

29. Was mache ich am besten mit der Auszahlung einer fällig gewordenen Lebensversicherung?

Bei Abschluss einer Kapitallebensversicherung oder einer Fondspolice vor vielen Jahren haben Sie ja nicht nur Ihr Leben versichert, sondern sich gleichzeitig auch dazu entschlossen, Kapital aufzubauen. Für die reine Absicherung des eigenen Lebens ist eine Risikolebensversicherung die günstigere Variante. Was waren denn damals Ihre Wünsche, Ideen und Ziele? Wie hoch war der einmalige oder monatlich angesparte Betrag für diese Versicherungspolice? Stellen Sie sich diese Fragen. Die Beantwortung hilft Ihnen, sich wieder in die Gedankenwelt von damals einzufinden.

Je nachdem, wie alt Sie bei Fälligkeit des Vertrages sind, und je nachdem, wie hoch der ausgezahlte Betrag ausfällt, bleiben Ihnen nur wenige zielführende Möglichkeiten. Nähern Sie sich dem Ruhestandsalter, dann sollten Sie einen kleineren Teil des ausgezahlten Betrages (z.B. 5 Prozent) nehmen und sich aktuelle Wünsche erfüllen. Sie werden sich damit gut fühlen und es wird Ihnen helfen, sich für den größeren Teil des Betrages

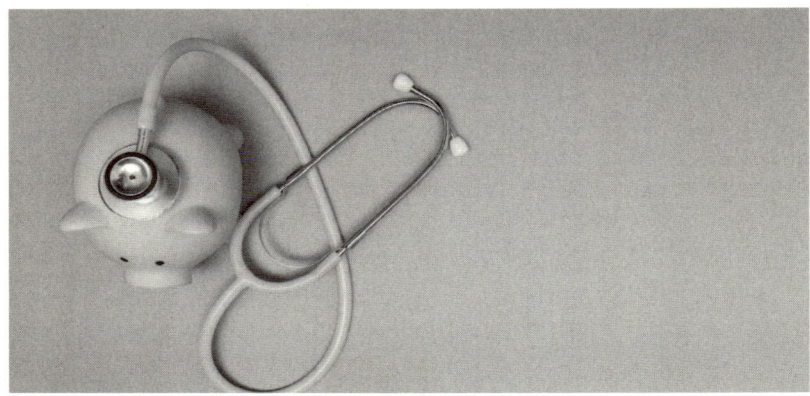

zu disziplinieren, was letztlich noch wichtiger ist. Wenn der Ruhestand in absehbare Nähe gerückt ist, können Sie einschätzen, wie hoch Ihre künftigen Rentenzahlungen sein werden. Wie hoch wird Ihr monatlicher Mittelzufluss aus der gesetzlichen Rente sein? Welche betrieblichen und privaten Vorsorgeverträge helfen Ihnen zudem mit regelmäßigen Zahlungen im Alter? Es ist naheliegend, dass Sie den Betrag aus Ihrer fälligen Lebensversicherung für die Altersvorsorge verwenden.

Sie entscheiden, wer die Verfügungsgewalt – und damit auch die Verantwortung – für diesen Betrag haben soll. Eine Versicherungsgesellschaft? Dann schließen Sie eine Sofortrente ab. Eine Bank oder ein Vermögensverwalter? Dann nutzen Sie ein Vermögensverwaltungsangebot dieser Institution. Sie selbst? Dann bauen Sie Ihren Geldbetrag in Ihr bestehendes Vermögen ein. Nutzen Sie dabei das Prinzip der Streuung, und vielleicht hilft Ihnen ja das folgende Beispiel für die Ausgangsposition einer Vermögensaufteilung, um Ihr persönlich passendes Vermögensstrukturgebäude entsprechend zu erweitern:

Festverzinsliche Wertpapiere / Rentenfonds / defensive Mischfonds	30 %
Aktien / Aktienfonds	30 %
Immobilien / Immobilienfonds	20 %
Liquidität (Cash)	20 %

Tabelle 8: Mögliche Aufteilung des Betrages aus einer fälligen Lebensversicherung

Teil 4: Die neue Welt des Niedrigzinses

»Das größte mathematische Phänomen ist der Zinseszins!«

Albert Einstein

30. Wieso werde ich Kreditgeber, wenn ich eine Anleihe kaufe oder ein Sparbuch eröffne?

Wenn Sie als Privatperson einen Kredit benötigen, dann gehen Sie üblicherweise zu einer Bank und beantragen ein Darlehen. Dabei handelt es sich zumeist entweder um einen Kontokorrent- oder um einen Ratenkredit. Ein Kontokorrentkredit ist ein genehmigter Überziehungskredit, den Sie je nach Bedarf im vereinbarten Rahmen beanspruchen können, dessen Zinssatz in Abhängigkeit vom Markt schwankt und dessen Rückzahlung Sie variabel handhaben können. Beim Ratenkredit werden Betrag, Laufzeit, monatliche Rate und Höhe des Zinses festgeschrieben.

Wenn nun ein Unternehmen, eine Bank oder ein Staat sich Geld am Kapitalmarkt leihen möchte, dann wird oftmals ein fester Rahmen dafür angeboten. Dafür werden Anleihen (Schuldscheine) emittiert, bei denen genau festgelegt ist, wie hoch der gebotene (aufgedruckte) Zins (Nominalzins) ist und zu welchem Fälligkeitszeitpunkt die Rückzahlung erfolgt. Aus dem zwischenzeitlichen Börsenkurs der Anleihe ergibt sich dann außerdem die jährliche effektive Verzinsung (Rendite) für Anleger, die erst nach der Zeichnungsfrist einsteigen. Damit ähnelt diese Art der Kreditaufnahme

natürlich eher dem privaten Ratenkredit als dem privaten Kontokorrent-kredit. Festzuhalten bleibt, dass eine Institution, die eine Anleihe begibt, als Kreditnehmer auftritt. Alle, die diese Anleihe kaufen – also auch Sie und ich als Privatpersonen –, sind damit automatisch Kreditgeber.

Wenn Sie Geld an eine Person oder ein Unternehmen verleihen, also jemandem Kredit geben, dann möchten Sie natürlich den Betrag, den Sie verliehen haben, wieder zurückbekommen. Zudem möchten Sie natürlich auch Zinsen von Ihrem Schuldner erhalten, denn schließlich verzichten Sie ja in der Zeit als Gläubiger auf das verliehene Geld und gehen zudem das Risiko ein, dass der Schuldner Ihnen Ihr Geld nicht wieder zurückgibt. Zahlen Sie also 1.000 Euro auf Ihr Sparbuch bei der Bank ein, verleihen Sie damit diese 1.000 Euro an die Bank und Sie möchten dafür Zinsen er-halten. Das ureigene Geschäft einer Bank besteht darin, Gelder von Kun-den entgegenzunehmen und sie an andere Kunden zu verleihen (z. B. als Kontokorrentkredit). Banken sind Organisationen, die eine Vermittlerrolle einnehmen zwischen geldgebenden Kunden und anderen Kunden, die Geld benötigen. Von der Differenz zwischen den Zinsen, die die Bank an Kontoinhaber auszahlt (Haben-Zinsen), und den Zinsen, die sie für einen Kredit verlangt (Soll-Zinsen), finanziert sich das Geldinstitut.

31. Warum werfen festverzinsliche Wertpapiere mit langen Laufzeiten höhere Zinsen ab als solche mit kurzen Laufzeiten?

Geldanleger möchten für ein höheres Risiko natürlich auch höhere Rendi-techancen erhalten. Und je länger eine Anleihe läuft, desto größer ist die Unsicherheit für die Käufer dieser Anleihe. Am Kapitalmarkt wird Unsi-cherheit gleichgesetzt mit Risiko. Wer sein Geld nur für einen Tag ver-leiht – z. B. an eine Bank durch die Eröffnung eines Tagesgeldkontos –, wird sein Risiko als sehr gering einschätzen. Wer dagegen sein sauer verdientes Geld für zehn, 20 oder 30 Jahre verleiht, möchte das damit ein-hergehende Risiko auch kompensiert wissen. Die Risikoprämie, die der Schuldner zahlt, sollte bei langen Schuldenlaufzeiten also (deutlich) höher sein als bei kürzeren Laufzeiten.

Auch bei festverzinslichen Wertpapieren gehen höhere Chancen mit höheren Risiken einher. Anleger bekommen höhere Renditen nicht einfach

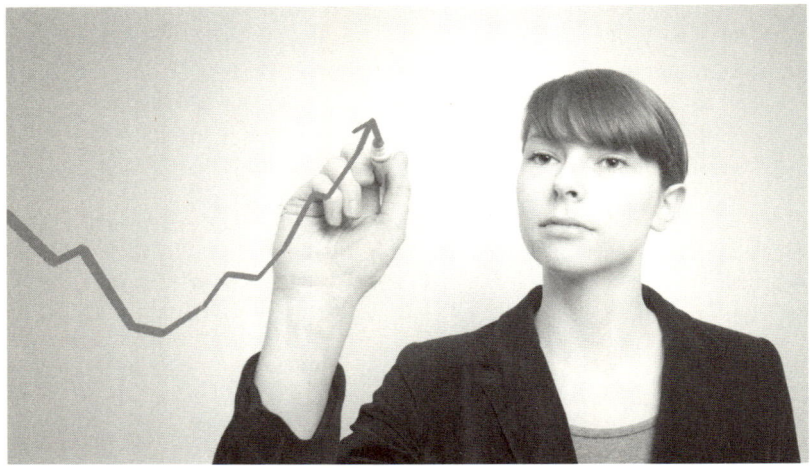

geschenkt, sondern müssen sie sich mit höheren Risiken erkaufen. In diesem Zusammenhang ist die Ausgabe von ultralangen Schuldverschreibungen von großem Interesse. So hat sich beispielsweise das Land Österreich im Jahr 2017 Geld für 100 (!) Jahre geliehen. Dafür verpflichtet sich der Schuldner Österreich zu einem jährlichen Kapitaldienst von 2 Prozent. Bei Emission dieser Anleihe hatte Österreich das Ziel, sich 3,5 Milliarden Euro am Markt zu leihen. Die Nachfrage nach diesem Wertpapier war jedoch so hoch, dass sich Österreich sogar 6 Milliarden Euro hätte leihen können.

Wer aber kauft diese Art von ultralangen Anleihen?

Käufer sind vor allem institutionelle Kapitalanleger, wie beispielsweise Versicherungsgesellschaften. Oftmals benötigen diese Investoren einen Nominalzins von mindestens 2 Prozent p. a. Zudem könnte ein Investor auch die Meinung vertreten, dass das Zinsniveau in Europa dauerhaft niedrig bleibt und ein jeder mit 2 Prozent p. a. gut bedient ist. Ein Zinsanstieg nämlich würde für die Gläubiger erhebliche Risiken bergen. Würde beispielsweise die Rendite für hundertjährige Anleihen derselben Schuldnerbonität – warum auch immer – um einen Prozentpunkt von 2 Prozent auf 3 Prozent ansteigen, dann würde der Kurs der bereits emittierten Anleihe von 100 Prozent auf etwa 68 Prozent fallen.

Man spricht in diesem Zusammenhang von der sogenannten Zinssensitivität einer Anleihe. Ist eine x-beliebige Anleihe beispielsweise morgen fällig, dann kann sich an den Marktzinsen noch so viel ändern: Der Kurs dieser Anleihe wird immer nahe am Rückzahlungskurs in Höhe von 100 Prozent bleiben. Alle Anleger am Kapitalmarkt wissen schließlich, dass der Schuldner morgen sein geliehenes Kapital zu 100 Prozent zurückzahlen wird. Liegt der Zeitpunkt der Rückzahlung jedoch in weiter Ferne, dann kann der Kurs eines festverzinslichen Wertpapiers ganz enorm schwanken. Warum sollte schließlich ein Gläubiger eine Anleihe zum Kurs von 100 Prozent kaufen, deren Nominalzins 2 Prozent beträgt, wenn er stattdessen auch eine Anleihe mit 3 Prozent Nominalzins ebenfalls zum Kurs von 100 Prozent bekommen könnte? Gibt es bei einer Anleihe einen jährlichen Zinskupon von 2 Prozent und ist zugleich aber der Effektivzins (die Rendite) am Markt höher (z. B. bei 3 Prozent), dann wird der Kurs dieser Anleihe – durch Angebot und Nachfrage bestimmt – so weit fallen, bis deren Rendite, also ihr Effektivzins, ebenfalls beim Marktzins von 3 Prozent liegt.

32. Warum haben Risiko und Sicherheit einen so großen Einfluss auf die Zinshöhe?

Bei der Geldanlage sind Verzinsung und Risiko die beiden Seiten derselben Medaille. Die eine Seite gibt es nie ohne die andere. Vereinfacht kann man auch sagen: »*Einen* Tod muss der Geldanleger immer sterben!« **Entweder nimmt er Risiko in Kauf und nutzt dafür auch die Chance auf eine gute Rendite oder aber er verzichtet auf Rendite und nimmt dafür auch nur wenig Risiko in Kauf.** Der frühere Bundespräsident Walter Scheel hat dazu einmal recht treffend erklärt: »Nichts geschieht ohne Risiko, aber ohne Risiko geschieht nichts!« Auch ein physikalisches Gesetz kann man für diesen Zusammenhang gut umformulieren: »Wer an (Rendite-)Kraft sparen will, der muss an (Spar-)Strecke zulegen.«

Risiko und Zinshöhe hängen ebenso zusammen wie Sicherheit und Zinshöhe. Mit geringem Risiko zu investieren, bedeutet gleichzeitig zumeist, auch nur eine geringe Verzinsung zu erwirtschaften. **Mehr Risiko bedeutet aber nicht gleichzeitig auch eine höhere Verzinsung, sondern bringt nur größere Chancen auf höhere Zinsen mit sich.**

Der Zusammenhang zwischen Chance/Risiko und Verzinsung kann am Beispiel von Staatsanleihen sehr gut verdeutlicht werden. Über lange Jahre war es den Marktteilnehmern offensichtlich ziemlich egal, ob eine

Staatsanleihe von Deutschland, Griechenland oder Irland begeben worden ist. Das Renditeniveau war so ziemlich dasselbe, getreu dem Motto: »Staatsanleihe ist gleich Staatsanleihe. Was soll bei einem europäischen Staat als Schuldner denn schon passieren?« Seit Ausbruch der Finanz- und Staatschuldenkrise laufen die Verzinsungen der einzelnen Staatsanleihen jedoch stark auseinander. Ziemlich plötzlich mussten Griechenland oder Irland als Schuldner wieder deutlich mehr Zinsen bieten als beispielsweise Frankreich oder Deutschland, um Geld von Kreditgebern erhalten zu können.

Die Europäische Zentralbank, EZB, sorgte in der jüngeren Vergangenheit für reichlich Nachfrage am Anleihemarkt, indem sie Staatsanleihen in erheblichem Umfang ankaufte. Für einige Staatsanleihen war die EZB – bei den niedrigen Zinsen und den damit sehr geringen Risikoprämien – oftmals der einzige Käufer. Viele Marktteilnehmer beschreiben diese Situation mit der Aussage: »Es gibt keine risikolosen Zinsen mehr. Dafür aber zinslose Risiken!« Sind dagegen mehrere Marktteilnehmer im Spiel, sorgen sie durch Angebot und Nachfrage für höhere Zinsdifferenzen zwischen den einzelnen Schuldnerländern. Börsianer bezeichnen diese Bewegungen bei den Zinsunterschieden als »Spreads, die auseinanderlaufen«.

Immer wieder hört man Versprechungen, die höchste Rendite bei gänzlich fehlendem Risiko anpreisen. Damit verhält es sich aber wie mit der eierlegenden Wollmilchsau – eine solche gab es nie, gibt es nicht und wird es nie geben.

Kurzfristig, also beispielsweise bei der Betrachtung von ein paar Monaten, mag eine Geldanlage kaum Risiken mit sich bringen und trotzdem eine recht gute Verzinsung abwerfen. Auf Dauer jedoch gilt der Rendite-Risiko-Zusammenhang immer. Dieses Pärchen ist untrennbar und fest miteinander verbunden: Das eine gibt es nicht ohne das andere.

Ein bisschen lässt sich dieser Zusammenhang erklären wie eine Reise zwischen zwei Städten: Wer von München nach Nürnberg kommen will, könnte beispielsweise zu Fuß gehen. Das bringt nur geringste Risiken mit sich, insbesondere, wenn die Wanderroute vorab genau geplant ist und der Betreffende sich an die Verkehrsregeln hält. Von Blasen an den Füßen oder einem Sonnenbrand einmal abgesehen, kann dabei vermutlich nicht viel passieren. Die Kehrseite der Medaille ist jedoch der Zeitaufwand. Für die etwa 180 km Wegstrecke sind bei 5 km/h insgesamt 36 Stunden reine Marschzeit nötig. Inklusive Pausen und Schlafzeiten sind das dann etwa vier Tage Reisezeit mit allerdings nur sehr geringem Risiko.

Wer jedoch in sein Auto steigt, braucht vermutlich zwei bis drei Stunden Zeit für dieselbe Strecke (und natürlich die Zeit, die für den Stau auf der A9 eingerechnet werden muss). Selbstverständlich gibt es aber auch hier eine Kehrseite dieser Medaille: Beim Autofahren gibt es reichlich Risiken wie mögliche Verkehrsunfälle oder Pannen.

Bei den meisten Reisenden hat sich das Auto gegen die Wanderschuhe durchgesetzt. Das bedeutet, dass offensichtlich die Risiken des Autofahrens von vielen Menschen als tragbar eingeschätzt werden. Zumindest nimmt die Mehrzahl diese Risiken lieber in Kauf, als die zeitlich aufwendige Wandervariante zu wählen. Die Sicherheit des Wanderns ist folglich weitaus weniger bedeutsam als das Risiko beim Autofahren.

Dieser Analyse folgend lassen sich auch verschiedene Möglichkeiten und Instrumente der Geldanlage vergleichen. Die risikoarmen Wanderschuhe können mit Sparbüchern und Tagesgeldkonten verglichen werden. Für beide sehr liquiden Formen, das eigene Vermögen anzulegen, gilt: »Mühsam ernährt sich das Eichhörnchen.« Die jeweiligen Beträge wachsen langsam und stetig an. Schwankungen gibt es dabei keine. Die risikoreichere Autofahrt lässt sich mit Investitionen in Aktien oder Rohstoffe vergleichen. Die Preise für diese Anlageklassen schwanken zum Teil sehr stark, es passieren Unfälle und dennoch führen sie wahrscheinlich schneller an das Ziel, einen bestimmten Geldbetrag in vertretbarer Zeit zu erwirtschaften.

Simplified Fazit

Zeit und Risiko sind die beiden wesentlichen Größen, aus denen sich die Höhe der Verzinsung zusammensetzt. Je kürzer der Zeitraum und je geringer das eingegangene Risiko, desto geringer wird meine Verzinsung sein.

33. Wie können verschiedene Sicherheitsszenarien für mein Vermögen in der Praxis aussehen?

Wer sein Vermögen beispielsweise innerhalb des Bereichs der festverzinslichen Wertpapiere aufteilt, sollte zunächst über die Gewichtung der beiden Blöcke Sicherheit und Risiko nachdenken. Im Anschluss sollte derjenige dann die jeweils möglichen Renditen in Erfahrung bringen und den Taschenrechner zu Hilfe nehmen. Mithilfe der Zinseszinsrechnung lässt sich ein Gesamtbetrag für die Zukunft recht gut errechnen. Die Betrachtung von zwei oder drei unterschiedlichen Szenarien gibt einem Anleger ein recht gutes Gefühl dafür, wie hoch etwaige Gewichtungen sein können, die zu den verschiedenen Anlegertypen und Anlegerpersönlichkeiten passen.

Nehmen wir nun als sicheren Zinssatz 0,5 Prozent pro Jahr (per annum, p. a.) und eine Schwankung nach oben und unten von 0 Prozent an. Für risikoreichere Investments könnte man sich 3 Prozent Zinsen p. a. vorstellen und eine Schwankung nach oben und unten von 10 Prozent. Diese Grundannahmen reichen dann auch schon aus, um verschiedene Szenarien für sich zu konstruieren. Damit kann jeder Anleger eine Idee für sich entwickeln, welches Chance-Risiko-Profil ihm passt. Insgesamt werden 20.000 Euro angelegt und der Start gelingt am besten mit einer 50/50-Variante:

	Sicherer Zins: 0,5% p. a. Schwankung: 0 %	Riskanter Zins: 3% p.a. Schwankung: 10 %	
Jahr 1	10.000 €	10.000 €	
Jahr 2	Szenario 1 = Szenario 2 d.h. keine Schwankung	Szenario 1 (positiv)	Szenario 2 (negativ)
	10.000 € + 50 €	11.000 € + 300 €	9.000 € + 300 €
Gesamtergebnis	10.050 €	11.300 €	9.300 €

Tabelle 9: 50 Prozent werden mit 0,5 Prozent verzinst und 50 Prozent mit 3 Prozent

Aus den sicher angelegten 10.000 Euro werden nach einem Jahr 10.050 Euro. Schwankungen gibt es hier keine, denn die Anlage ist ja als sicher eingestuft (das sollte sie bei diesem geringen Zins auch sein). Die risikoreichere Variante kann von 10.000 Euro um 10 Prozent nach oben gehen und dann werden 11.000 Euro daraus, auf die dann noch 3 Prozent aus 10.000 Euro, also 300 Euro Zinsen, aufzurechnen sind. Andererseits könnten die 10.000 Euro auch auf 9.000 Euro absinken. Die 3 Prozent Zinsen bleiben 300 Euro. Im Gesamtergebnis könnte bei dieser 50/50-Variante das ursprüngliche Vermögen von 20.000 Euro entweder auf 21.350 Euro (10.050 Euro + 11.300 Euro) steigen oder aber auch auf 19.350 Euro (10.050 Euro + 9.300 Euro) sinken.

Naheliegend ist natürlich der Wunsch, 3 Prozent Zinsen pro Jahr zu erhalten, ohne dabei eine Schwankung von 10 Prozent in Kauf nehmen zu müssen. Aber da sind wir ganz schnell wieder bei der eierlegenden Wollmilchsau – diese gab es noch nie, gibt es nicht und wird es nie geben.

Der Spatz in der Hand kann zwar ohne Schwankungen kalkuliert werden, bietet aber eben nur 0,5 Prozent Verzinsung. Die Taube auf dem Dach ist einerseits verlockend, denn immerhin brächte sie nach einem Jahr bereits ein Plus von 1.250 Euro (11.300 Euro - 10.050 Euro) auf dem Konto gegenüber der sicheren Variante. Aber es könnten eben auch 750 Euro (10.050 Euro - 9.300 Euro) weniger sein.

Wie so oft ist hier ein Kompromiss gefragt, und jeder Kapitalanleger sollte für sich überlegen, wie er den im Beispiel angenommenen Geldbetrag von 20.000 Euro aufteilen möchte. Vielleicht könnte für Anleger auch eine 80/20-Variante oder genau umgekehrt eine 20/80-Variante infrage kommen.

	Sicherer Zins: 0,5 % p .a. Schwankung: 0 %	Riskanter Zins: 3 % p.a. Schwankung: 10 %	
Jahr 1	16.000 €	4.000 €	
Jahr 2	Szenario 1 = Szenario 2 d.h. keine Schwankung	Szenario 1 (positiv)	Szenario 2 (negativ)
	16.000 € + 80 €	4.400 € + 120 €	3.600 € + 120 €
Gesamtergebnis	16.080 €	4.520 €	3.720 €

Tabelle 10: 80 Prozent werden mit 0,5 Prozent verzinst und 20 Prozent mit 3 Prozent.

Bei diesem Szenario könnten die ursprünglichen 20.000 Euro auf 20.600 Euro (16.080 Euro + 4.520 Euro) anwachsen oder aber auf 19.800 Euro (16.080 Euro + 3.720 Euro) schrumpfen. Dabei wurde wiederum zugrunde gelegt, dass die sichere Anlage nicht schwankt, sondern sich in diesem einen Jahr einfach nur um 0,5 Prozent (hier: 80 Euro) erhöht. Die risikoreicher investierten 4.000 Euro könnten im Wert um 10 Prozent steigen und sich um weitere 3 Prozent vermehren oder eben auch um 10 Prozent fallen und gleichwohl noch 3 Prozent einbringen.

	Sicherer Zins: 0,5 % p.a. Schwankung: 0 %	Riskanter Zins: 3 % p.a. Schwankung: 10 %	
Jahr 1	4.000 €	16.000 €	
Jahr 2	Szenario 1 = Szenario 2 d.h. keine Schwankung	Szenario 1 (positiv)	Szenario 2 (negativ)
	4.000 € + 20 €	17.600 € + 480 €	14.400 € + 480 €
Gesamtergebnis	4.020 €	18.080 €	14.880 €

Tabelle 11: 20 Prozent werden mit 0,5 Prozent verzinst und 80 Prozent mit 3 Prozent.

Das Gesamtvermögen könnte hier auf 22.100 Euro (4.020 Euro + 18.080 Euro) anwachsen oder aber auf 18.900 Euro (4.020 Euro + 14.880 Euro) absinken.

Dieses Beispiel zeigt, dass Differenz zwischen dem bestmöglichen und dem schlechtestmöglichen Ergebnis (22.100 Euro - 18.080 Euro = 4.020

Euro) umso größer ist, je mehr Risiko ein Anleger in sein Portfolio aufnimmt – und damit eben auch größere Chancen realisiert. Diese Spanne fällt beim weniger chancen- und risikoreichen Investment (20.600 Euro - 19.800 Euro = 800 Euro) deutlich geringer aus.

Diese Art von Berechnungen zeigt, wie bedeutsam es ist, über Gewichtungen nachzudenken. 100 Prozent oder 0 Prozent in eine der beiden Anlagen zu investieren, scheint zwar für viele Investoren naheliegend zu sein. Wer sich jedoch etwas intensiver um sein Vermögen kümmert, dem wird klar, dass die Antwort auf viele Fragen der Vermögensanlage mit verschiedenen Gewichtungen zu tun hat.

34. Was ist genau mit dem Zinseszins gemeint?

Der Zinseszins ist ganz einfach erklärt: Ein Anleger erhält Zinsen auf sein verliehenes Geld und über die Zeit zusätzlich auch auf die von ihm vereinnahmten Zinsen.

Dabei werden zwei Dinge vorausgesetzt. Zunächst einmal muss überhaupt Geld angelegt werden, um Zinsen zu erhalten. Mit Bargeld oder auch mit reinem Buchgeld auf einem Girokonto lässt sich der Effekt des Zinseszinses erst gar nicht starten. Das klingt trivial, ist jedoch für viele Anleger ein sehr wichtiges Motivationselement, um sich mit Zins- und Zinseszinsmechanismen vertraut zu machen. Im Anschluss an die Zinszahlungen müssen die Zinsen ebenfalls wieder angelegt werden. Nur so lässt sich sicherstellen, dass sich das angelegte Geld auch mehrt und laufend verzinst. Je länger ein Anleger durchhält, desto größer ist der Zinseszinseffekt.

Dazu eine kurze Geschichte:

> Sissa ibn Dahir, genannt Sessa, lebte angeblich im 3. Jahrhundert n. Chr. in Indien und gilt nach der Überlieferung als der Erfinder des Schachspiels. Er wollte den tyrannischen Herrscher Shihram auf dessen Fehlverhalten im Umgang mit seinen Untertanen aufmerksam machen, ohne jedoch dabei seinen Zorn zu entfachen. Das gelang dem klugen Mann, indem er ein Spiel erfand, in dem der König die wichtigste Figur ist, jedoch ohne die Hilfe der anderen Figuren, bei-

spielsweise der Bauern, nichts ausrichten kann – das Schachspiel. Der Herrscher war sehr beeindruckt und fragte Sessa, was er als Gegenleistung für die Unterhaltung und Weisheit haben wolle. Sessa wünschte sich, dass man ihm auf die Felder des Schachbretts Weizenkörner legen möge – auf das erste Feld eines, zwei auf das zweite, vier auf das dritte – und immer so fort, auf jedes benachbarte Feld die doppelte Menge.

Zunächst lachte der Herrscher über Sessas scheinbar einfältigen und bescheidenen Wunsch. Als sein Rechenmeister ihm jedoch klarmachte, dass am Ende der Berechnung 2^{64} -1, also 18.446.744.073.709.551.615 Weizenkörner zu verschenken wären, ging dem Herrscher ein Licht auf. Vermutlich war seine ganze Ernte nicht groß genug, um Sessas Wunsch zu erfüllen. Um nicht bloßgestellt zu werden, ließ er Sissa kurzerhand eine willkürliche Anzahl an Weizensäcken vor die Füße stellen und bat ihn, doch selbst das Getreide Korn für Korn abzuzählen. Sessa begnügte sich mit einem wissenden Schmunzeln und nahm die Weizensäcke ungeprüft mit.

Andere Überlieferungen sprechen übrigens von Reiskörnern oder Erbsen. Der Effekt bleibt natürlich gleichwohl immer derselbe.

Nehmen wir einmal an, dass jedes Feld des Schachbretts einem Kalenderjahr entspräche. Das würde natürlich bedeuten, dass die Verdoppelung der Weizenkörner von Feld zu Feld – also von Jahr zu Jahr – einem astronomisch hohen Zins von 100 Prozent p. a. entspräche. Der Zinseszinseffekt lässt sich damit aber sehr gut verdeutlichen. Aus einem Korn werden zwei. Aus zweien werden vier, dann acht, dann 16 und so weiter. Würden wir diesen Effekt nach beispielsweise drei Jahren stoppen, dann stünden 1 + 2 + 4 = 7 Weizenkörner zur Verfügung, noch nicht einmal genug für die Beilage zu einer Mahlzeit. Würde man diesen Effekt jedoch erst nach zehn Jahren aufhalten, dann hätte man bereits 1 + 2 + 4 + 8 + 16 + 32 + 64 + 128 + 256 + 512 = 1.023 Weizenkörner und könnte davon vermutlich eine ganze Mahlzeit zubereiten.

Somit zeigt das Phänomen des Zinseszinses sehr deutlich: Die beste Voraussetzung für eine gelungene Geldanlage ist und bleibt die Zeit! Und Zeit ist gerecht verteilt, denn jedermanns Tag hat 24 Stunden!

35. Wie errechnet sich der Zinseszins im täglichen Leben?

Am einfachsten lässt sich das Phänomen des Zinseszinses im täglichen Leben an einem Beispiel verdeutlichen: Nehmen wir an, ein Sparer würde 1.000 Euro auf sein Sparbuch einzahlen und von seiner Bank dafür 1 Prozent Zinsen erhalten:

> 02.01.2019: Einzahlung 1.000 Euro
> 31.12.2019: Zinszahlung 1 Prozent auf 1.000 Euro = 10 Euro
> 31.12.2019: Betrag auf dem Sparbuch: 1.000 Euro + 10 Euro
> = 1.010 Euro
> 31.12.2020: Zinszahlung 1 Prozent auf 1.010 Euro = 10,10 Euro
> 31.12.2020: Betrag auf dem Sparbuch: 1.010 Euro + 10,10 Euro
> = 1.020,10 Euro

Im Jahr 2020 hätte der betreffende Sparer also 10 Euro Zinsen für sein ursprünglich verliehenes Geld erhalten und zudem eine Zinszahlung auf die Zinsen, die er im Jahre 2019 bekommen hätte, nämlich 1 Prozent aus 10 Euro = 0,10 Euro.

Und dieser Mechanismus geht in den folgenden Jahren immer so weiter. Aus 1.020,10 Euro werden 1.030,30 Euro, dann 1.040,60 Euro und so fort. Würde der Sparer die jährlichen Zinsen abheben, würden Zinsen lediglich auf die einmal angelegte Summe anfallen und es würde kein Zinseszins entstehen. In jedem Jahr kämen dann 10 Euro dazu, und es wären nach einem Jahr 1.010 Euro, nach dem zweiten Jahr dann 1.020 Euro, nach dem dritten dann 1.030 Euro und nach dem vierten schließlich 1.040 Euro.

Sie sehen an diesem Rechenbeispiel, wie der ursprünglich investierte Betrag durch jährliche Zinszahlungen immer größer wird und durch den Zinseszins eben noch mehr an Vermögen entsteht. Und dennoch ist zeitgleich sehr offensichtlich, dass die erwirtschafteten Beträge bei 1 Prozent Verzinsung gering bleiben.

Dabei wäre es doch toll, wenn man beispielsweise 6 Prozent Zinsen für seine geliehenen 1.000 Euro bekäme:

```
02.01.2019:  Einzahlung 1.000 Euro
31.12.2019:  Zinszahlung 6 Prozent auf 1.000 Euro = 60 Euro
31.12.2019:  Betrag insgesamt: 1.000 Euro + 60 Euro = 1.060 Euro
31.12.2020:  Zinszahlung 6 Prozent auf 1.060 Euro = 63,60 Euro
31.12.2020:  Betrag insgesamt: 1.060 Euro + 63,60 Euro = 1.123,60 Euro
```

In den Folgejahren würden aus 1.123,60 Euro dann 1.191,02 Euro, dann 1.262,48 Euro und so weiter.

Bei 6 Prozent Verzinsung hätten sich die anfänglichen 1.000 Euro schon nach vier Jahren auf 1.262,48 Euro vermehrt, während bei 1 Prozent Verzinsung lediglich 1.040,60 Euro zusammengekommen wären. Durch Zins und Zinseszins sind bei 6 Prozent Verzinsung also 221,88 Euro (1.262,48 Euro - 1.040,60 Euro) mehr an Guthaben entstanden als bei 1 Prozent Verzinsung. Dabei gilt es jedoch zu bedenken, dass sich die Zinsen beispielsweise für Sparguthaben – wenn erst ein bestimmtes Risiko definiert wurde –nicht beeinflussen lassen. Den Zeitraum, in dem wir diszipliniert bleiben und das Startguthaben durch Zinseszins wachsen lassen, können wir jedoch sehr wohl beeinflussen. Mehr Disziplin bedeutet auch automatisch mehr Geld!

Zu beachten gilt aber auch: So schön der Zinseszins-Effekt für einen Gläubiger ist, der jemandem (z. B. seiner Bank) Geld leiht, so schwierig wird es für einen Schuldner, der Geld benötigt und es sich selbst leihen muss (beispielsweise eben von meiner Bank). Für kurzfristige Kontokorrentkredite verlangen Banken oftmals recht hohe Zinsen von z. B. 12 Prozent oder mehr. Wer sich Geld in Form eines solchen Dispositionskredites langfristig von seiner Bank leiht, also sein Konto permanent überzieht, für den kann es recht schnell recht teuer werden:

```
02.01.2019:  Kreditinanspruchnahme                          1.000,00 Euro
31.12.2019:  zu zahlende Zinsen 12 Prozent auf
             1.000 Euro                              =        120,00 Euro
31.12.2019:  Gesamtkredit: 1.000 Euro + 120 Euro    =      1.120,00 Euro
31.12.2020:  zu zahlende Zinsen 12 Prozent
             auf 1.120 Euro                          =        134,40 Euro
31.12.2020:  Gesamtkredit: 1.120 Euro + 134,40 Euro =      1.254,40 Euro
```

Vorsicht also mit der langfristigen Nutzung von eigentlich kurzfristigen Krediten! Besser wäre es eventuell für Kontoinhaber, entweder das geliehene Geld zügig, also der Natur dieser Kreditart entsprechend, zurückzuzahlen oder aber mit der kreditgebenden Bank über eine Umschuldung in einen langfristigen (zumeist deutlich günstigeren) Kredit zu verhandeln.

36. Wie lange dauert es bei unterschiedlichen Zinssätzen, mein Geld zu verdoppeln?

Die Verdoppelung ihres Vermögens ist für die meisten Anleger ein einfaches, gut greifbares Ziel. In der Mathematik gibt es für die Berechnung der Verdoppelung von Geldbeträgen eine einfache Faustformel. Diese Formel ist unter dem Namen »72er-Regel« bekannt geworden. Man teilt einfach die Zahl 72 durch den jährlichen Zinssatz bzw. die jährliche Rendite, die man mit seinem investierten Geld erwirtschaftet, und erhält als Ergebnis die Anzahl der Jahre, innerhalb derer sich angelegte Summe verdoppelt:

72 : 1 Prozent = 72 Jahre
72 : 2 Prozent = 36 Jahre
72 : 3 Prozent = 24 Jahre
72 : 6 Prozent = 12 Jahre
72 : 8 Prozent = 9 Jahre

Andersherum funktioniert das natürlich genauso. Teilt man 72 durch die Anzahl der Jahre, die man hat, um das Sparziel der Geldverdoppelung zu erreichen, dann ist das Ergebnis der Zinssatz, der dazu notwendig ist.

72 : 72 Jahre = 1 Prozent
72 : 36 Jahre = 2 Prozent
72 : 24 Jahre = 3 Prozent
72 : 12 Jahre = 6 Prozent
72 : 9 Jahre = 8 Prozent

Wer also festlegt, wie viele Jahre bis zur Verdopplung seines Geldes verstreichen dürfen, kann mithilfe der 72er-Regel ganz leicht den Zinssatz errechnen, der mithilfe des Zinseszinses zum gewünschten Ergebnis führt.

Das Zinsniveau ist aktuell sehr niedrig, und das ist keine Momentaufnahme. In Deutschland hätte man auf Basis von 4 Prozent Rendite für eine zehnjährige Bundesanleihe im Jahr 2007 insgesamt 18 Jahre zur Geldverdoppelung benötigt (72: 4 Prozent = 18 Jahre). Bei den aktuellen Renditen von um die 0,5 Prozent würde man erst in 144 Jahren zum gleichen Ergebnis kommen (72: 0,5 Prozent = 144 Jahre). Ohne der weiterführenden späteren Diskussion vorzugreifen, wird mit diesen einfachen Berechnungen schnell deutlich: Auf Anlageformen mit niedrigen Zinsen sollte ein Anleger derzeit wohl besser nicht zu viel Gewicht legen, wenn er das Ziel verfolgt, sein Vermögen langfristig zu mehren.

37. Warum ist das Zinsniveau so niedrig und werden die Zinsen wieder steigen?

Die Zinsen sind in den meisten Industrieländern bereits in den vergangenen Jahren stark gesunken. Das enorme Absinken der weltweiten Zinssätze ist wohl weniger den marktwirtschaftlichen Kräften Angebot und Nachfrage zuzuschreiben als vielmehr vor allem der politischen Motivation seit Beginn der Staatsschuldenkrise. Es erscheint offensichtlich, dass der Preis des Geldes, also der Zins, durch ein künstlich aufgeblähtes Geldangebot seitens der Zentralbanken niedrig gehalten wird. Der unterliegende Mechanismus ist komplex, die Grundprinzipien dieser politischen Motivation jedoch sind einfach zu erklären. Wird zum Beispiel in Portugal eine Staatsanleihe fällig, dann muss das Land Portugal das Volumen dieser Emission, beispielsweise 500 Millionen Euro, an die Gläubiger zurückzahlen. Benötigt aber das Land – wie im rollierenden System staatlichen Schuldenmanagements durchaus üblich – weiterhin besagte 500 Millionen Euro, dann kann das Land wieder eine neue Anleihe begeben, und zwar zum aktuell am Markt gehandelten Zinsniveau für portugiesische Anleihen.

Wenn also Gläubiger wie Sie und ich bereit wären, dem Land Portugal Geld für 1 Prozent Zins für fünf Jahre zu leihen, dann müsste Portugal insgesamt jedes Jahr 5 Millionen Euro Zinsen vergüten und nach fünf Jahren die 500 Millionen Euro wieder an seine Gläubiger zurückzahlen. Würden

Sie als Gläubiger in der aktuellen Lage jedoch lieber 10 Prozent Zinsen vom Schuldner Portugal vereinnahmen, dann müsste Portugal jedes Jahr 50 Millionen Euro Zinsen zahlen, um das Risiko der Rückzahlung (Risikoprämie) in Form von hohen Zinszahlungen zu vergüten. Das wäre für unser Beispielland Portugal sehr teuer. Wenn nun weitere (potenzielle) Gläubiger die Sorge haben, dass Portugal in eine negative Spirale kommt, also immer mehr und mehr Zinsen bezahlen müsste und somit im Staatshaushalt immer weniger Mittel für andere staatliche Verpflichtungen (z.B. die Finanzierung von Schulen, Krankenhäusern, Polizei etc.) zur Verfügung stünden, dann könnte die Risikoprämie für Anleihen aus Portugal weiter steigen und damit stiege auch der Schuldendienst des Landes.

Die Europäische Zentralbank beschloss daher, beispielsweise portugiesische Anleihen zu einem niedrigen Zins anzukaufen, also dem Land Portugal Geld zu einem Preis zu leihen, der weit unter dem aktuellen Marktniveau liegt. Das klingt zunächst gut und richtig, doch darf dabei nicht vergessen werden, dass das Geld der EZB ja auch irgendwoher kommen muss. Und woher? Die EZB hat dieses Geld einfach selbst gedruckt (»sie wirft die Notenpresse an«), um damit diese Anleihekäufe finanzieren zu können. Kurzfristig wirkt das wie ein eleganter Kunstgriff. Langfristig jedoch wird das Vertrauen in das durch die Notenpresse immer mehr und mehr geschaffene Geld sicher tendenziell geringer und sein Wert würde sinken.

Dieses stark gesunkene Zinsniveau ist politisch motiviert, und daraus wird recht schnell deutlich, dass die Zinsen vermutlich noch einige Zeit niedrig bleiben könnten. Die EZB kann ja einfach durch das Drucken von neuem Geld für ein größeres Angebot sorgen, wenn Zinssteigerungen drohen. Noch kann sicher niemand sagen, wie diese Entwicklung im Detail weitergehen wird, da es eine vergleichbare Situation in der Vergangenheit noch nicht gegeben hat. Niedrige Zinsen werden uns alle aber recht wahrscheinlich noch einige Jahre begleiten.

Simplified Fazit

Zinseszinsrechnungen belegen: Geduld zahlt sich aus, denn die wichtigste Stellgröße beim Geldanlegen ist und bleibt die Zeit. Voraussetzung zur Nutzung dieses Zeiteffektes ist Disziplin. Zeit und Disziplin bedeuten mehr Geld.

38. Wie funktioniert mein Bausparvertrag?

Ihr Bausparvertrag verbrieft ein zweckgebundenes Geschäft, das Sie als Bausparer mit einer Bausparkasse abschließen, mit wohnwirtschaftlichen Zielen. Im Bausparkassengesetz [BauSparkGes] werden in §1, Abs. 3 diese Ziele definiert: »Errichtung, Beschaffung, Erhaltung und Verbesserung von überwiegend zu Wohnzwecken bestimmten Gebäuden und von Wohnungen, insbesondere von Eigenheimen und Eigentumswohnungen«.

In jedem Bausparvertrag wird eine Bausparsumme festgelegt, die teilweise vom Bausparer bei der Bausparkasse angespart wird (z.B. 40 Prozent) und teilweise von der Bausparkasse im Anschluss an die Sparphase als Darlehen gewährt wird (z.B. 60 Prozent). Das bedeutet, dass Sie als Bausparer nach der Ansparphase, also bei Zuteilung des Vertrages, über die gesamte Bausparsumme verfügen können.

Während der Sparphase erhalten Sie als Bausparer Haben-Zinsen, die in der Regel unter den aktuellen Marktzinsen liegen. Als Ausgleich für diese Schlechterstellung müssen Sie dafür in der Darlehensphase geringere Soll-Zinsen zahlen als am Markt üblich. Die Höhe der Zinssätze, also sowohl der Haben- als auch der Soll-Zinssatz, werden bei Vertragsabschluss festgelegt. Nachdem Bausparverträge zumeist langfristiger Natur sind, gehen beide Vertragsparteien – Sie als Bausparer ebenso wie die Bausparkasse – quasi eine Wette auf die künftige Zinsentwicklung ein. Sinken die Zinsen beispielsweise am Ende der Ansparphase, dann müssen Sie als Bausparer dennoch die vertraglich festgelegten Soll-Zinsen in der Darlehensphase zahlen, obwohl Sie sich vielleicht am Markt ebenso günstig (oder sogar noch günstiger) finanzieren könnten. Die Bausparkasse ist somit der Gewinner der Zinswette und Sie als Bausparer der Verlierer. Steigt jedoch das Zinsniveau nach der Ansparphase, dann gewinnen Sie als Bausparer Ihre Zinswette und die Bausparkasse verliert diese. Das Bauspardarlehen wird ja schließlich zu einem deutlich geringeren Zinssatz ausgereicht, als das am Markt üblich wäre.

Den Zeitpunkt der Zuteilungsreife Ihres Bausparvertrages können Sie bei Vertragsabschluss nicht genau fixieren. Je nach Zinsbewegung und weiteren Faktoren, wie beispielsweise der Zahl der fälligen Verträge oder der Abschluss neuer Verträge, kann Ihnen die Bausparsumme nach dem Erreichen des vereinbarten Sparziels früher oder eben auch später zugeteilt werden. Und erst mit Zuteilung können Sie als Bausparer über beide Teile des Vertrages – angespartes Eigenkapital und abzurufendes Fremdkapital – verfügen.

Das Prinzip des Ausgleichs von Haben- und Soll-Zinsen basiert ebenso wie die beschriebene Zinswette auf dem Kollektivprinzip. Nur so kann Bausparen funktionieren. Heutige Sparer bilden dabei mit heutigen Kreditnehmern eine Gemeinschaft. Und die heutigen Kreditnehmer sind dabei die einstigen Sparer.

Teil 5: Staatsverschuldung, Inflation und das eigene Vermögen

>»Staatsschulden erkennt man daran, dass es viel mehr Schultern gibt, die sie tragen müssen, als Köpfe, die darüber erschrecken.«

Milton Friedman

39. Staatsverschuldung – wie funktioniert das eigentlich genau?

Wie jede Privatperson und ebenso wie jedes Unternehmen, so hat auch der Staat Ausgaben zu tätigen, für die natürlich zunächst einmal Einnahmen die Grundvoraussetzung sind. Ein Arbeitnehmer bekommt seinen Arbeitslohn und verwendet zum Beispiel einen Teil davon, um seine Miete zu zahlen. Unternehmen verkaufen ihre produzierten Waren, um dann vom Verkaufserlös beispielsweise Arbeitslöhne zu bestreiten. Staaten nehmen Steuern ein, um damit Ausgaben, wie zum Beispiel Infrastrukturinvestitionen, zu finanzieren.

Reichen allerdings die Einnahmen nicht aus, um die Ausgaben zu decken, dann können die Ausgaben unter anderem durch Kreditaufnahme finanziert werden. Im privaten Bereich geschieht das beispielsweise mit einem Baufinanzierungsdarlehen für den Hausbau, bei Unternehmen etwa mit einem Betriebsmittelkredit, der dazu dient, in eine neue Maschine zu investieren. Der Staat kann durch die Ausgabe von Schuldverschreibungen zum Beispiel ein neues Schulgebäude bauen.

Als Hintergrund ist es hilfreich zu wissen, dass Steuereinnahmen nicht zweckgebunden werden können. Steuereinnahmen fließen grundsätzlich in den gesamten Staatshaushalt ein. Damit wird deutlich, dass Staaten nicht bestimmte Steuereinnahmen (z. B. die KfZ-Steuer) zur Finanzierung bestimmter Projekte (z. B. den Straßenbau) einsetzen können. Vielmehr ist ein Großteil der Steuereinnahmen von der Konjunktur abhängig, also von der Wirtschaftslage eines Landes. Sinkt die Zahl der Arbeitslosen, dann fließt dem Staatshaushalt einerseits mehr Lohn- und Einkommensteuer zu und zudem müssen weniger Mittel für die Zahlung von Arbeitslosengeld aufgewendet werden. Leider gilt diese Verknüpfung positiver Elemente zwischen Steuereinnahmen und Konjunktur auch für das negative Szenario, wenn nämlich mehr Arbeitslose durch Arbeitslosengeldzahlungen zu unterstützen sind.

Sind also die staatlichen Ausgaben nicht durch die staatlichen Einnahmen zu decken, dann hat der Staat zunächst nur zwei Möglichkeiten: Er kann die Ausgaben senken oder die Einnahmen steigern. Beides wird in der Regel nicht kurzfristig funktionieren. Deswegen bleibt die Möglichkeit der Kreditaufnahme zumeist als einzige kurzfristige Lösung. Problematisch wird es erst, wenn die kurzfristig aufgenommenen Kredite zunehmend in langfristige Darlehen umgewandelt werden, wenn also Kredite nicht zurückgezahlt werden, sondern wenn stattdessen deren Laufzeit ständig verlängert und die Schulden somit dauerhaft weiter mitgeschleppt werden.

Der gesamte Kreditbestand, den ein Staat angehäuft hat, ist somit nicht auf einen Schlag entstanden, sondern in einzelnen Teilkrediten zu betrachten. Nachdem viele staatliche Kredittranchen je nach Zinsniveau von kurzfristigen in langfristige Schulden – oder umgekehrt – umgewandelt werden, spricht man von einem rollierenden System. Kredite werden monatlich oder quartalsweise fällig und müssen als Schulden wieder neu am Kapitalmarkt aufgenommen werden.

40. Wie hoch ist die Staatsverschuldung aktuell und ist sie schon zu hoch?

Bei der Staatsverschuldung gilt es zwei rechnerische Größen zu unterscheiden. Zum einen den Schuldenstand (Bestandsgröße) und zum anderen die jährliche Neuverschuldung (Stromgröße). Beide Kennzahlen sind bei der Betrachtung von absoluten Werten nur begrenzt aussagefähig. Beim Vergleich über mehrere Jahre birgt vor allem die Geldentwertung das Potenzial für Ungenauigkeiten. Und beim Vergleich der Verschuldung verschiedener Staaten gilt es die Bewegungen zwischen den unterschiedlichen Währungen – z.B. Euro, US-Dollar oder Yen – zu berücksichtigen.

Eine höhere Aussagekraft haben relative Größen. Idealerweise setzt man die Staatsverschuldung ins Verhältnis zur Wirtschaftskraft eines Landes, also zum Bruttoinlandsprodukt (BIP). Auch hierbei kann eine Analogie zu privaten Schuldnern für bessere Verständlichkeit sorgen: Hat eine Privatperson beispielsweise Schulden in Höhe von 100.000 Euro, dann ist das für den Kreditgeber unproblematisch, wenn das Einkommen dieser Person entsprechend hoch ist, z.B. monatlich 10.000 Euro beträgt. Schwierig wird es dagegen vermutlich werden, wenn der Schuldenstand bei 100.000 Euro bleibt und das monatliche Einkommen auf 1.000 Euro sinken würde.

Der absolute Betrag an Staatsschulden der Bundesrepublik Deutschland setzt sich zusammen aus den Schulden von Bund, Ländern, Gemeinden, gesetzlichen Sozialversicherungen sowie Sondervermögen des Bundes. Ende 2018 belief sich die Gesamtverschuldung auf etwa 1.930.000.000.000

Euro, also 1,9 Billionen Euro. Die Wirtschaftskraft Deutschlands, also das Bruttoinlandsprodukt, belief sich Ende 2017 auf etwa 3.265.000.000.000 Euro (3,3 Billionen Euro). Setzt man diese beiden (wirklich sehr großen) Zahlen ins Verhältnis zu einander (1,9 Billionen Euro: 3,3 Billionen Euro), dann ergibt sich eine Schuldenstandsquote von ca. 58 Prozent.

Die deutsche Schuldenstandsquote stieg in den vergangenen Jahrzehnten kräftig an und ist erst in den vergangenen Jahren wieder etwas zurückgegangen. 1980 betrug der Wert 30 Prozent. Selbst direkt nach dem wirtschaftlichen Kraftakt der deutschen Wiedervereinigung wurde nur eine Quote von 41 Prozent errechnet. Die Erhöhung dieser Quote sollte auch bei Geldanlegern durchaus Beachtung finden, weil in der Historie ein hohes Level bei der Staatsverschuldung oftmals mit zunehmender Geldentwertung einhergegangen ist.

Vergleicht man die deutschen Kennzahlen im europäischen Kontext, scheinen die deutschen Zahlen wahrlich kein Grund zu Panik zu sein:

	2017	2018	2019 (Prognose)
Deutschland	64,1 %	60,2 %	56,3 %
Top 5			
Estland	9,0 %	8,8 %	8,4 %
Bulgarien	25,4 %	23,3 %	21,4 %
Luxemburg	23,0 %	22,6 %	22,5 %
Tschechien	34,6 %	32,7 %	31,8 %
Dänemark	36,4 %	33,6 %	32,3 %
Flop 5			
Zypern	97,5 %	105,7 %	99,5 %
Belgien	103,1 %	101,5 %	100,2 %
Portugal	125,7 %	122,5 %	119,5 %
Italien	131,8 %	130,7 %	129,7 %
Griechenland	178,6 %	177,8 %	170,3 %

Tabelle 12: Vergleich der Schuldenstandsquoten 2017 - 2019 einzelner Länder im Verhältnis zu ihrer Wirtschaftskraft (BIP), Quelle: Europäische Union, www.statista.com

Selbst Länder wie Japan (2018: 236 Prozent) und die USA (2018: 108 Prozent) weisen eine enorme Staatsverschuldung auf. Dennoch haben beispielsweise die Vereinigten Staaten in den vergangenen Jahrzehnten oft genug als weltweite Konjunkturlokomotive fungiert. Als Geldanleger sollten Sie jedoch beachten, dass bei einem hohen Level an Staatsverschuldung auch Ihr eigenes Vermögen von der damit oft einhergehenden Geldentwertung betroffen sein könnte. Eine gute Streuung der eigenen Vermögenswerte kann die Risiken hoher staatlicher Verschuldung abfedern.

Simplified Fazit

Weder Sie noch ich können Art und Höhe der Staatsverschuldung beeinflussen. Sich mit diesem wirtschaftlichen Umstand zu beschäftigen, ist jedoch für jeden Geldanleger wichtig. Sie wollen doch auch lieber auf der Gewinnerseite stehen und nicht durch mangelnde Vermögensstreuung Kaufkraft durch Staatsverschuldung verlieren, oder?

41. Was genau ist ein Rating?

Ein Rating ist nichts anderes als eine Bewertung zur Zahlungsfähigkeit eines Emittenten, also Herausgebers von Anleihen. Es handelt sich um eine Art Einordnung einer Vielzahl von Daten und Sachverhalten in ein Schubladensystem. Wirtschaftliche Sachverhalte sind oftmals recht komplex und man kann diese schwer in ein einfaches Raster einfügen. Mithilfe von Ratings werden komplexe Informationen so verdichtet und vereinfacht, dass Anleger und potenzielle Geldgeber im täglichen Leben auf einfache Art und Weise mit dem Ergebnis arbeiten können. Ratings gibt es beispielsweise für Länder, für Unternehmen, für Investmentfonds etc.

Ratings spiegeln damit folglich eine Bandbreite wider, in welche die zu bewertenden Ratingkategorien eingeordnet werden. Für jede in einer Bandbreite eingeordnete Ratingkategorie wird eine Bezeichnung vergeben, die zumeist aus Buchstaben, Zahlen oder einer Kombination aus beiden besteht. Bei Ratings für Staatsanleihen werden beispielsweise folgende Bezeichnungen verwendet:

> Standard & Poor's vergibt Ratings in Form von Großbuchstaben: AAA, AA, A, BBB, BB, B, CCC etc.
> Moody's kombiniert Groß- und Kleinbuchstaben: Aaa, Aa, etc.
> Fitch nutzt als Klassifizierung ebenfalls Großbuchstaben.

Um die Vielzahl an großen und kleinen Abstufungen besser greifen zu können, werden die Ratings entsprechend ihren Noten in der Regel in zwei große Blöcke eingeteilt:

1. Investment Grade
2. Non-Investment Grade (Speculative Grade)

Erfreulicherweise haben sich die drei großen Ratingagenturen auf ein einheitliches Muster geeinigt. Somit ist die definierte Grenze zwischen Investment Grade und Non-Investment Grade bei allen drei Agenturen unter der Note BBB bzw. Baa3 bzw. BBB- angesiedelt.

	S & P	Moodys	Fitch	
Beste Qualität, geringstes Ausfallrisiko	AAA	Aaa	AAA	Investment Grade
Hohe Qualität, aber etwas größeres Risiko als die Spitzengruppe	AA+ AA A-	Aa1 Aa2 Aa3	AA+ AA AA-	
Gute Qualität, viele gute Investmentattribute, aber auch Elemente, die sich bei veränderter Wirtschaftsentwicklung negativ auswirken können	A+ A A-	A1 A2 A3	A+ A A-	
Mittlere Qualität, mangelnder Schutz gegen die Einflüsse sich verändernder Wirtschaftsentwicklung	BBB+ BBB BBB-	Baa1 Baa2 Baa3	BBB+ BBB BBB-	
Spekulative Anleihen, nur mäßige Deckung für Zins- und Tilgungsleistung	BB+ BB BB-	Ba1 Ba2 Ba3	BB+ BB BB-	Speculative Grade
Sehr spekulativ, generell fehlende Charakteristika eines wünschenswerten Investments, langfristige Zinszahlungserwartung gering	B+ B B-	B1 B2 B3	B+ B B-	
Niedrigste Qualität, geringster Anlegerschutz, in Zahlungsverzug oder indirekter Gefahr des Verzuges	CCC+ CCC CCC- CC	Caa1 Caa2 Caa3 Ca	CCC	
Zahlungsausfall	D	C /	DDD DD D	

Definitionen der einzelnen Ratingkategorien, Quelle: Fidelity Worldwide Investments

Selbst im Bereich privater Kredite werden bei Banken Ratings für Kreditnehmer erstellt. Je besser das Rating des (potenziellen) Kreditnehmers ausfällt, desto eher wird die Bank einen Kredit vergeben und desto niedriger wird der Zinssatz für den angefragten bzw. beanspruchten Kredit sein.

42. Warum sind Ratings für Staatsanleihen für Schuldner und Gläubiger so wichtig und wie gehen Ratingagenturen bei der Vergabe von Ratings vor?

Ratings sollen im Hinblick auf die Kreditwürdigkeit von Staaten eine Orientierung geben. Dabei gehört zur Kreditwürdigkeit sowohl die Fähigkeit eines Staates, die Zinsen einer Anleihe regelmäßig und pünktlich zu zahlen, als auch die Fähigkeit, die Anleihe selbst wieder zurückzuzahlen.

Nehmen wir ein Beispiel: Anleihen von Staaten, die ihre Zinsen mutmaßlich sehr pünktlich ausschütten und das geliehene Kapital fristgerecht zurückzahlen werden, haben eine äußerst geringe Ausfallwahrscheinlichkeit. Sie werden von der Ratingagentur Standard & Poor's durch eine AAA-Bewertung gekennzeichnet. Standard & Poor's prüft also nichts anderes als die Kreditwürdigkeit eines Staates und gibt damit den Investoren eine Orientierung, ob sie ihr Geld einem bestimmten Staat mit gutem Gefühl leihen können.

Für viele institutionelle Investoren ist ein Rating jedoch mehr als nur eine Orientierung. Versicherungen, Pensionsfonds, Stiftungen und andere Großanleger dürfen per Gesetz oder durch andere juristische Rahmenbedingungen Teile ihres Kapitals nur in AAA-Anleihen anlegen. Damit soll sichergestellt werden, dass die Zins- und die Rückzahlung der investierten Gelder – beispielsweise von Lebensversicherungsgesellschaften oder von Stiftungen – möglichst sicher erfolgt.

Während und nach der Staatsschuldenkrise sahen bzw. sehen sich diese Investoren mit der Herausforderung konfrontiert, dass Anzahl und Volumen dieser Triple-A-Anleihen in den Jahren nach der Insolvenz der Investment Bank Lehman Brothers im Jahr 2008 erst gestiegen und nach dem »Downgrade« der USA stark gesunken ist:

> Im Februar 2010 betrug das Volumen von AAA-Anleihen weltweit 8 Billionen USD.
> Bis Juli 2011 wuchs diese Zahl auf über 10 Billionen USD an.
> Im August 2011 wurden die USA von Standard & Poor's von AAA auf AA herabgestuft, und das Volumen der Triple A Bonds hat sich fast halbiert auf etwas über 5 Billionen USD.

Diese Chronologie zeigt, dass der Rückgang an AAA-Anleihen nicht etwa daher kommt, dass Staaten oder Unternehmen keine neuen Anleihen mehr begeben. Das geschieht mehr denn je. Neu an dieser Situation ist, dass immer weniger Schuldner mit AAA bewertet werden.

Australien	Niederlande
Dänemark	Norwegen
Deutschland	Schweden
Kanada	Schweiz
Liechtenstein	Singapur
Luxemburg	

Tabelle 13: Schuldner bester Bonität, 11 AAA-Länder Ende 2018, Quelle: www.boersen-zeitung.de

In den vergangenen Jahren ist die Anzahl der Länder, die als Schuldner mit bester Bonität eingestuft wurden, auf elf Staaten gesunken. Das heißt für Investoren, dass sich das Universum an Anleihen, in das sie investieren dürfen, enorm verkleinert hat. Das Angebot ist also bei zunehmender Nachfrage – man denke nur an die weltweit vergrößerte Geldmenge durch die Geldflut der Notenbanken – deutlich geringer geworden. Damit steigt natürlich der Preis, sprich der Kurs der Anleihen. Und nachdem sich bei festverzinslichen Wertpapieren Kurs und Effektivverzinsung (Rendite) gegengleich verhalten, ist die Verzinsung dieser Anleihen natürlich entsprechend gesunken.

Ratingagenturen wollen mit ihren Ratings Orientierungen geben sowie die Prüfungsprozesse von Investitionen vereinfachen und verkürzen. Dennoch mehren sich kritische Stimmen gegenüber Ratingagenturen. Denn zum einen muss ihr Urteil nicht zwingend richtig sein. Zum anderen beeinflussen Ratingagenturen mit ihren Ratings und vor allem mit deren laufenden Veränderungen – beispielsweise Herauf- oder Herabstufung von Länderbonitäten – natürlich die Märkte ganz enorm.

Dieser große Einfluss der Ratingagenturen wird zunehmend thematisiert. Denken Sie an folgende Reaktionskette: Standard & Poor's hat die Bonität Spaniens überprüft und ist zu dem Ergebnis gekommen, dass die spanische Wirtschaftskraft mit der Zeit geringer geworden ist. Als Folge wird das Land Spanien von der Ratingagentur Standard & Poor's von A auf BB herabgestuft. Das bedeutet für den spanischen Staat, dass er für neu begebene Anleihen am Markt höhere Zinsen zahlen muss, wie sie für ein BB-Ratings adäquat sind. Sonst würde kein Investor mehr eine Anleihe vom Emittenten Spanien kaufen. Musste beispielsweise Spanien noch 2 Prozent Zinsen pro Jahr für eine Anleihe am Markt zahlen, als noch das A-Rating galt, z. B. 2 Millionen Euro für eine Anleihe mit einem Volumen von 100 Millionen Euro, so ist Spanien nach der Bonitätsherabstufung nun beispielsweise gezwungen, 3 Prozent Zinsen pro Jahr – also 3 Millionen Euro bei einem Volumen von 100 Millionen Euro – zu entrichten.

Dass also in der Vergabe von Ratings durchaus wirtschaftlicher und sozialer Sprengstoff steckt, wird anhand von diesem Beispiel deutlich.

Ratingagenturen betrachten bei der Vergabe von Ratings zunächst einmal Vergangenheitsdaten. Aufbauend darauf werden gegenwärtige und künftige Szenarien in den Prozess einer Ratingvergabe einbezogen. Somit lässt sich das Tun der Ratingagenturen sowohl als Blick in den Rückspiegel interpretieren als auch als Vorwegnahme künftiger Ereignisse beim Blick durch die Frontscheibe. Vor allem der Blick in die Zukunft ist und bleibt verständlicherweise sehr schwierig. Die zukünftigen Auswirkungen von heutigen ökonomischen Sachverhalten sind auch in der aktuellen Situation der Finanz-, Euro- und Staatsschuldenkrise das meistdiskutierte Element im Prozess einer Ratingvergabe. Neben allen Bedenken und Schwierigkeiten steht jedoch fest, dass nur wenige Beteiligte des Wirtschaftslebens auf Ratings verzichten wollen, zumal diese eine ganze Flut an Informationen erfassen, verdichten und in Form eines einfachen Notenschemas bewerten.

43. Was ist Inflation und wie entsteht sie?

Inflation ist Geldentwertung. Natürlich bleibt eine 1-Euro-Münze auch künftig eine Münze, auf die die Zahl 1 aufgeprägt ist, und eine 10-Euro-

Banknote wird weiterhin ein Schein mit einer aufgedruckten 10 bleiben. Wenn jedoch im Verhältnis zur Geldmenge die Menge an Gütern und Dienstleistungen, die für den jeweiligen Geldbetrag gekauft werden können, geringer wird, dann sprechen wir von Geldentwertung, also von Inflation. Nicht der nominale – aufgedruckte oder aufgeprägte – Geldwert, sondern der Gegenwert, den ein Konsument für sein Geld bekommt, wird geringer. Das Geld verliert an Kaufkraft und deswegen spricht man bei Inflation auch von Kaufkraftverlust.

Inflation ist wie das Älterwerden: Von einem Tag auf den nächsten ist davon zumeist nichts zu spüren. Über einen längeren Zeitraum jedoch wird die Menge an Gütern und Dienstleistungen, die ein Konsument für beispielsweise 10.000 Euro erhält, immer geringer.

Startkapital: 10.000 €	Inflation in Höhe von		
	2 %	3 %	5 %
5 Jahre	9.076 €	8.626 €	7.835 €
10 Jahre	8.203 €	7.441 €	6.139 €
20 Jahre	6.730 €	5.537 €	3.769 €

Tabelle 14: Kaufkraftverlust durch Inflation am Beispiel von 10.000 Euro

Bei einer Geldentwertung von jährlich 2 Prozent verbleibt von den ursprünglichen 10.000 Euro nach fünf Jahren noch eine Kaufkraft von 9.076 Euro, nach zehn Jahren sind es noch 8.203 Euro und nach 20 Jahren verbleiben noch 6.730 Euro, um damit im Supermarkt den eigenen Warenkorb zu füllen. Geht man von einer Inflationsrate von 5 Prozent jährlich aus, dann schaut diese Rechnung natürlich noch viel schlechter aus. Nur etwas mehr als ein Drittel der ursprünglichen Kaufkraft von 10.000 Euro verbleibt hier nach 20 Jahren.

Nur sehr ungern widerspreche ich Oscar Wilde, der einmal sagte: »Heutzutage kennen die Leute von allem den Preis und von nichts den Wert!« Aus meiner Sicht kennen nämlich nur wenige Menschen den Preis der von ihnen gekauften Güter. Die von vielen im Internet standardmäßig angestellten Preisvergleiche beziehen sich meistens auf mögliche größere Anschaffungen (Gebrauchsgüter) und weniger auf die Güter und Dienstleistungen des täglichen Lebens (Verbrauchsgüter). Dabei sind es die

Preise für Verbrauchsgüter und Dienstleistungen, auf die es langfristig ankommt – gerade mit Blick auf die Altersvorsorge.

Geldentwertung (Inflation) ist ebenso wie Geldaufwertung (Deflation) zumeist das Ergebnis von Ungleichgewichten. Diese Ungleichgewichte können beim Angebot und bei der Nachfrage von Gütern und Dienstleistungen entstehen. Es kann aber ebenso zu Ungleichgewichten zwischen Geld- und Gütermenge kommen. Steigt die Geldmenge, die sich im Umlauf befindet – beispielsweise weil die Zentralbank die Notenpresse angeworfen hat –, schneller als die produzierte Gütermenge, übersteigt folglich die Geldmenge die Menge an Gütern. Das kann durch eine vermehrte Güternachfrage zu höheren Güterpreisen führen.

Nehmen wir zur Verdeutlichung zwei Beispiele: Wenn die Nachfrage nach Brot schnell steigt und das Angebot nicht ebenso schnell erhöht werden kann – also nicht schnell genug zusätzliches Brot gebacken werden kann –, dann führt dieser Nachfrageüberhang zu höheren Brotpreisen. Die Nachfrage ist schließlich größer als das Angebot, und somit können Bäcker einen höheren Preis für ihr Brot verlangen. Tritt dieses Phänomen nicht nur bei einem Gut auf, sondern bei einer Vielzahl an Gütern, dann sprechen wir von Inflation.

Ein weiteres Beispiel bezieht sich auf das Ungleichgewicht von Geldmenge und Gütermenge. Erhöht die Notenbank schnell die Geldmenge, die im Umlauf ist, und wird das Angebot an Gütern nicht ebenso schnell erhöht (was durchaus der Realität entspricht), dann führt die größere Geldmenge zu erhöhter Güternachfrage und damit zu steigenden Güterpreisen, sprich zu Inflation. Zu bedenken ist dabei, dass die größere vorhandene Menge an Geld natürlich nicht gleichmäßig in der Bevölkerung verteilt ist. Nicht jeder hat zwangsläufig kurzfristig mehr Geld, wenn die Notenbank die Geldmenge erhöht.

44. Wie wird Inflation gemessen und was bedeutet Inflation für meinen eigenen Geldbeutel?

Inflation wird durch Preisvergleiche im Zeitablauf gemessen. Das Statistische Bundesamt und die europäische Statistikbehörde Eurostat haben bestimmte Güter und Dienstleistungen festgelegt und zum sogenannten Wa-

renkorb zusammengefasst. Beispielsweise macht Wohnen 32 Prozent dieses Warenkorbes aus und Freizeit, Unterhaltung sowie Kultur 11 Prozent. Die Preise dieser Güter und Dienstleistungen werden regelmäßig ermittelt und aufsummiert. Vergleicht man dann Monat für Monat die einzelnen Summen, sind Veränderungen der Preise leicht ersichtlich. Das ist der einfache Teil der Inflationsmessung.

Schwieriger wird es, wenn über die Zusammensetzung dieses Warenkorbes diskutiert wird und damit über die Frage, ob die Kaufgewohnheiten der Konsumenten mit dem jeweiligen Warenkorb auch wirklich realitätsnah gewichtet sind (man spricht hier vom sogenannten Wägungsschema). Beispielsweise sind technische Güter in der Vergangenheit oftmals im Zeitablauf billiger geworden, während Lebensmittelpreise zum Teil dramatisch gestiegen sind. Hier stellt sich die Frage, ob der Zeitraum, innerhalb dessen der Durchschnittsbürger sich jeweils einen neuen Computer oder Lebensmittel kauft, von den Statistikbehörden richtig eingeschätzt wird. Falls nicht, dann könnte die Inflationsberechnung schon dadurch realitätsfern sein.

Im Rahmen der Diskussion kommt erschwerend die Entscheidung hinzu, wann das Statistische Bundesamt innerhalb der Gruppe der technischen Güter Veränderungen des Warenkorbes vornehmen sollte. Ist ein Computer mit einer Festplatte von 50 Gigabyte noch zeitgemäß oder sollte besser ein Rechner mit einer Festplatte mit 500 Gigabyte Speicherkapazität in den Warenkorb aufgenommen werden?

Geldentwertung ist ein gesamtwirtschaftliches Phänomen und wird von wissenschaftlicher Seite laufend intensiv untersucht. Eigentlich aber könnte jeder Mensch für sich seine individuelle Inflationsrate errechnen, denn häufig kauft ja doch jeder immer wieder die gleichen Güter und Dienstleistungen ein. Natürlich wird eine solche Berechnung von kaum jemandem durchgeführt. Intuitiv kann jeder von uns aber doch recht klar sagen, ob er selbst gerade mehr, gleich viele oder weniger Güter für die Scheine und Münzen aus dem eigenen Geldbeutel erhält.

Eine wesentliche Erkenntnis der Analysen zum Thema Inflation bezieht sich auf die Altersvorsorge. Dazu muss jedem zunächst klar sein, dass ein Kilo Kartoffeln, das heute z. B. 1 Euro kostet, bei einer Inflation von jährlich 2 Prozent in 15 Jahren dann 1,35 Euro (nämlich 1 Euro + 2 Prozent = 1,02 Euro + 2 Prozent = 1,04 Euro ... = 1,35 Euro) kosten wird:

1 Kilo Kartoffeln heute:	1 Kilo Kartoffeln in 15 Jahren:
1,00 Euro	1,35 Euro
Diät-Variante	
1,00 Euro heute:	1,00 Euro in 15 Jahren:
1 Kilo Kartoffeln	ca. 0,7 Kilo Kartoffeln

Tabelle 15: Kaufkraftverlust über einen Zeitraum von 15 Jahren

Die Differenz von 0,35 Euro bzw. von 0,3 Kilogramm Kartoffeln erscheint nicht besonders groß. Dennoch sollten Sie sich vergegenwärtigen, dass ja nicht nur Kartoffeln teurer werden, sondern vermutlich die meisten anderen Güter und Dienstleistungen, die Sie täglich, monatlich oder im Verlauf eines Jahres einkaufen. Somit erscheint es logisch und notwendig, an einem der drei existierenden Stellhebel bereits heute anzusetzen, um den im Alter notwendigen höheren Euro-Betrag dann verfügbar zu haben:

> mehr Sparen: Sie legen einfach heute schon mehr Geld zur Seite.
> länger Sparen: Um eine bestimmte Zielsumme zu erreichen, fangen Sie früher mit dem Sparen an und sparen somit über einen längeren Zeitraum hinweg.
> höherer Ertrag: Sie investieren bereits heute Ihre Ersparnisse clever, erwirtschaften genügend Erträge und können die Preissteigerung auf diese Weise abfangen.

In vielen Fällen wird ein Mix aus diesen drei Möglichkeiten die richtige Lösung sein. Ob Sie einen höheren monatlichen Betrag sparen möchten und auch sparen können, werden Sie erst nach einer wiederholten intensiven Analyse Ihrer Einnahmen und Ausgaben entscheiden können. Früh mit dem Sparen anzufangen war, ist und bleibt einer der besten Ansatzpunkte für die eigene Altersvorsorge. Dafür müssen Sie genügend Disziplin und Durchhaltevermögen mitbringen.

Die Erwirtschaftung eines ausreichenden Ertrages ist sicher die Option, die Ihnen unter Ausgabegesichtspunkten am besten gefallen wird. Sie müssen Ihren Konsum nicht einschränken und müssen auch die Sparphase nicht ausdehnen. Dafür müssen Sie sich aber ausreichend intensiv mit Ihrem Vermögen beschäftigen. Denn diese Rechnung geht nur auf, wenn die Erträge mindestens genauso hoch ausfallen wie die Inflationsrate. Beispielsweise müssten Ihnen also jährlich 2 Prozent Zinsen zufließen, wenn Sie von einer Geldentwertung von 2 Prozent pro Jahr ausgehen. Und nachdem keiner weiß, wie hoch die Inflationsrate in Zukunft sein wird, erscheint es ausgesprochen sinnvoll, zusätzlich zu den genannten 2 Prozent Zinsen noch einen Puffer zu erwirtschaften und eher 3 Prozent oder 4 Prozent Ertrag anzupeilen. Ohne eine ausgewogene Streuung des eigenen Vermögens wird das kaum möglich sein.

Erwiesenermaßen ändert sich das Konsumverhalten von Menschen mit zunehmendem Alter. Je älter wir alle werden, desto mehr Dienstleistungen nehmen wir in Anspruch und desto weniger Güter benötigen wir. Die Preissteigerungen für Dienstleistungen sind historisch betrachtet jedoch immer schon höher gewesen als die von Gütern.

Simplified Fazit

Inflation hat enormen Einfluss auf die langfristige Vermögensanlage und damit auf die Altersvorsorge. Nehmen Sie einfach Ihren Führerschein zur Hand und schauen Sie auf das Datum, wann Ihnen die Fahrerlaubnis erteilt wurde. Erinnern Sie sich noch, was damals ein Liter Benzin gekostet hat? Und was kostet ein Liter Benzin heute? Über einen längeren Horizont betrachtet spielt Geldentwertung im täglichen Leben eine große Rolle.

45. Wie wirkt sich Inflation auf unterschiedliche Anlageklassen aus?

Die London Business School hat in einer Studie über einen Zeitraum von 110 Jahren – von 1900 bis 2010 – untersucht, welche durchschnittlichen Erträge pro Jahr je Anlageklasse zu erwirtschaften waren. Dabei wurden in dieser Studie die realen Renditen, also die Renditen nach Abzug der Inflationsrate, zugrunde gelegt. Es wurde ein Durchschnitt aus 19 Ländern betrachtet.

Anlageklasse	Jährlicher Ertrag nach Inflation
Aktien	6,9 %
Gold	2,4 %
Anleihen (USA)	2,3 %
Wohneigentum	1,5 %
Geldmarktpapiere	1,0 %

Tabelle 16: Durchschnittliche langfristige Erträge je Anlageklasse nach Abzug der Inflationsrate

Mit durchschnittlich 6,9 Prozent pro Jahr rentieren sich Unternehmensbeteiligungen besser als alle anderen Anlageklassen. Die Erklärung dafür ist einfach: Aktien sind Beteiligungen an Unternehmen. Auch unter Berücksichtigung von Inflation bleiben Fabriken bestehen, Patente haben nach wie vor ihren Wert und auch qualifizierte Mitarbeiter werden durch Inflation nichts von ihrer Qualifikation verlieren. Zudem können Unternehmen – je nach Marktmacht – höhere Einkaufspreise (z. B. für Rohstoffe) auch in höhere Verkaufspreise für gefertigte Produkte ummünzen. Der Preis für diese langfristig sehr gute Wertentwicklung von Aktien ist jedoch die Akzeptanz von Schwankungen, die bei Aktien höher ausfallen als bei den anderen Anlageklassen.

Am unteren Ende der Skala liegen Geldmarktpapiere. Im langfristigen Durchschnitt ließen sich sogar damit nach Abzug der Inflation noch positive Erträge erwirtschaften. Ob das in naher Zukunft auch so sein wird, bleibt zu diskutieren.

Inflation beeinflusst somit nicht die Chance-Risiko-Profile einzelner Anlageklassen. Dennoch gilt es, die Erträge nach Abzug der Geldentwertungsrate zu betrachten, die man sich ja mit Risiken, die damit einhergehen, quasi erkauft hat. Nur dann lässt sich wirklich sagen, ob sich ein (langfristiges) Investment auch (langfristig) gelohnt hat.

46. Wird eine immer höhere Staatsverschuldung unweigerlich zu immer höherer Inflation führen?

Der schottische Ökonom Adam Smith schreibt in seinem Werk aus dem Jahr 1766, *Wohlstand der Nationen*: »Dort, wo die öffentliche Schuld einmal eine bestimmte Höhe überschritten hat, ist es meines Wissens kaum gelungen, sie auf gerechte Weise und vollständig zurückzuzahlen. Sofern es überhaupt gelang, die Staatsfinanzen wieder einigermaßen in Ordnung zu bringen, bediente man sich stets dazu des Bankrotts, den man bisweilen auch unverhohlen zugegeben hat, und selbst dort, wo häufig Rückzahlungen nominal geleistet wurden, blieb es in Wirklichkeit ein echter Bankrott.«

Dieses gut 250 Jahre alte Zitat zeigt, dass die Verringerung von Staatsschulden in der Historie oftmals über Geldentwertung stattgefunden hat. Inflation ist also gut für die Schuldner und schlecht für die Gläubiger. Nachdem die größten Schuldner zumeist Staaten sind, hatte der US-Ökonom und Nobelpreisträger, Milton Friedman, schon recht, als er sagte: »Die Inflation ist eine Art Steuer ohne Legitimation.«

Schlägt man die Brücke von Inflation hin zur Verschuldung von Staaten, muss man die Stellung von Gläubigern und Schuldnern einbeziehen. Geld wird in der Regel in Form eines festen Euro-Betrages – also nominal – verliehen. Dieser Betrag ist dann auch der Betrag, der wieder zurückzuzahlen ist. Wer also (als Gläubiger) Geld an einen Schuldner verleiht, für den ist es folglich schlecht, wenn er mit dem in der Zukunft zurückgezahlten Geldbetrag weniger Güter erwerben kann als heute. Der Schuldner nimmt die genau entgegengesetzte Position ein. Er kann sich freuen, wenn eine Geldentwertung stattfindet.

Beispiel

Sie leihen einem Freund 100 Euro, die er Ihnen nach drei Jahren wieder zurückgibt. Konnten Sie zum Zeitpunkt, an dem Sie die 100 Euro verliehen haben, noch 25 Brote à 4 Euro für diesen Geldbetrag kaufen, sind es vielleicht zum Zeitpunkt der Rückzahlung nur noch 20 Brote à 5 Euro. Eine Inflationsrate über drei Jahre in Höhe von 25 Prozent würde folglich bedeuten, dass ein Laib Brot in diesem Zeitraum um 1 Euro teurer geworden wäre, dass also der Brotpreis von 4 Euro auf 5 Euro gestiegen wäre.

Als Gläubiger haben Sie also Pech gehabt oder aber Ihr Schuldner hat einen ausreichend hohen Zinssatz für den Kredit akzeptiert, der die Entwertung das von Ihnen geliehenen Geldes durch die Zinszahlungen ausgleicht oder sogar überkompensiert.

Welche Erwartungen sowohl der Gläubiger als auch der Schuldner im Hinblick auf die künftige Geldentwertung hegt, sind folglich wesentliche Faktoren dafür, auf welchen Zinssatz sich beide einigen.

Zusammengefasst und sehr vereinfacht lässt sich feststellen:

> Inflation ist tendenziell schlecht für Gläubiger.
> Inflation ist tendenziell gut für Schuldner.

Da Inflation eher gut für Schuldner ist und zumeist der Staat der größte Schuldner in einer Volkswirtschaft ist, bleibt zu befürchten, dass durch zunehmende Staatsverschuldung auch eine zunehmende Inflationsgefahr besteht.

47. Was versteht man unter finanzieller Repression, wem nützt sie und was bedeutet sie für mein Vermögen?

Immer häufiger taucht in Presse und öffentlicher Diskussion der Begriff der finanziellen Repression auf. Darunter versteht man einen finanzwirtschaftlichen Zustand, bei dem die realen Zinsen niedriger sind als das Wirtschaftswachstum einer Volkswirtschaft oder eines ganzen Wirtschaftsraumes, wie beispielsweise der Eurozone.

Realzins = Nominalzins - Inflationsrate

Das Wirtschaftswachstum ist dabei der Zuwachs der Summe aller Güter und Dienstleistungen, die in einem Kalenderjahr in einer Volkswirtschaft erstellt bzw. erbracht werden. Wächst die Wirtschaft eines Staates, so steigen auch die Steuereinnahmen dieses Staates:

Finanzielle Repression = Realzins < Wirtschaftswachstum

Bevor es zu theoretisch wird, betrachten wir einfach ein kurzes Beispiel:

> Nominalzins in Deutschland: 2,0 Prozent
> Inflationsrate in Deutschland: 1,9 Prozent
> Steigerung des deutschen Bruttoinlandsprodukts (BIP):   1,0 Prozent

Somit würde sich folgende Rechnung für die finanzielle Repression ergeben:

> Nominalzins (2 Prozent) – Inflationsrate (1,9 Prozent) = Realzins (0,1 Prozent)
> Ergebnis: Realzins (0,1 Prozent) < BIP-Wachstum (1 Prozent)

Schafft ein Staat es also, einen solchen Zustand über einen längeren Zeitraum aufrechtzuerhalten, dann könnte dieser Staat quasi aus seinen Schulden herauswachsen.

Wie im Beispiel leicht zu sehen ist, ist für dieses Szenario nicht einmal eine besonders hohe Inflationsrate vonnöten, solange nur die Nominalzinsen niedrig genug sind. Langfristig sinkt auf diese Weise der Schuldenstand im Vergleich zur Wirtschaftsleistung eines Landes. Alles in allem scheint das ein vergleichsweise eleganter Weg zu sein, um Staatsschulden zu verringern. Denn selbst wenn die Wirtschaftsleistung eines Staates nicht wächst, könnte aus den hohen Inflationsraten eine sogar negative Realverzinsung resultieren und die Aussage »Realzins < Wirtschaftswachstum« würde immer noch gelten.

Wandelt man das obige Beispiel etwas ab und setzt für den Nominalzins den Zins für Sparbücher oder Tagesgelder an, dann ergibt sich folgende Rechnung:

> Nominalzins in Deutschland: 0,5 Prozent
> Inflationsrate in Deutschland: 1,9 Prozent
> Steigerung des deutschen Bruttoinlandsprodukts (BIP):   1,0 Prozent

Somit würde sich folgende Rechnung für die finanzielle Repression ergeben:

> Nominalzins (0,5 Prozent) – Inflationsrate (1,9 Prozent) = Realzins (-1,4 Prozent)
> Ergebnis: Realzins (-1,4 Prozent) < BIP-Wachstum (1 Prozent)

Seit einiger Zeit implizieren diese negativen Realzinsen für Sparbuch- und Tagesgeldinhaber einen realen Verlust an Kaufkraft.

Selbst Witzbücher füllen sich schon zu diesem Thema, und es kursiert der Bankenwitz über das Entgegennehmen von Einlagen und deren Ausleihe in Form von Krediten in Zeiten finanzieller Repression:

Sagt ein Banker zum anderen: »*Mist, bei den niedrigen Zinsen funktioniert meine einfache 2-3-4 Regel nicht mehr.*« *Meint der andere Banker:* »*Was meinst du denn mit 2-3-4 Regel?*« *Erklärt der erste Banker:* »*Na das ist doch ganz einfach. Für 2 Prozent nehme ich Geld entgegen, für 3 Prozent leihe ich es schnell wieder aus, habe keinen Aufwand und bin um 4 Uhr dann schon auf dem Golfplatz!*«

Die finanzielle Repression scheint für hoch verschuldete Staaten eine elegante Möglichkeit zur Entschuldung zu sein, da keine unpopulären Maßnahmen wie Ausgabenkürzungen oder Steuererhöhungen durchgeführt werden müssen. Schwieriger ist da schon die Situation der Geldanleger. Denn ebenso, wie der Staat durch niedrige oder sogar negative Realzinsen Schulden abbaut, bauen Gläubiger, also Geldanleger, bei negativen Realzinsen Vermögen ab – sie werden also ärmer.

Der finanzwirtschaftliche Zustand der finanziellen Repression kann nur durch das Zusammenwirken unterschiedlicher Institutionen zustandekommen. Die Notenbanken lassen in ihren Kellern die Notenpressen praktisch weltweit auf Hochtouren laufen. Mit dem enorm angestiegenen Angebot an Geld ist dessen Preis, der Zins, stark gesunken und die Notenbanken haben quasi unisono erklärt, dass sie auch weiterhin die

Geldmenge erhöhen würden, nur um ja die Zinsen niedrig(st) zu halten – gut für die Schuldner und schlecht für die Anleger, die in Zinstitel investieren möchten.

Für finanzielle Repression gibt es ein sehr griffiges historisches Beispiel. In den USA herrschte ein solcher Zustand zwischen 1945 und 1980 über einen Zeitraum von 35 Jahren. Durch die enormen Kosten des Zweiten Weltkriegs war der amerikanische Schuldenstand in den Jahren nach 1945 auf 122 Prozent der amerikanischen Wirtschaftsleistung angestiegen. Mittels finanzieller Repression konnte der relative Schuldenstand der Vereinigten Staaten auf 30 Prozent im Jahr 1980 gesenkt werden. Die durchschnittliche Inflationsrate betrug für diesen langen Zeitraum 6,3 Prozent. Diese jahrzehntelange Phase hat für die finanzielle Repression auch das Schlagwort der »schleichenden Enteignung« geprägt. »Schleichend«, weil kurzfristig kaum merklich und dafür langfristig besonders effektvoll. »Enteignung«, weil zwar Schuldner besser, Gläubiger jedoch schlechter gestellt wurden. Einer muss die Zeche schließlich bezahlen.

Mit dem Ziel der Risikovermeidung und der Suche nach Sicherheit versuchen viele Anleger, schwankungsreiche Anlageklassen aus ihrem Vermögen quasi zu verbannen. Sie setzen auf schwankungsarme und sehr niedrig verzinste Anlagen. Die langfristigen Auswirkungen von Inflation sind für das angesparte Geldvermögen damit ohnehin verheerend. Sicher

ist bei dieser Strategie nur die reale Vernichtung des eigenen Anlagevermögens. Mit Blick auf die finanzielle Repression lohnt es sich für Sie allemal, Ihren Vermögensmix regelmäßig zu überprüfen und vor allem Sachwerte in Ihre Anlageüberlegungen einzubeziehen.

Durch den Kauf einer Immobilie und die entsprechende Baufinanzierung können Sie als Anleger natürlich auch auf die Seite der Schuldner wechseln, also der tendenziellen Gewinner einer finanziellen Repression. Dabei sollten Sie sich jedoch zum einen überlegen, ob Sie sich nicht überschulden, und zum anderen gilt es zu bedenken, dass die niedrigen Zinsen zumeist zu erheblich überteuerten Immobilien geführt haben.

Teil 6: Basiswissen Sachwerte: Aktien

»Ich versuche, Aktien von Firmen zu kaufen, die ein idiotensicheres Geschäft betreiben. Denn früher oder später wird jedes Unternehmen mal von einem Idioten geführt werden!«

Warren Buffett

48. Wie kann ich mich an Unternehmen beteiligen?

Um am Produktivkapital einer Volkswirtschaft beteiligt zu sein, müssen Sie nicht erst ein Unternehmen gründen. Sie können sich einfach an Aktiengesellschaften beteiligen, indem Sie zum Aktionär werden.

Einzelne Aktien können Sie direkt an der Börse kaufen. Der wesentliche Vorteil für Sie besteht darin, genau zu wissen, an welchen Unternehmen Sie beteiligt sind. Die anfallenden Kosten teilen sich auf in Kauf-, Verwahrungs- und Verkaufskosten. Ein gravierender Nachteil dabei ist jedoch, schließlich nur Aktien eines einzelnen Unternehmens zu besitzen und daher einzig und allein von dessen Dividendenzahlungen und dessen Aktienkursentwicklung abhängig zu sein. Sie gehen also mit Teilen Ihres Vermögens ein Klumpenrisiko ein.

Kaufen Sie sich Investmentfondsanteile, haben Sie gleich mehrere Aktien in Ihrem Depot und genießen damit den Vorteil einer breiten Streuung. Sie können mit vergleichsweise kleinen Beträgen – beispielsweise einmalig 2.500 Euro oder 25 Euro monatlich – schon an beispielsweise 100 Unternehmen beteiligt sein. Ein weiterer Vorteil eines Investmentfonds besteht darin, dass Sie sich nicht um die Zusammensetzung des Portfolios kümmern müssen. Das macht ein Fondsmanager für Sie, den Sie aber natürlich bezahlen müssen. In der Regel fallen pro Jahr 1,5 Prozent des investierten Kapitals an Kosten an. Allerdings ersehen Sie nur einmal im Jahr aus den Pflichtveröffentlichungen des jeweiligen Fonds die genaue Zusammensetzung des Portfolios – also alle Aktien, die Ihnen indirekt gehören.

Auch im Rahmen einer fondsgebundenen Versicherung – beispielsweise einer fondsgebundenen Rentenversicherung – können Sie Investmentfondsanteile kaufen. Dabei kommen Ihnen die steuerlichen Vorteile eines Versicherungsproduktes zugute. Allerdings kostet die Verwaltung eines Versicherungsvertrages Geld. Für sehr langfristig orientierte Aktienanleger bietet ein Versicherungsvertrag jedoch einen ganz wichtigen Vorteil, nämlich die Disziplin, die die regelmäßig verlangte Einzahlung von Versicherungsprämien zwangsläufig erfordert.

Sich an Unternehmen zu beteiligen, also Aktien oder Aktienfondsanteile zu kaufen, ist ein ganz wesentlicher Teil einer guten Vermögensstreuung. Die Frage, ob Sie als Anleger denn überhaupt Aktien kaufen sollen, ist in den allermeisten Fällen mit »Ja, natürlich« zu beantworten. Lediglich über die Gewichtung des Aktienanteils im Gesamtvermögen und über die Form des Aktienengagements sollten Sie intensiv nachdenken. Am besten erörtern Sie diese Fragen ausführlich mit einem guten Finanzberater.

49. Welche Chancen und Risiken bedeuten Aktien für Sie?

Eine Aktie ist eine Beteiligung an einem Unternehmen und damit ein echter Sachwert. Aktien sind Eigenkapital von Unternehmen. Wer sich an einem Unternehmen beteiligt, dem gehört ein (kleiner) Teil dieses Unternehmens. Und ein (Teil)Eigentümer eines Unternehmens hat natürlich festgelegte Rechte, denn der Betreffende tauscht ja schließlich einen bestimmten (nominalen) Geldbetrag gegen eine (reale) Unternehmensbeteiligung:

> Stimmrecht bei der Hauptversammlung.
> Recht auf Gewinnausschüttung (Dividende) – wenn das Unternehmen Gewinn macht und diesen dann auch ausschüttet.

Mit dem eingesetzten Kapital hat ein Aktionär ein sehr klares Chance-Risiko-Profil:

> Die Chancen auf Gewinn sind praktisch unbegrenzt. Wenn die Aktiengesellschaft gut wirtschaftet und auskömmliche Gewinne erzielt, dann wird das Unternehmen im Zeitverlauf sehr wahrscheinlich an Wert gewinnen. Der Aktienkurs des Unternehmens wird damit steigen und der Aktionär eines solchen Unternehmens kann regelmäßig den anteiligen Jahresgewinn in Form von Dividenden verbuchen und zudem auf weitere Kurssteigerungen der Aktie hoffen.
> Das Risiko ist erfreulicherweise nicht unendlich hoch. Das maximale Verlustrisiko ist gleich dem Geldbetrag, den ein Aktionär für die Unternehmensbeteiligung bezahlt hat. Dieser Betrag allerdings könnte komplett weg sein. Meldet das Unternehmen nämlich Insolvenz an, dann bekommt ein Aktionär bestenfalls einen sehr geringen Anteil an der Insolvenzmasse.

Die Chancen bei Aktien scheinen die Risiken klar zu übertreffen. Dennoch birgt eine unternehmerische Beteiligung Risiken. Insbesondere ist diese laufenden Kursschwankungen unterworfen, die nicht wirklich vorhersehbar sind.

50. Warum schwanken Aktienkurse?

Der Aktienmarkt ist ein sehr effizienter, also gut funktionierender Markt. In jeder Sekunde treffen Angebot und Nachfrage, also Tausende (möglicher) Verkäufer und Tausende (möglicher) Käufer aufeinander und tauschen ihre Aktien gegen Geld oder ihr Geld gegen Aktien. Jedes Mal, wenn ein solcher Tausch stattfindet, wird der dann gültige Preis festgehalten, sprich der dafür vereinbarte Aktienkurs wird notiert. Man kann sich leicht vorstellen, dass praktisch sekündlich ein neuer Kurs zwischen einem Aktienkäufer und einem Aktienverkäufer vereinbart und notiert wird. Das Ergebnis dieses ständigen Handels von Aktien sind Kursschwankungen.

Jetzt bleibt natürlich zu klären, warum ein Interessent beispielsweise eine Siemens-Aktie für 10 Euro gerade jetzt kaufen will und ein Siemens-Aktionär die Aktie gerade jetzt für 10 Euro verkaufen möchte.

Die einfachste Erklärung könnte der Umstand liefern, dass der Aktien-verkäufer schlicht und einfach dringend Geld benötigt und deswegen verkaufen muss. Aus diesem Grund sollten Sie Aktien grundsätzlich als langfristige Investition betrachten und nur mit Geld kaufen, das Ihnen auch langfristig zur Verfügung steht – beispielsweise als jungem Menschen für der Altersvorsorge.

Die in der Praxis wesentlich bedeutsamere Erklärung, warum Investoren bestimmte Aktien kaufen oder verkaufen, lautet: An der Börse wird immer die Zukunft gehandelt. Der alte Börsenspruch: »Nichts ist so alt wie der Aktienkurs, der gerade eben gemacht wurde!« hat deswegen nach wie vor Gültigkeit.

Nehmen wir als Beispiel einen Aktionär, dem dieselben Informationen zu einer Aktiengesellschaft vorliegen wie einem potenziellen Aktienkäufer. Beide analysieren dieselbe Jahresbilanz, dieselbe Gewinn- und Verlustrechnung sowie dieselben Presseerklärungen des betreffenden Unternehmens. Die Schlüsse, die die beiden für die Zukunft aus diesen Daten ziehen, sind jedoch vollkommen unterschiedlich. Der potenzielle Aktienkäufer sagt sich vielleicht: »Bei diesem wirtschaftlich gesunden Unternehmen werden die Gewinne bald viel stärker steigen, als alle denken. Und wenn die tatsächlichen Unternehmensgewinne mehr steigen als von allen erwartet, dann wird auch der Aktienkurs steigen.« Er wird die Aktie dieses Beispielunternehmens für den Kurs von z. B. 10 Euro kaufen wollen. Der bestehende Aktionär kommt eventuell zu dem Schluss, dass die künftig erwarteten Gewinne dieser Aktiengesellschaft wohl eher nicht in der erwarteten Höhe eintreten, sondern deutlich geringer ausfallen werden. Deswegen rechnet er nicht mehr mit steigenden Aktienkursen für dieses Unternehmen und wird womöglich die Aktie für 10 Euro verkaufen wollen.

Einigen sich nun die beiden Parteien, dann geschieht das auf Basis zukünftiger Gewinnerwartungen für diese Aktiengesellschaft. Erst die Zukunft wird zeigen, welche der beiden handelnden Parteien mit ihrer Meinung tatsächlich richtiggelegen hat. An der Börse ist es ähnlich wie bei den Gezeiten: Ebbe und Flut wird es immer geben. Der wesentliche Unterschied zur Börse besteht darin, dass Ebbe und Flut sich regelmäßig abwechseln. Hausse- und Baissephasen an der Börse wird es zwar auch immer geben, aber keiner weiß, wann die eine Phase die jeweils andere Phase ablöst.

51. Wie kann ich trotz schwankender Kurse mit Aktien Geld verdienen?

Streuung und ein langer Anlagehorizont sind die beiden Erfolgsfaktoren, die es Ihnen ermöglichen, trotz beträchtlicher Kursschwankungen an den Börsen Geld zu verdienen. Jedem Anleger sollte klar sein, dass Aktien eine sehr langfristige Form der Vermögensanlage sind. Mit Aktien sind Sie an Unternehmen beteiligt, deren Geschäftsmodell ebenfalls auf Jahre- und Jahrzehnte ausgerichtet ist.

Bevor Sie Aktien oder Aktienfonds erwerben, machen Sie sich also unbedingt klar, dass Ihnen der investierte Geldbetrag für lange Zeit nicht mehr zur Verfügung stehen wird. Langfristige Anleger sind Investoren und viele Investoren haben erhebliche Geldbeträge mit dem Kauf von Aktien bzw. Aktienfonds verdient. Kurzfristige Anleger sind Spekulanten, und bei Spekulationen können Kauf und Verkauf von Unternehmensbeteiligungen rasch Gewinne bringen, aber eben genauso schnell Verluste produzieren.

Tatsächlich verdienen Sie an den Aktienmärkten am ehesten Geld, wenn Sie antizyklisch investieren, also kaufen, wenn die Kurse nach unten gehen, und verkaufen, wenn diese wieder steigen. Dabei gibt es vor allem zwei Haken. Erstens weiß niemand, wann die Kurse weit unten, also am Tiefstpunkt angekommen sind, oder wann sie weit oben, also auf den Höchststand geklettert sind. Zweitens ist es mental unglaublich schwer, antizyklisch zu handeln, sich also zu überwinden und Aktien zu kaufen, wenn alle anderen verkaufen, oder zu verkaufen, wenn alle anderen kaufen. Als antizyklischer Investor fühlen Sie sich zunächst einmal wie ein Geisterfahrer auf der Autobahn. Langfristig hat sich antizyklisches Verhalten jedoch enorm gelohnt. Der Altmeister der Börse, André Kostolany, hat immer davon gesprochen, dass man Aktien am besten kaufen soll, »wenn die Kanonen donnern«.

Mit zunehmender Bereitschaft, langfristig zu investieren, steigt für Aktionäre die Gewinnwahrscheinlichkeit. Umgekehrt nimmt die Verlustwahrscheinlichkeit entsprechend ab. Für den amerikanischen Aktienmarkt – gemessen am Index S&P 500 – gibt es Untersuchungen, die bis ins Jahr 1825 zurückreichen. Sie zeigen, wie sich der Index in jedem einzelnem Kalenderjahr entwickelt hat.

187 Jahre S&P 500		Anteil (in %)
...davon Jahre mit Gewinnen	132 Jahre	71 %
...davon Jahre mit Verlusten	55 Jahre	29 %

Tabelle 17: Langfristige Betrachtung von positiven und negativen Jahren des S&P 500 von 1825 bis 2012, Quelle: Value Square Asset Management, Yale University, portfolio institutionell

In 132 von insgesamt 187 Jahren hätte ein Anleger also mit Aktien Geld verdient und in 55 Jahren hätte er Geld verloren. Diese statistischen Werte belegen, dass es möglich ist, Schwankungen des Aktienmarktes »auszusitzen«. Wer jedoch in den 133 Jahren nur 1 Prozent Gewinn pro Jahr gemacht und in den 55 negativen Jahren jeweils einen Verlust von 20 Prozent erlitten hätte, für den würde obige Statistik an Bedeutung verlieren. Zusätzlich zu der obigen Aussage muss folglich noch untersucht werden, wie hoch die Gewinne und Verluste waren.

Höher der Gewinne (in %)	Anzahl der Jahre	Höhe der Verluste (in %)	Anzahl der Jahre
0 % bis 10 %	46 Jahre	-10 % bis 0 %	29 Jahre
10 % bis 20 %	37 Jahre	-20 % bis -10 %	17 Jahre
20 % bis 30 %	24 Jahre	-30 % bis -20 %	6 Jahre
30 % bis 40 %	15 Jahre	-40 % bis -30 %	1 Jahre
40 % bis 50 %	5 Jahre	-50 % bis -40 %	2 Jahre
50 % bis 60 %	5 Jahre		
Jahre gesamt	132 Jahre		55 Jahre

Tabelle 18: Höhe der jährlichen Gewinne und Verluste des S&P 500, Quelle: Value Square Asset Management, Yale University, portfolio institutionell

Der obigen Tabelle lassen sich drei wesentliche Aussagen entnehmen:

1. Ein Großteil der jährlichen Gewinne und Verluste bewegt sich in einer Größenordnung von 0 bis 10 Prozent bzw. von 0 bis -10 Prozent. Mit hoher Wahrscheinlichkeit werden Sie am Aktienmarkt in einem Jahr also weder reich noch arm.

2. Extreme Gewinne und Verluste entstehen nur sehr selten. Verluste von über 40 Prozent gab es in den Jahren 1931 und 2008. Gewinne über 50 Prozent brachten die Jahre 1862, 1879, 1885, 1933 und 1956.
3. In diesem langen Betrachtungszeitraum mussten einige Unternehmen Insolvenz anmelden, und die daran beteiligten Aktionäre haben ihr gesamtes Geld verloren. Wer jedoch nicht nur Aktien eines einzelnen Unternehmens, sondern einen Investmentfonds kauft, genießt die Sicherheit der Streuung beispielsweise über den gesamten amerikanischen Aktienmarkt. Die Insolvenz eines einzelnen Unternehmens berührt das gesamte Investment sicher kaum.

Simplified Fazit

Aktien sind ein wichtiger Baustein der Vermögensanlage. Jeder Geldanleger sollte aus Sicherheitsgründen Aktien in seinem Vermögen halten. Die einzig wichtige Frage ist: In welcher Gewichtung sollten Sie Aktien halten?

52. Warum können Aktien billiger werden, obwohl die Kurse gestiegen sind, und teurer, obwohl die Kurse gefallen sind?

Wertpapierkurse können absolut und relativ betrachtet werden. Der Blick auf das absolute Kursniveau ist vermeintlich recht einfach. Steigt beispielsweise der Kurs einer Aktie von 100 Euro auf 110 Euro, hat sich der Wert um 10 Prozent verteuert.

Einen Aktienkurs relativ zu bewerten, bedeutet, den Kurs einer Aktie im Verhältnis zu weiteren Kennzahlen zu betrachten. Eine gängige relative Größe ist das Verhältnis von Aktienkurs und Unternehmensgewinn. Dieses Kurs-Gewinn-Verhältnis, abgekürzt KGV, ist leicht zu errechnen und einfach zu interpretieren. Ein Beispiel:

Kurs Beispiel-Aktie	120 Euro
Unternehmensgewinn pro Jahr	1.000.000 Euro
Anzahl der ausgegebenen Aktien	100.000 Stück
Unternehmensgewinn pro Aktie	1.000.000 Euro : 100.000 Stück = 10 Euro je Aktie
Kurs-Gewinn-Verhältnis, KGV	120 Euro : 10 Euro je Aktie **= 12**

Tabelle 19: Berechnung des KGV

Zur weiteren Interpretation formen Börsenanalysten diese einfache Gleichung wie folgt um:

$$\textbf{Kurs : Gewinn = 12}$$
$$\textbf{(Kurs : Gewinn) × Gewinn = 12 × Gewinn}$$
$$\textbf{Kurs = 12 × Gewinn}$$

Das bedeutet, dass die Aktie dieses Beispiel-Unternehmens mit dem 12-Fachen des Jahresgewinns bewertet wird. Mit dieser Aussage können nun Länder-, Regionen- oder Branchenvergleiche durchgeführt werden und es lässt sich eine Aussage darüber treffen, wie teuer oder billig die Aktie nun wirklich ist. Auch können historische KGVs desselben Unternehmens mit dem aktuellen Wert verglichen werden.

Zumeist wird der zukünftig erwartete Gewinn – also beispielsweise der erwartete Unternehmensgewinn des kommenden Kalenderjahres – in die Formel eingesetzt. Das ist auch die Begründung für den oft geäußerten Börsianer-Spruch:»Börse handelt Zukunft!«

Kursbewegungen einzelner Aktien lassen sich daher gut mithilfe des Kurs-Gewinn-Verhältnisses erklären. Nehmen wir an, das durchschnittliche KGV einer Branche würde beispielsweise wie oben angeführt 12 betragen. Damit scheint in unserem Beispiel für Aktienkäufer und Aktienverkäufer ein fairer relativer Branchenwert gefunden zu sein.

Macht das obige Beispiel-Unternehmen jetzt aber nicht mehr 10 Euro Gewinn je Aktie, sondern lediglich 8 Euro, dann müsste der Aktienkurs sinken, um beim KGV in Höhe von 12 zu bleiben:

$$\text{Kurs} = 12 \times \text{Gewinn}$$
$$\text{Kurs} = 12 \times 8 \text{ Euro}$$
$$\text{Kurs} = 96 \text{ Euro}$$

Der Kurs, der sich auf Basis eines Gewinns von 10 Euro je Aktie ableiten lässt, würde somit von 120 Euro auf 96 Euro sinken – wenn man unterstellt, dass alle anderen Rahmenbedingungen unverändert blieben.

Aus diesem Blickwinkel können auch vermeintlich kuriose Kursbewegungen erklärt werden. Rechnen die Marktteilnehmer – also Käufer und Verkäufer – beispielsweise mit einem Unternehmensgewinn von 10 Euro je Aktie und gibt das Unternehmen auf einer Pressekonferenz jedoch lediglich einen Gewinn von 8 Euro je Aktie bekannt, dann müsste der Aktienkurs von 120 Euro auf 96 Euro fallen. Selbst wenn der Gewinn von 4 Euro im vergangenen Jahr sich auf 8 Euro im aktuellen Geschäftsjahr verdoppelt hätte, würde der Aktienkurs in unserem Beispiel vermutlich auf etwa 96 Euro fallen. Der von Börsenanalysten errechnete und erwartete Soll-Wert für den Unternehmensgewinn – und damit den Aktienkurs – wird dem bestehenden Ist-Wert angeglichen. Das Gewinnwachstum von 100 Prozent (von 4 Euro auf 8 Euro) ist schließlich bereits Vergangenheit. Börse handelt Zukunft!

53. Warum ist an den Wertpapiermärkten die psychologische Beobachtung »Was man beachtet, verstärkt sich« von überragender Bedeutung?

Haben Sie sich vielleicht kürzlich ein neues rotes Auto gekauft? Und als Sie voller Freude darüber das Gelände des Autohändlers verlassen haben, glaubten Sie Ihren Augen nicht zu trauen?! Fahren denn wirklich so viele rote Autos an Ihrem Wohnort auf den Straßen herum?!

Oder ist vielleicht kürzlich ein kleiner Labradorwelpe bei Ihnen eingezogen? Und schon bei der ersten kleinen Gassi-Runde stellen Sie fest, dass es anscheinend überwiegend Labradore in Ihrer bevorzugten Gassi-Gegend gibt?!

»Was man beachtet, verstärkt sich!«, dieser Grundsatz gilt bei Autos, Hundewelpen und eben auch an den Kapitalmärkten. Viele Nicht-Anleger beachten vor allem die Abschwünge an den Aktienmärkten. Sie sind daher sicher, es wäre besser, von solch verlustträchtigen Anlagen die Finger zu lassen. Wenn aber beispielsweise deutsche Aktien vor allem fallen, wie kann dann der DAX seit seiner ersten Notierung von 1.063 Punkten im

Sommer 1988 auf über 10.000 Punkte gestiegen sein? Und warum notierte der amerikanische Aktienindex Dow Jones im Jahr seiner Erfindung 1886 bei 40,94 Punkten und stand dann irgendwann über 10.000 Punkten und dann sogar bei über 20.000 Punkten?

Die Antwort auf diese Fragestellungen ist einfach:»**Was man beachtet, verstärkt sich!**« Die Wahrnehmung, Aktienkurse würden laufend fallen, ist natürlich absoluter Unsinn. Die Wahrnehmung, einzelne Aktien würden dauerhaft und kontinuierlich im Kurs steigen, ist natürlich ebenfalls absoluter Unsinn

Beachten Sie bei Aktieninvestments zwei einfache Grundregeln:

> Legen Sie nicht alle Eier in einen Korb. Kaufen Sie also nicht nur eine Einzelaktie, sondern am besten einen Aktienfonds. Damit hängen Sie nicht vom Wohl oder Wehe eines einzelnen Unternehmens ab.
> Investieren Sie einen ausreichenden Anteil Ihrer Ersparnisse in Aktienfonds. Passen Sie dabei aber unbedingt auf, dass Sie auf dieses investierte Geld über viele Jahre – oder besser noch Jahrzehnte – nicht zugreifen müssen.

Was man beachtet, verstärkt sich! Beachten Sie also die langfristig auskömmlichen Renditen, die Ihnen der Aktienmarkt bietet. Beachten Sie dabei aber unbedingt auch die beiden obigen Grundregeln eines nachhaltigen Aktieninvestments.

54. Soll ich jetzt Aktien kaufen?

Aktien gehören, wie auch alle anderen Anlageklassen, als wesentlicher Vermögensbaustein in jede Vermögensanlage eingebaut. Hier stellt sich nicht die Frage, ob Sie Aktien kaufen, sondern wie Sie Aktien kaufen. Damit sind jedoch nicht die Gebühren beim Kauf und Verkauf gemeint. Vielmehr geht es darum, zwei entscheidende Grundregeln zu beachten:

1. Als Geldanleger sollten Sie sich – am besten zusammen mit Ihrer Beraterin / Ihrem Berater – über die richtige Gewichtung von Aktien in Ihrem Gesamtvermögen klar werden. Um dieses Ziel erreichen zu kön-

nen, machen Sie sich am besten zunächst einige Eckpfeiler der eigenen Lebenssituation bewusst: Lebensalter, berufliche Situation, Partnerschaft und Familie, allgemeine Ziele und Wünsche, Frühruhestandsplanungen etc. Als Unternehmer sollten Sie vielleicht weniger Aktien in Ihrem Vermögen halten, da ja die Anlageklasse Unternehmensbeteiligung bereits mit Ihrem eigenen Unternehmen hoch gewichtet ist. Sind Sie dagegen Beamter, können Sie mehr Aktien in Ihr Vermögen einbauen, da Ihre sichere Arbeitsplatz- und Pensionssituation die größeren Wertschwankungen von Unternehmensbeteiligungen eher erlaubt. Als normaler Angestellter liegen Sie zwischen den beiden obigen Berufsgruppen. Beziehen Sie auf alle Fälle auch Ihre Belegschaftsaktien in Ihre Vermögensstrukturplanung mit ein.

2. Der richtige Zeitpunkt zum Kauf von Aktien ist pauschal wohl kaum zu finden. Natürlich sollten Sie Aktien dann kaufen, wenn die Kurse niedrig sind. Aber nachdem Sie erst morgen wissen, ob Aktien heute billig sind, lohnt es sich, mehrere Einkaufszeitpunkte zu wählen. Sie können das monatlich tun oder aber Ihr Vermögen in drei bis fünf gleich große Blöcke aufteilen. Danach verteilen Sie die Einkaufszeitpunkte über einen Zeitraum von ein bis zwei Jahren. Mit der Aufteilung Ihres Vermögens auf mehrere Kaufzeitpunkte umgehen Sie das Timing-Problem.

Der richtige Zeitpunkt für den Kauf von Aktien oder Aktienfonds ist somit kaum zu finden. Auf Dauer hat auch noch kein Investor der Welt das richtige Markt-Timing geschafft. Viel wichtiger ist es, die obigen beiden Grundregeln zu beachten und für sich persönlich auch umzusetzen.

Regelmäßig werden Statistiken veröffentlicht, die belegen, dass man langfristig mit Aktien immer Geld verdient hat. Das stimmt natürlich bei einer breiten Streuung von Aktien etwa durch entsprechende Aktienfonds. Es stimmt jedoch nicht immer bei Einzeltiteln. Wenn Sie zuerst Ihre Lebenssituation berücksichtigen und davon ausgehend in Aktienfonds investieren, dann werden Sie auch nicht bei Börsen-Crashs verkaufen müssen, sondern Sie können billig nachkaufen und Ihr Vermögen somit langfristig vergrößern.

Teil 7: Investmentfonds: Instrumente der Vermögensstreuung

»Wer gut streut, der rutscht nicht aus!«

Dr. Klaus Mühlbauer

55. Warum und wie sind Investmentfonds entstanden?

Der Investmentgedanke hat bereits eine lange Tradition. Am 20. März 1868 wurde in Großbritannien der erste Investmenttrust (Investmentfonds) unter der Bezeichnung »The Foreign and Colonial Government Trust« aufgelegt.

Kalender-jahr	Beste Anlageklasse	Wert-entwicklung (in %)	Schlechteste Anlageklasse	Wert-entwicklung (in %)
2005	Aktien Schwellenländer	+ 55,0 %	Staatsanleihen Industrieländer	+ 7,7 %
2006	Aktien Europa	+ 20,2 %	Staatsanleihen Industrieländer	- 5,2 %
2007	Aktien Schwellenländer	+ 26,1 %	Aktien USA	- 4,4 %
2008	Staatsanleihen Industrieländer	+ 17,8 %	Aktien Schwellenländer	- 50,8 %
2009	Aktien Schwellenländer	+ 73,4 %	Staatsanleihen Industrieländer	- 1,3 %
2010	Aktien Asien (ohne Japan)	+ 28,1 %	Aktien Europa	+ 11,7 %
2011	Staatsanleihen Schwellenländer	+12,1 %	Aktien Schwellenländer	- 15,4 %
2012	Aktien Asien (ohne Japan)	+20,5 %	Staatsanleihen Industrieländer	- 0,3 %
2013	Aktien USA	+26,9 %	Staatsanleihen Schwellenländer	- 10,6 %
2014	Aktien USA	+29,1 %	Aktien Europa	- 7,4 %
2015	Aktien USA	+12,9 %	Aktien Schwellenländer	- 4,9 %
2016	Aktien USA	+14,9 %	Aktien Europa	+ 3,2 %
2017	Aktien Asien (ohne Japan)	+25,2 %	Staatsanleihen Industrieländer	- 6,2 %

Tabelle 20: Beste und schlechteste Anlageklassen ausgewählter Jahre, Quelle: Fidelity Worldwide Investment, eigene Darstellung

Investmentfonds folgen dem Prinzip der Risikostreuung. Die Zeit Mitte des 19. Jahrhunderts war geprägt vom Seehandel. Sank ein Schiff, dann war auch das gesamte Vermögen eines Kaufmanns vernichtet. Mit einem einzelnen Schiff konnten zwar die gesamten Erträge vereinnahmt werden, jeder Kaufmann trug aber auch das komplette Risiko. Wer sein Klumpenrisiko reduzieren wollte, ohne die Erträge maßgeblich zu schmälern, tat sich am besten mit anderen Kaufleuten zusammen. Wer beispielsweise jeweils 10 Prozent an insgesamt zehn Schiffen besaß, konnte sein Risiko auf 10 Prozent pro Schiff begrenzen. Die Wahrscheinlichkeit, dass einer der Kaufleute alles verlieren würde, war deutlich verringert. **Die Grundidee der Vermögensstreuung fand somit ihren Hafen.**

Die »Allgemeine Deutsche Investmentgesellschaft mbH« (kurz: »ADIG«) wurde im November 1949 als erste deutsche Fondsgesellschaft gegründet. Zahlreiche weitere Fondsgesellschaften folgten, und der Investmentgedanke hat sich seitdem auch in Deutschland durchgesetzt.

Die jüngere Vergangenheit zeigt, dass die Vermeidung von Klumpenrisiken bei der Vermögensanlage sehr wichtig ist. Den Beleg dafür liefert die Betrachtung der jeweils besten und schlechtesten Anlageklassen über einzelne Jahre.

Die Tabelle spiegelt eine reine Vergangenheitsbetrachtung wider. Niemand kann wissen, welche Anlageklasse im kommenden Jahr die beste sein wird. Aus diesem Grund erscheint es ratsam, eben **nicht alle Eier in einen Korb zu legen** und das eigene Vermögen entsprechend auf mehrere Anlageklassen aufzuteilen. Dazu können Sie einen oder auch mehrere Investmentfonds kaufen.

56. Was genau ist ein Investmentfonds und sollte ich mein Geld in Investmentfonds anlegen?

Oftmals hört man von Anlegern, deren Tagesgeschäft nicht darin besteht, sich mit Finanzprodukten auseinanderzusetzen, Aussagen wie diese: »Meinen Fonds habe ich schon sehr lange und er ist, glaube ich, auch ganz gut.« An dieser Stelle möchte ich betonen, dass bei mehr als 10.000 in Deutschland zum Vertrieb zugelassenen Investmentfonds niemand all diese Fonds kennen kann.

Grundsätzlich sollte jedem Investor klar sein, dass ein Fonds lediglich ein Topf, also ein juristisches Konstrukt ist. Ein Investmentfonds ist Sondervermögen, das getrennt vom Kapital der Investmentgesellschaft (Kapitalverwaltungsgesellschaft, KVG) geführt wird. Das kann man gar nicht genug hervorheben, denn selbst wenn die Investmentgesellschaft insolvent wäre, ist das Vermögen der Anleger geschützt. Ihnen gehört schließlich anteilig das Sondervermögen. Investmentfonds bieten somit ein Höchstmaß an Sicherheit. Sechs verschiedene Arten von Investmentfonds lassen sich nach deren Anlageschwerpunkten unterscheiden:

> Geldmarktfonds
> Rentenfonds
> Mischfonds (Multi-Asset-Fonds)
> Immobilienfonds
> Aktienfonds
> Rohstofffonds

Die Befüllung des Topfs ist dabei ausschlaggebend. Die wenigen trotz niedriger Zinsen noch am Markt existierenden Geldmarktfonds investieren in kurzfristige festverzinsliche Wertpapiere. Rentenfonds haben mittel- und langfristige festverzinsliche Wertpapiere als Anlageschwerpunkt. Mischfonds beinhalten zumeist eine Mischung aus festverzinslichen Wertpapieren, Aktien, Rohstoffen und alternativen Anlageklassen (Hedgefonds-Strategien) und werden daher auch als Multi-Asset-Fonds bezeichnet. Immobilienfonds sind vor allem in Immobilien und – aus Liquiditätsgründen – auch am Geldmarkt investiert. Aktienfonds fokussieren sich auf Unternehmensbeteiligungen und halten zumeist auch einen kleinen Anteil an Geldmarktpapieren. Rohstofffonds investieren schließlich in Unternehmen, die die Rohstoffgewinnung und -verarbeitung zum Geschäftszweck haben sowie in Rohstoffe wie beispielsweise Öl oder Gold.

Aus drei Gründen ist es empfehlenswert, Fondsanteile zu erwerben:

1. Zeitersparnis
2. mangelndes Fachwissen
3. zu geringe Beträge für eine sinnvolle Vermögensstreuung

Sollten Sie nicht die Muße haben, sich beispielsweise täglich oder wöchentlich um einzelne Wertpapiere Ihres Vermögens zu kümmern, hilft Ihnen ein

Investmentfonds, Zeit zu sparen. Investmentfonds werden von professionellen Fondsmanagern verwaltet, die die einzelnen Wertpapiere im Blick haben. Alternativ bilden sie durch einen technischen Algorithmus einen definierten Index in passiver Weise – also ohne Einsatz eines Fondsmanagers – nach. Vielleicht haben Sie ja genug Zeit, um Ihre Portfolioverwaltung selbst in die Hand zu nehmen. Aber womöglich fehlt Ihnen das notwendige Know-how dafür. Auch dafür nützt Ihnen ein Fondsmanager. Und sollte Ihnen die notwendige größere Summe fehlen, die nötig wäre, um Ihr Vermögen breit zu streuen, dann können Sie mithilfe von Investmentfonds schon bei Beträgen ab 1.000 Euro eine vernünftige Streuung erreichen.

Diese drei Nutzenargumente sollten Sie dennoch nicht vergessen lassen, dass Fondsmanager Geld kosten. Auch passiv verwaltete Investmentfonds (vgl. dazu auch die späteren Fragen zu ETFs) sind mit Kosten verbunden. Wägen Sie also Kosten und Nutzen sorgfältig ab, bevor Sie sich Fondsanteile kaufen. Bedenken Sie jedoch, dass auch der Kauf und Verkauf von einzelnen Aktien oder Anleihen mit Kosten verbunden ist. Kosten fallen für Sie also immer an! **Schieben Sie also bitte nicht das Kosten-, Zeit-, Know-how- oder Betragsargument vor, um Ihr Geld auch weiter auf einem Tagesgeldkonto schlummern zu lassen. Denn der Wertverlust, den Ihr Erspartes dort aufgrund der Inflation erleidet, spricht unbedingt** für eine Investition in Investmentfondsanteile.

57. Wie hilft mir der Durchschnittskosten-Effekt beim Geldverdienen mit Investmentfondsanteilen?

Der Durchschnittskosten-Effekt (Cost Average Effect) ist ein Automatismus, der Anleger diszipliniert und sie von schwankenden Wertpapierkursen profitieren lässt. Die Voraussetzung dafür ist diszipliniertes, regelmäßiges – zumeist monatliches – Sparen und Investieren. Drei Größen sind dabei relevant:

> Die **Höhe der monatlichen Sparrate** wird vom Anleger festgelegt. Oftmals werden beispielsweise 100 Euro monatlich gespart.
> Als **fixes Spardatum** wird zumeist der Monatserste oder die Monatsmitte vom Anleger bestimmt.

> Die **Anzahl der monatlich erworbenen Fondsanteile** richtet sich nach dem jeweiligen Kurs des ausgewählten Investmentfonds. Liegt der Preis eines Fondsanteils bei 10 Euro, dann werden von den 100 Euro genau zehn Anteile erworben. Liegt der Preis eines Fondsanteils jedoch bei 20 Euro, dann werden fünf Anteile gekauft.

Zwei dieser drei Größen sind vom Sparer einmalig festzulegen und lassen sich im Zeitablauf auch gezielt ändern: die Höhe der monatlichen Sparrate und der Zeitpunkt des monatlichen Kaufs von Fondsanteilen. Lediglich die gekaufte Anzahl an Fondsanteilen ist variabel. Anleger handeln somit automatisch antizyklisch und damit immer richtig. Sind die Aktienkurse hoch, dann werden automatisch weniger Anteile eines Fonds gekauft, und sind die Kurse niedrig, dann werden automatisch mehr Fondsanteile gekauft. Diese zusätzlichen Fondsanteile wirken sich im Falle eines Kursanstiegs umso positiver aus. Steigt der Kurs eines Fonds um beispielsweise 2 Euro, dann verdienen Sie mit zehn Fondsanteilen 20 Euro, mit 15 Fondsanteilen aber eben 30 Euro. **Der Durchschnittskosten-Effekt lebt also geradezu von schwankenden Börsenkursen!**

Vergleichen lässt sich dieser Effekt auch mit dem Kaufverhalten am Obststand. Wenn Sie an jedem Monatsersten zum Obsthändler Ihres Vertrauens gehen und Kirschen kaufen, dann werden Sie folgende Beobach-

tung machen: Ist gerade Kirschenzeit, dann bekommen Sie für 10 Euro reichlich Kirschen. Neigt sich die Kirschenzeit dem Ende zu, dann werden Kirschen teurer und Sie bekommen für 10 Euro eine weitaus geringere Menge an Kirschen. Der ausgegebene Geldbetrag bleibt folglich gleich, aber die Menge an Kirschen variiert.

Auf lange Sicht ist die Nutzung des Durchschnittskosten-Effektes aus drei Gründen sehr sinnvoll:

> Erstens können Sie die Zeit für sich nutzen. Schließlich haben Sie Ihr Vermögen nach einem Jahr bereits durch zwölf monatliche Raten erhöht.

> Zweitens hilft es enorm, wenn Sie sich mittels des Durchschnittskosten-Effektes selbst disziplinieren. Automatisch zum Monatsanfang wird ein konstanter Betrag von Ihrem Konto abgebucht.

> Drittens haben Sie das leidige Timing-Thema endlich vom Tisch. Das heißt, Sie müssen sich nicht jeden Tag Gedanken machen, ob heute der richtige Tag zum Ein- oder Ausstieg an der Börse ist.

Bedenken sollten Sie jedoch immer, dass dieser Effekt auf der **Annahme langfristig steigender Börsenkurse** beruht. Bei dauerhaft fallenden Kursen nützt der ganze Durchschnittskosten-Effekt nichts. In der langfristigen Betrachtung haben sich die Börsenkurse jedoch erfreulich positiv entwickelt.

Nutzen Sie den Durchschnittskosten-Effekt nicht nur zum Vermögensaufbau. Auch bestehendes Vermögen kann mithilfe dieses Effektes neu strukturiert werden. Möchten Sie beispielsweise europäische Aktien in Ihrem Depot stärker gewichten, sind sich aber nicht sicher, ob Sie die Umschichtung heute oder morgen vornehmen sollten, dann eröffnen Sie doch einfach einen Investmentfonds-Sparplan und legen Sie damit regelmäßig Geld in europäischen Aktien an. Die Gewichtung Ihres Vermögens ändert sich auf diese Weise automatisch im Laufe der Zeit.

Der Durchschnittskosten-Effekt funktioniert bei allen Vermögensbausteinen, die schwanken und sich regelmäßig besparen lassen. Sollten Sie beispielsweise nicht sicher sein, ob Sie diszipliniert genug sind, den Sparvorgang langfristig auch durchzuhalten, dann überlegen Sie einfach, ob Sie nicht besser gleich ein Versicherungsprodukt – eine Investmentfondspolice – dazu nutzen. Die Kosten dafür sind zwar zumeist höher als bei einem Investmentfonds-Sparplan. Dafür aber erhalten Sie Versicherungsschutz und Sie nutzen den Disziplinierungseffekt. Fragen Sie einfach Ihren Berater, was besser für Sie ist.

Simplified Fazit

Investmentfonds sind eine sichere, intelligente Hülle für die verschiedenen Vermögensanlageklassen. Kauf, Verwahrung und Verkauf von Fondsanteilen sind einfach. Sowohl mit großen als auch mit kleinen Beträgen können Sie in Investmentfonds investieren.

58. Worin besteht der Unterschied zwischen offenen und geschlossenen Fonds?

Fondsanteile eines offenen Fonds werden von der Kapitalgesellschaft praktisch in unbegrenzter Höhe ausgegeben und auch wieder zurückgenommen. Damit lassen sich Anteile dieser Fonds für eine große Anzahl von Investoren jederzeit kaufen und auch wieder veräußern (man spricht hier von Fungibilität). Bei offenen Investmentfonds können innerhalb des Fondsvermögens zumeist weitere Aktien oder festverzinsliche Wertpapiere erworben oder eben auch veräußert werden. Das führt dazu, dass Investoren die Fondsanteile täglich kaufen oder verkaufen können.

Geschlossene Fonds geben einen Maximalbetrag einer Investition vor (z. B. 100 Millionen Euro), den sie zum Kauf anbieten. Fast immer fordern Initiatoren geschlossener Fonds eine Mindestsumme pro Investor von beispielsweise 10.000 Euro. Somit lässt sich leicht errechnen, dass sich maximal 10.000 Personen an einem solchen 100-Millionen-Euro-Fonds beteiligen können. Hinter diesem Vorgehen steckt die Logik, dass der Kaufpreis für ein in Auftrag gegebenes Schiff oder für ein zu kaufendes Gebäude fixiert ist.

Die Laufzeit solcher geschlossener Fonds ist zumeist vorgegeben (z. B. 20 Jahre). Die Fondsanteilskäufer werden zu Kommanditisten und sind somit als Mitunternehmer ins Handelsregister eingetragen. Die Veräußerung eines Fondsanteils vor Ende der Laufzeit ist möglich, gestaltet sich in der Praxis jedoch oftmals schwierig und benötigt außerdem viel Zeit.

Egal ob offener Fonds oder geschlossener Fonds, ein Fonds ist lediglich eine (intelligente) Hülle. Letztendlich sind die Vermögensgegenstände, die sich im Fonds befinden (z. B. Aktien, festverzinsliche Wertpapiere, Immobilien, Schiffe, Flugzeuge) der jeweils ausschlaggebende Faktor.

59. Was ist ein ETF?

Ein Exchange Traded Fund, abgekürzt ETF, ist ein Investmentfonds, der das Ziel hat, einen vorgegebenen Index möglichst genau und mit wenig Zeitverzug nachzubilden.

Dafür gibt es zwei Möglichkeiten:

> voll replizierend
> synthetisch

Ein voll replizierter ETF kauft und verkauft die Aktien in genau der Gewichtung und Zusammensetzung, wie sie in einem bestimmten Index vertreten sind. Damit enthält ein solcher Fonds meist ausschließlich Aktien. Im Falle eines DAX-ETFs sind also immer Anteilsscheine der 30 größten

deutschen Unternehmen – in gleicher Gewichtung wie im DAX – im Fonds enthalten.

Das klingt trivial, ist jedoch von großer Bedeutung. Denn bei einem synthetisch replizierenden ETF wird der Index auch mithilfe von Terminmarkt-Instrumenten, sogenannten Derivaten, nachgebaut. Das Portfolio eines synthetischen ETFs enthält somit Aktien und Derivate.

Bedenkt man die Tatsache, dass ETFs ebenso wie aktiv gemanagte Fonds Sondervermögen darstellen, dann wird der Hintergrund dieser Unterscheidung schnell deutlich. Die Einstufung als Sondervermögen bedeutet schließlich, dass, selbst wenn eine Fondsgesellschaft (Kapitalverwaltungsgesellschaft, KVG) pleitegeht, das Vermögen der Fondsanteilseigner nach wie vor vorhanden ist. Die im Fonds enthaltenen Wertpapiere würden in diesem Falle einfach den Fondsanteilseignern in deren Wertpapierdepots eingebucht bzw. deren Gegenwert auf ein Verrechnungskonto gebucht.

Aus diesem Blickwinkel offenbart sich der klare Vorteil von voll replizierenden ETFs insbesondere für Privatanleger. Ein Anleger bekäme, falls die Fondsgesellschaft Insolvenz anmelden müsste, bei einem DAX-ETF 30 DAX Titel in sein Wertpapierdepot eingebucht und eben nicht unterschiedliche Derivate, deren Wert der eine oder andere Privatanleger vermutlich nur schwer einschätzen könnte. Anleger haben somit bei voll replizierenden ETFs kein Kontrahentenrisiko, das bei Derivaten immer besteht.

60. Was ist der Unterschied zwischen aktiv verwalteten Fonds und passiv verwalteten Fonds (ETFs)?

Ein aktiv verwalteter Fonds besteht aus einem Investmentportfolio, für das ein Fondsmanager die Verantwortung trägt. Allein oder mit einem ganzen Team von Analysten bestimmt er die Wertpapiertitel, die in das Portfolio dieses Fonds gekauft oder daraus verkauft werden. Ein sogenannter passiver Fonds bildet möglichst genau einen Börsenindex nach, dabei trifft kein Fondsmanager aktive Anlageentscheidungen.

Die Grundsatzfrage, die die Fan-Gemeinden beider Lager – des aktiven und des passiven Portfolio-Managements – voneinander abgrenzt, ist die

Frage nach der Informationseffizienz des Marktes. Wer glaubt, dass ein Markt alle Informationen bezüglich eines Wertpapiers in dessen Preis abbildet, also informationseffizient ist, für den scheint eine Indexnachbildung die ideale Lösung zu sein. Der betreffende Anleger wird dann sicher vor allem in passive Fonds investieren. Wer dagegen davon überzeugt ist, dass ein Markt eben nicht informationseffizient ist, wird sein Geld einem Fondsmanager anvertrauen und somit in aktive Fonds investieren.

Die Idee für die an der Börse handelbaren, indexnachbildenden Fonds, sogenannte Exchange Traded Funds (ETFs), kam Anfang der 1970er-Jahre in den USA auf. Investoren wie Banken und Versicherungsgesellschaften suchten nach Möglichkeiten, möglichst schnell, kostengünstig und kurzfristig in ausgewählte Märkte zu investieren. Passive Investmentstrategien haben ihren Ursprung also im institutionellen Sektor.

Der Vermögensverwalter State Street Global Advisors brachte mit dem Standard & Poor's Depositary Receipt, SPDR, quasi den ersten ETF an den Markt. Der Begriff ETF rührt daher, dass diese Fonds (*funds*) jederzeit an der Börse (stock *exchange*) gehandelt (*traded*) werden können. Das war in der damaligen Zeit durchaus revolutionär. Die Möglichkeit, einen Index mithilfe eines Investmentfonds abzubilden, ging einher mit der Entwicklung der Rechnerleistung, die notwendig war, um den Indexstand und die Gewichtung der einzelnen Aktien zu kalkulieren. Denken Sie dabei der Einfachheit halber an den Deutschen Aktienindex DAX. Bis 2005 wurde der Punktestand des deutschen Leitindex alle 15 Sekunden neu errechnet und veröffentlicht. Seit 2006 geschieht das sekündlich.

Die beiden wesentlichen Unterschiede der beiden Fondskategorien (aktiv und passiv) sind:

> Kosten
> Leistung des Managements

Ein passiver Fonds hat das Ziel, einen festgelegten Index nachzubilden. Kosten fallen dabei nur in geringem Maße an und bewegen sich jährlich – je nach ETF – zwischen 0 und 1 Prozent. Für aktiv verwaltete Fonds werden jährliche Verwaltungsgebühren in Höhe von 0,5 bis 2,5 Prozent berechnet. Bei beiden Fondskategorien werden diese Gebühren dem Sondervermögen entnommen. Anleger müssen sie nicht separat entrichten.

Neben dem Kostenaspekt gilt es, die Leistung des aktiven Fondsmanagers zu berücksichtigen. Erwirtschaftet der Fondsmanager mehr Ertrag als der den Index nachbildende passive Fonds, dann spricht man von einem Mehrertrag bzw. von einer Überrendite (engl. outperformance) oder von einem positiven Alpha des betreffenden Managers. Liegt der aktive Fonds jedoch unter den Erträgen seines Referenzindex, dann beschreibt dies der Begriff der Underperformance oder des negativen Alphas. Was tatsächlich besser ist – aktiv oder passiv –, lässt sich natürlich erst im Nachhinein sagen. Für beide Investmentstile gibt es inzwischen echte Fan-Gemeinden.

Beide Arten von Investmentfonds verbriefen Sondervermögen, welches getrennt vom Kapital der Investmentgesellschaft geführt wird. Die Sicherheit dieses Sondervermögens ist bei beiden Kategorien identisch und sehr hoch. Neben den echten Fans eines der beiden Investmentstile gibt es offensichtlich eine breite Basis an Investoren, die für beide Anlagestile offen sind, was auch vernünftig ist. Denn sowohl aktiv als auch passiv gemanagte Sondervermögen haben ihre Daseinsberechtigung am Markt.

Simplified Fazit

Investmentfonds unterliegen besonderem Schutz, da es sich dabei um Sondervermögen handelt. Fonds – aktiv verwaltete Fonds oder passive ETFs – sind ein Topf, in den viele Anleger Geld einzahlen. Entscheidend ist immer, welche Art von Anlagen ein Fonds mit dem Vermögen der Anleger tätigen darf. Investmentfonds bringen Kosten mit sich, bieten jedoch großen Nutzen: Zeitersparnis, die Nutzung fremden Know-hows und die Streuung in verschiedene Vermögenstitel und -klassen, die schon mit kleinen Beträgen möglich ist.

61. Was kostet ein ETF?

Gleichgültig, ob ein Fonds aktiv von einem Fondsmanager oder passiv von einem Algorithmus verwaltet wird, die Struktur der anfallenden Kosten ist sehr ähnlich.

Zunächst geht es um Transaktionskosten, also die Kosten für den Kauf oder Verkauf eines Investmentfonds. Der Kauf eines aktiv verwalteten Fonds ist in der Regel mit einem Ausgabeaufschlag verbunden. Aus diesem Entgelt wird im Wesentlichen die Vergütung eines Finanzberaters be-stritten, die dieser für seine Beratungs- und Betreuungsleistung erhält. Die Standardhöhe des Ausgabeaufschlags beläuft sich bei einem aktiv verwal-teten Fonds zumeist auf 3 Prozent (z. B. Rentenfonds) bis 5 Prozent (z. B. Aktienfonds). Bei einer Anlagesumme von 10.000 Euro werden also 300 Euro bis 500 Euro fällig. Der Verkauf bzw. die Rückgabe eines Fonds-anteils dagegen so gut wie nie mit weiteren Kosten verbunden.

Die Kaufgebühren sind bei ETFs zumeist deutlich günstiger. Oftmals wird – in Anlehnung an den Kauf einer Einzelaktie – 1 Prozent des investier-ten Betrags fällig. Also 100 Euro bei einer Anlagesumme von 10.000 Euro. Beim Verkauf von ETFs fallen ebenfalls Kosten in der gleichen Höhe an. Würde sich – wie natürlich jeder Investor hofft – der Investitionsbetrag von 10.000 Euro im Laufe der Zeit verdoppeln, dann fielen beim Verkauf des ETFs 1 Prozent aus 20.000 Euro, also 200 Euro als Verkaufskosten an. Kauf- und Verkaufskosten würden sich folglich auf 100 Euro + 200 Euro = 300 Euro aufsummieren. Das wäre offensichtlich etwas günstiger als bei aktiv gema-nagten Fonds, die Differenz zwischen aktiv und passiv relativiert sich jedoch, wenn man Ankauf und Verkauf beider Finanzinstrumente in seine Überle-gungen einbezieht. Berücksichtigt werden sollte zudem immer auch, ob An-bieter von ETFs unterschiedliche Kalkulationen bei Kauf- und Verkaufsprei-sen ansetzen. Oftmals ist eine Differenz, ein sogenannter Spread, zwischen diesen beiden Preisen zu beobachten.

Die Differenz bei den Transaktionskosten ist zwischen aktiven und passiven Fonds folglich geringer, als gemeinhin oft angenommen wird.

Ein erheblicher Unterschied ist jedoch bei den laufenden Verwaltungskosten festzustellen. Während ein aktiv verwalteter Aktienfonds für die Managementleistung in der Regel 1,5 Prozent pro Jahr veranschlagt, fallen bei ETFs dafür zumeist zwischen 0,15 Prozent und 0,5 Prozent an.

Die laufenden Kosten für ETFs hängen – neben dem Margendruck, den Mitbewerber ausüben – vor allem vom Markt ab, in den der Passivfonds investiert. Standard-Indizes, wie beispielsweise der amerikanische S&P 500 oder der deutsche DAX, sind günstig nachzubilden. Die Differenz zwischen den laufenden Kosten aktiv und den laufenden Kosten passiv verwalteter Fonds ist somit relativ hoch. Schwellenländer-Indizes, wie beispielsweise der indische NIFTY oder der brasilianische BOVESPA, sind zumeist nur gegen höhere Kosten nachzubilden. Daher sind auch die laufenden Kosten für Schwellenländer-ETFs höher.

Die Differenz zwischen den tatsächlich anfallenden Kosten relativiert sich, wenn man die marktüblichen Retrozessionszahlungen (Kickbacks) berücksichtigt, die von Fondsgesellschaften an Finanzintermediäre wie Banken, Versicherungsgesellschaften oder Fondsplattformen ausgeschüttet werden. Am Markt ist zunehmend zu beobachten, dass diese Beträge teilweise direkt den Kundendepots gutgeschrieben werden.

Betrachtet man nun die Managementleistungen, die den jeweiligen Kosten gegenüberstehen, dann ergibt sich ein durchaus kontroverses Bild.

Die Performance eines klassischen, passiv gemanagten Fonds wird immer um seine – zumeist geringen – Kosten hinter seinem Vergleichsindex liegen. Das erscheint durchaus logisch, wenn man sich in Erinnerung ruft, dass passive Fonds nicht das Ziel haben, besser als ihr Vergleichsindex zu sein, sondern diesen lediglich möglichst genau nachzubilden. Da die laufenden Kosten für diese Fonds in aller Regel gering sind, fällt das Hinterherhinken hinter dem Index in kurzen Vergleichszeiträumen von beispielsweise drei Monaten kaum ins Gewicht. Erst bei langen Investitionszeiträumen sieht man recht deutlich, dass ETFs einen Index nicht kostenfrei und damit genau nachbilden. Die Erfahrung zeigt, dass auch sehr viele aktive Fonds schlechter abschneiden als ihr Vergleichsindex. Nur wenige Fondsmanager sind in der Lage, die Kosten des Fonds zu erwirtschaften und darüber hinaus ihre sogenannte Benchmark, also den Vergleichsindex aus ihrem Investmentuniversum, dauerhaft zu übertreffen. Die anfallende Verwaltungsgebühr kann fast wie eine Art Optionsprämie gesehen werden. Eine solche bezahlt man dafür, dass man die Chance – keineswegs jedoch die Sicherheit – hat, besser als ein ausgewählter Vergleichsindex zu sein.

Was also empfiehlt sich für Anleger – eher aktive Fonds oder doch lieber passiv gemanagte ETFs?

Die Tatsache, dass aktiv verwaltete Investmentfonds oft und passiv verwaltete Investmentfonds immer schlechter sind als ihr Vergleichsmaßstab, darf keinen Anleger von seiner geplanten Investition abhalten. Gleichgültig, ob aktiv oder passiv verwaltete Fonds betrachtet werden: Bei beiden Anlageformen lohnt es sich, genau hinzuschauen. Genauso wenig wie ein aktiver Fonds einem anderen aktiven Fonds gleicht, ist ein passiver Fonds gleichzusetzen mit einem anderen passiven Fonds. Erhebliche Unterschiede existieren zwischen den einzelnen Produkten.

62. Welche Chancen und Risiken hat ein Anleger, der in ETFs investiert?

Wie bei allen Anlageinstrumenten gilt es auch bei ETFs zu unterscheiden zwischen absoluten und relativen Chancen sowie Risiken.

Bei absoluten Chancen und Risiken sind auch bei ETFs die Gewinne oder Verluste die entscheidenden Betrachtungsgrößen. Verbuche ich zu einem bestimmten Zeitpunkt Gewinne oder mache ich Verluste mit meinem Investment?

Anders sieht es bei den relativen Chancen und Risiken aus. Bei dieser Betrachtungsweise geht es nicht um das absolute Plus oder Minus, das mir mein ETF beschert. Vielmehr steht hier die Abweichung zu einem Vergleichsindex im Mittelpunkt.

Insbesondere kurzfristig kann man natürlich mit ETFs recht gut die Bewegungen eines Index nachbilden. Das bedeutet, dass kurzfristig das relative Risiko der Abweichung vom Index als gering einzustufen ist. Möchte ein Investor beispielsweise für drei Monate einen 20-prozentigen Anteil an deutschen Großunternehmen in seinem Portfolio halten, dann hilft ihm der Kauf eines DAX ETFs dabei. Sein relatives Risiko, mit dieser Art des Investments vom DAX abzuweichen, ist gering. Zudem könnte für diesen Investor der laufende Börsenhandel ein Vorteil sein, wenn er kurzfristig seine Meinung ändert und sein Investment eventuell verkaufen möchte.

Für aktiv verwaltete Fonds wird in den allermeisten Fällen nur einmal pro Tag ein Kurs ermittelt.

Beim kurzfristigen Handeln (»Traden«) gilt es jedoch immer auch, die anfallenden Transaktionskosten zu bedenken. Die Börsenweisheit **»Hin und her macht Taschen leer«** gilt auch bei ETFs. Insbesondere private (Klein-)Anleger sollten diese Tatsache beachten. Die Geschichte von den beiden Wanderern und dem Bären im Wald bietet – mit einem Augenzwinkern – eine sehr gute Erklärung für die relativen Chancen und Risiken:

Zwei Wanderer marschieren durch den Wald und hören plötzlich einen Bären hinter sich brüllen. Noch scheint das Raubtier weit genug entfernt zu sein, daher beginnen beide, vor dem Bären wegzulaufen. Doch das Brüllen des Raubtieres wird lauter und lauter. Der Bär nähert sich!.

Plötzlich bleibt der eine der beiden Wanderer stehen, öffnet seinen Rucksack und zieht sich ein Paar Joggingschuhe an. Der andere Wanderer fragt ihn daraufhin: »*Denkst du wirklich, dass du mit diesen Schuhen schneller laufen kannst als der Bär?*«

Der nun mit Laufschuhen bestückte Wanderer antwortet daraufhin: »Schneller als der Bär werde ich mit diesen Schuhen nicht laufen können. Aber schneller als du!«

63. Was versteht man unter »Robo-Advice«?

Ein Roboter als Berater (Advisor) ist die technische Unterstützung einer regelbasierten Vermögensanlage. In den meisten Fällen handelt es sich um eine Art automatisierte Vermögensverwaltung. Investoren vergeben ein Mandat an einen Vermögensverwalter, das dann mit technischer Unterstützung umgesetzt wird.

Mithilfe von Vergangenheitsdaten werden Kapitalmarktmodelle entwickelt, die das Geld von Robo-Kunden bei Marktbewegungen automatisch umschichten. In sehr vielen Fällen geschieht das über den Kauf und Verkauf von börsengehandelten Indexfonds, den sogenannten »xchange Traded Funds, abgekürzt ETFs. Diese ETFs sind für den »Robo« schnell und günstig nutzbar.

Ein Robo-Advisor wird deshalb in die Vermögensverwaltung eingeschaltet, um diese automatisiert und damit kostengünstig anbieten zu können. Ein weiteres Ziel ist das Ausschalten von Emotionen: Ein Robo-Advi-

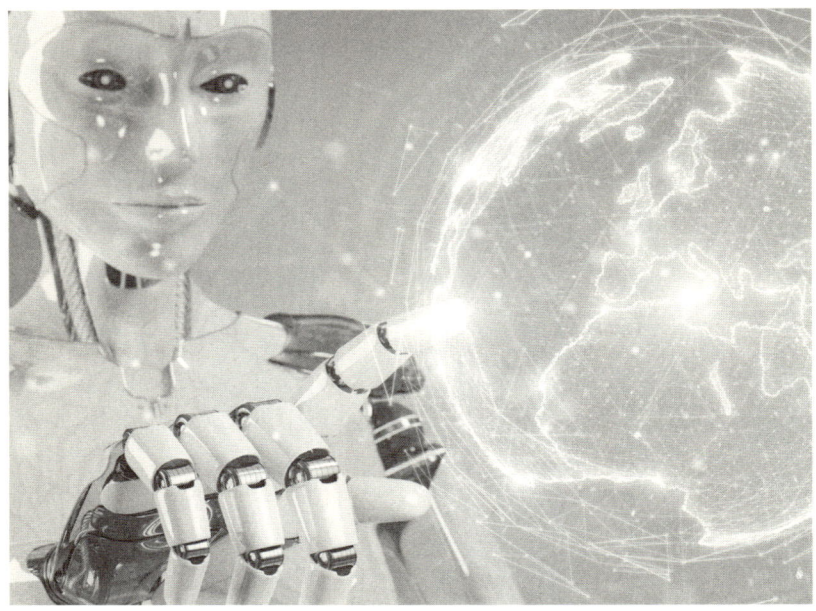

sor lässt sich nicht von möglicherweise irreführenden Gefühlen leiten. Eine strikt regelbasierte Vermögensverwaltung kennt weder Gier noch Angst. Die überwiegende Mehrheit der Robo-Advisors wurde in der jüngeren Vergangenheit auf den Markt gebracht. In dieser Phase vornehmlich steigender Aktienmärkte wiesen viele Modelle sehr gute Chance-Risiko-Kennzahlen auf. Doch erst wenn der Wind an den Börsen wieder einmal etwas rauer bläst, wird sich zeigen, welche vermögensverwaltenden Modelle sich auch in Zeiten größerer Marktschwankungen bewähren. Die einzelnen Modelle müssen folglich in Zukunft noch den Beweis antreten, dass sie wirklich im Sinne des Kunden funktionieren. Wie oft bei derartigen Neuentwicklungen werden sicherlich einige Modelle funktionieren und andere eben nicht.

In der heutigen Praxis der Vermögensanlage zeichnet sich zunehmend ein Mix aus Mensch und Maschine ab. Dabei unterstützen Menschen, also Finanzberater, ihre Kunden bei der Nutzung einer Maschine, also eines Robo-Advisors.

64. Ist »Robo-Advice« eine bequeme Vermögensverwaltung »to go«?

Vermögen heißt Verantwortung! Unabhängig davon, ob sich ein Mensch oder eine Maschine um die Verwaltung Ihres Vermögens kümmert: Die Devise »quick and dirty« sollte bei der Anlage des sauer ersparten Geldes nicht gelten! Wer sich einmal – eventuell auch in Zusammenarbeit mit einem Finanzberater oder Vermögensverwalter – strategisch langfristig überlegt hat, wie er sein Vermögen auf die einzelnen Vermögensanlageklassen »Aktien«, »festverzinsliche Wertpapiere«, »Immobilien«, »Tagesgeld«, »Rohstoffe« »Gold« etc. aufteilen möchte, ist fortan nicht von der Aufgabe entbunden, sich weiterhin um sein Geld zu kümmern. Natürlich möchte sich nicht jeder Anleger stündlich, täglich oder wöchentlich intensiv mit seinem Vermögen befassen. Sonst hätte er wohl kaum eine automatisierte Vermögensverwaltung gewählt.

Die kurz- und mittelfristige, also die sogenannte taktische Aufteilung des Vermögens ist Aufgabe des Vermögensverwalters. Der auf Modellen basierende Algorithmus hat dabei dieselbe Aufgabe zu erfüllen wie ein Mensch. Auch Vermögensverwalter aus Fleisch und Blut handeln oftmals auf Basis ausgewählter Modelle.

Mindestens einmal jährlich lohnt es sich gleichwohl, das eigene Vermögen zu betrachten (Bestandsaufnahme), zu analysieren und eventuell auch Veränderungen in seiner Struktur vorzunehmen. Die größte Stolperfalle ist und bleibt immer noch der Glaube, dass jemand anders sich viel besser mit Geldangelegenheiten auskenne und dass man sich als Privatanleger folglich damit nicht mehr belasten müsse.

Im Gegenteil: Jeder Anleger sollte die Verantwortung für sein Vermögen übernehmen und sich gezielt und regelmäßig damit befassen. Zumeist hat die betreffende Person dafür ja auch gezielt und regelmäßig gearbeitet.

65. Wie funktionieren Garantiefonds?

Der Wunsch nach Garantien ist bei vielen Anlegern sehr hoch. Gerade deswegen ist es erstaunlich, dass bei der Mehrheit der Anleger über die Funktionsweise von Garantiefonds ein eher rudimentäres Wissen vorherrscht.

Beim Kauf von Gütern haben wir alle gelernt, dass Garantien nur für bestimmte Zeiteinheiten gelten. Zwei Jahre Garantie ist der Standard, fünf Jahre Rückgaberecht, also Garantie, empfinden wir als besonders gut. Bei Finanzdienstleistungsprodukten beziehen sich Garantien ebenfalls auf eine bestimmte Zeit und zudem auch auf garantierte Geldbeträge. Bei der Zeit gilt es zu unterscheiden, ob eine Garantie für einen fixen Zeitpunkt oder für einen festgelegten Zeitraum gilt.

Garantiefonds sind Fonds mit einer festen Laufzeit. Die Garantie bezieht sich in den überwiegenden Fällen auf das Ende der Laufzeit. In einer ursprünglichen Form wurden Garantiefonds recht einfach konstruiert. Der wesentliche Teil des eingezahlten Geldes, beispielsweise 95 von insgesamt 100 Euro, wird in eine Nullkupon-Anleihe (eine andere Bezeichnung dafür ist »Zerobond«) investiert. Die Bezeichnung dieser Anleihen kommt daher, dass keine laufenden Zinsen für diese Anleihen gezahlt werden, dafür jedoch der Kurs der Anleihen zumeist anfangs weit unter 100 Prozent notiert und der Anleiheschuldner am Ende der Laufzeit 100 Prozent zurückzahlt.

Werden nun beispielsweise 95 Euro in Zerobonds investiert, dann werden von den verbleibenden 5 Euro Kaufoptionen, sogenannte Calls, erworben. Steigen im Betrachtungszeitraum die Aktienkurse, dann haben natürlich auch diese Calls an Wert gewonnen. Als Folge dieser positiven Marktbewegung bekommen Anleger in diesem beispielhaften Garantiefonds 100 Euro aus den Zerobonds und zudem beispielsweise weiter 9 Euro aus den Calls ausgezahlt. Die Rückzahlung beläuft sich damit in der Summe auf 109 Euro. Obwohl eine solche Konstruktion auf steigende Aktienkurse setzt, sind Anleger im Wesentlichen in festverzinsliche Wertpapiere investiert. Kurssteigerungen am Aktienmarkt können somit nur in deutlich geringerem Maße zur Gesamtperformance beitragen. Fallen die Kurse im Betrachtungszeitraum, dann sind die Kaufoptionen wertlos und Anleger erhalten lediglich die fälligen Nullkupon-Anleihen zu 100 Prozent wieder zurückgezahlt.

Garantiekonzepte haben sich natürlich im Laufe der Zeit weiterentwickelt und sind moderner geworden. Die heute konstruierten Garantiefonds basieren zumeist auf einem sog. CPPI-Konzept. CPPI steht für »Constant Proportional Portfolio Insurance«. Das sind dynamische, prozyklische Konzepte. Bei steigenden Aktienkursen wird immer mehr Geld am Aktienmarkt investiert und bei sinkenden Aktienkursen wird der Anteil an festverzinslichen Anleihen, und vor allem an Geldmarkt-Papieren, erhöht. Aktien werden dann verkauft. Die Dynamik in diesen Modellen wirkt wie eine Art Versicherung für das investierte Kapital. Analog zu den ursprünglichen Garantiemodellen spielen jedoch festverzinsliche Wertpapiere auch bei CPPI-Konstruktionen eine sehr bedeutende Rolle, und nur ein Teil des angelegten Kapitals wird am Aktienmarkt investiert. CPPI-Modelle wurden und werden laufend weiterentwickelt und die individualisierte Form dieser Modelle nennt man iCPPI (individual Constant Proportional Portfolio Insurance).

Recht einfach lässt sich also zeigen, dass Garantiefonds durchaus kein Hexenwerk sind. Jeder Anleger sollte sich jedoch vor einer Investition in einen Garantiefonds die originären Fragen der Vermögensanlage stellen:

> Welche Erträge möchte ich erzielen?
> Welches Risiko nehme ich bereitwillig für diese Erträge auf mich?

Die Wunschvorstellung der eierlegenden Wollmilchsau – nämlich bei steigenden Börsen hohe Gewinne mit Garantiefonds zu erwirtschaften und bei fallenden Börsen keine Verluste zu machen – ist natürlich unrealistisch. Zaubern kann auch der Fondsmanager eines Garantiefonds nicht.

66. Warum gibt es kaum mehr Produkte mit Kapitalgarantie?

Die wichtigste Komponente, um ein vereinbartes Kapitalniveau garantieren zu können, ist der Zins. Das kann recht griffig anhand der unterschiedlichen Produktgruppen erklärt werden:

> Bankprodukte
> Investmentfondsprodukte
> Versicherungsprodukte

Bei Bankprodukten lassen sich beispielsweise Terminmarkteinlagen hervorheben. Diese werden von Banken nach wie vor angeboten. In einem Umfeld niedriger und kurzfristig sogar negativer Zinsen verliert diese Form von Einlagen zunehmend an Bedeutung. Wenn Kunden einen (subventionierten) Zinssatz knapp über null angeboten bekommen, dann verwundert es wenig, dass Gelder oftmals auf Girokonten verbleiben. Gleiches gilt, wenn negative Zinsen – direkt oder indirekt über höhere Kontoführungsentgelte – bei bereits zahlreichen Instituten erhoben werden.

Auch Garantiefonds benötigen positive Zinsen, um eine Kapitalgarantie darstellen zu können. Denken Sie beispielsweise an die ursprünglich konstruierten Garantiefonds mit Nullkupon-Anleihe und Kaufoption. Bei einem sehr niedrigen Zinsniveau liegt der Kurs einer solchen Anleihe nur knapp unter 100 Prozent. Damit bleibt praktisch fast kein Geld mehr übrig, um damit Kaufoptionen (Calls) zu erwerben.

Lediglich Versicherungsgesellschaften sind noch (mehrheitlich) in der Lage, Kapitalgarantien darzustellen. Doch warum können Versicherer etwas, was Banken und Fondsgesellschaften kaum mehr können? Die Antwort auf diese Frage ist einfach: Auch Versicherungsgesellschaften brauchen positive Zinsen, um eine Kapitalgarantie geben zu können. Dank des kollektiven Deckungsstocks (Sicherungsvermögen), den Versicherungsgesellschaften für ihre Kunden langfristig verwalten, können diese Institutionen mit gesunkenen, aber dennoch positiven Zinsen rechnen und somit weiterhin Kapitalgarantien geben.

67. Was sind Hedgefonds und kann ich als Privatanleger Hedgefonds kaufen?

Das englische Wort »hedge« heißt wörtlich übersetzt »Hecke«. In ländlichen Gegenden pflanzte man Hecken um Ackerland, um Verwehungen des wertvollen Bodens durch den Wind vorzubeugen. Die Hecke diente damit als Schutz gegen den Wind. Der Begriff »Hedgefonds« wurde in Großbritannien geprägt, und die Begrifflichkeit weist heute noch auf die ursprüngliche Bedeutung dieser Anlagevehikel hin: Schutz gegen Börsenerosionen. Die meisten Hedgefonds bezwecken jedoch heute kaum mehr diese ursprüngliche Absicherung.

Die Unsicherheit vieler Anleger im Hinblick auf die Investition ihres Vermögens hat dazu geführt, dass die Nachfrage nach Hedgefonds stark zugenommen hat. Das weltweite Volumen dieser Anlagevehikel ist stark gestiegen.

2000	263 Mrd. USD
2005	1.319 Mrd. USD
2007	2.295 Mrd. USD
2008	1.450 Mrd. USD
2009	1.367 Mrd. USD
2010	1.403 Mrd. USD
2015	2.219 Mrd. USD
2018	3.065 Mrd. USD

Tabelle 21: Weltweites Volumen an Hedgefonds, Quelle: Hedge Fund Research, www.statista.com

Selbst die Insolvenz der amerikanischen Investmentbank Lehman Brothers im September 2008 hat das Volumen nur geringfügig einknicken lassen. Hedgefonds sind oftmals eine sehr managerfixierte, also personenbezogenen Art der Vermögensanlage. Für Anleger kommt ein finanzielles Engagement nur infrage, wenn sie einem bestimmten Manager zutrauen, dass er seine Strategie erfolgreich umsetzt. Hedgefonds-Manager bauen gezielt eigene Chance-Risiko-Profile auf, um damit um Anlegergelder zu werben. Typische Anleger, die Anteile an Hedgefonds erwerben, sind institutionelle Investoren, wie beispielsweise große Stiftungen oder Pensionskassen. Die Mindestinvestitionssummen sind oft sehr hoch. Zudem ist es zumeist schon aufwendig, steuerliche Daten von Hedgefonds in einer für Privatanleger verwendbaren Form zu erhalten. Daher eignen sich Hedgefonds typischerweise kaum für Anleger wie Sie und mich.

In der jüngeren Vergangenheit sind Hedgefonds zunehmend in die Kritik geraten, weil es sich um kaum oder gar nicht regulierte Investment-Konstruktionen handelt. Je nach Strategie nehmen Hedgefonds bei ihren Anlagestrategien oftmals große Risiken in Kauf. Die in Aussicht gestellten Renditen haben sich vor allem in der jüngeren Vergangenheit nur teilweise erzielen lassen und so mancher spricht bei der Long-Short-Equity-Strategie bereits von der Wrong-Short-Equity-Strategie. Um dieses Wortspiel noch besser verstehen zu können, sollte man sich einen Überblick über die einzelnen Hedgefonds-Strategien verschaffen.

68. Wie funktionieren die einzelnen Hedgefonds-Strategien?

Im Wesentlichen gibt es fünf Strategien, mit denen die Manager von Hedgefonds Renditeziele mit bestimmten Risiko-Grenzen erreichen wollen. Fixed Income Arbitrage ist dabei die Strategie mit den tendenziell geringsten Risiken, während Global Macro wohl die höchsten Risiken beinhaltet:

> Fixed Income Arbitrage
> Long-Short Equity
> Distressed Securities
> Managed Futures
> Global Macro

Fixed Income Arbitrage ist eine Hedgefonds-Strategie, die auf das rasche Angleichen von Kursunterschieden setzt. Der fast zeitgleiche Kauf und Verkauf derselben Wertpapiere an unterschiedlichen Börsen bringt nur ein geringes Risiko mit sich, ermöglicht aber dafür auch nur geringe Margen. Deswegen setzen Hedgefonds-Manager dabei oftmals einen hohen Fremdkapitalanteil ein. Mithilfe dieses Kreditanteils hebeln sie das Volumen ihrer einzelnen Trades nach oben, um somit die absoluten Gewinne zu vergrößern. Einen solchen Hebel nennt man auch »Leverage«, das englische Wort bedeutet dasselbe. Durch die Aufnahme von Krediten wird diese vergleichsweise risikoarme Strategie jedoch riskanter. Das Risiko erhöht sich entsprechend dem Maß der Kreditaufnahme, also dem Hebel.

Long-Short Equity ist eine auf Aktien basierende Hedgefonds-Strategie, die sich am einfachsten mit den sogenannten Pair Trades gut erklären lässt. Dabei betrachtet ein Hedgefonds-Manager zwei Aktien beispielsweise derselben Branche. Geht er nach Analyse der einzelnen Unternehmenskennzahlen davon aus, dass beispielsweise die BMW-Aktie mehr Gewinnpotenzial hat als die Daimler-Aktie, dann sieht seine Strategie wie folgt aus:

> Er kauft BMW-Aktien oder Derivate, die von steigenden BMW-Kursen (überproportional) profitieren. Er geht also long in BMW.

> Er leiht sich – natürlich gegen Gebühr – Daimler-Aktien und verkauft diese an der Börse in der Erwartung, dass er sie in kurzer Zeit wieder günstiger zurückkaufen kann. Er geht also short in Daimler. Nach dem Ende der Transaktion gibt er die Aktien wieder an denjenigen zurück, von dem er sie sich geliehen hat.

Steigen nun die BMW-Aktien und fallen die Daimler-Aktien, dann ist sein Kalkül aufgegangen. Steigen die BMW-Aktien und auch die Daimler-Aktien, dann kommt es darauf an, ob er durch die gestiegenen BMW-Aktien mehr verdienen konnte, als er durch die verlustreiche Spekulation mit Daimler-Aktien verloren hat. Fallen beide Aktien, dann kommt es ebenfalls darauf an, ob er mit der gewinnträchtigen Spekulation auf einen Kursverfall der Daimler-Aktien mehr verdienen konnte, als er mit den BMW-Aktien verloren hat. Es kommt letztendlich also auf das Verhältnis der Kursentwicklung der beiden betrachteten Aktien an – so funktionieren Pair Trades eben.

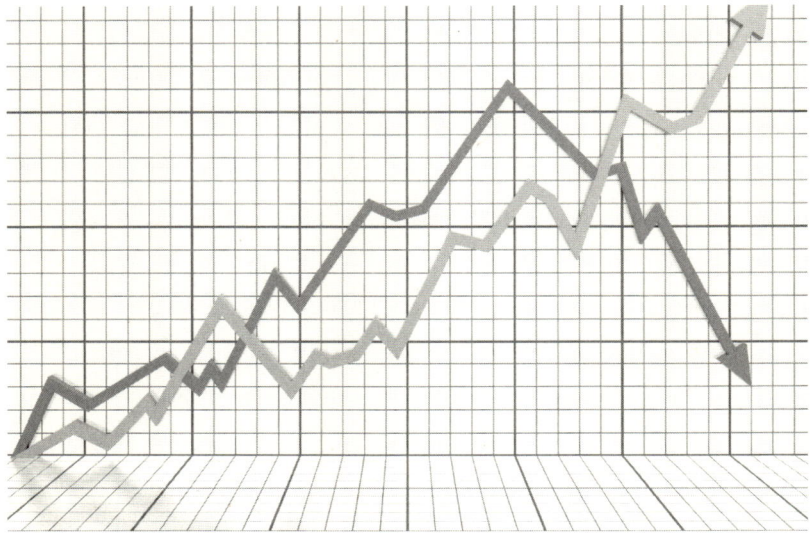

Im Falle von **Distressed Securities** eignet sich die direkte Übersetzung sehr gut, um diese Hedgefonds Strategie zu erklären. Geraten beispielsweise die Anleihen eines Unternehmens unter Druck, dann versuchen Hedgefonds-Manager, Ursachen und Hintergründe genauer als andere Marktteilnehmer zu analysieren. Kann sich ein in Probleme geratenes Unternehmen wieder aus einer misslichen Lage befreien, könnte also eine sogenannte Turnaround-Situation zu erwarten sein, dann kaufen diese Hedgefonds-Manager solche Papiere billig – sprich, mit großem Abschlag – und hoffen auf kräftige Kursanstiege bzw. auf die Rückzahlung der betroffenen Anleihen zu 100 Prozent. Das Risiko dieser Strategie liegt folglich darin, dass den betreffenden Unternehmen ein Turnaround nicht gelingt und die Anleihen damit in ihrem Wert noch weiter sinken oder ganz wertlos werden.

Futures sind Derivate. Ein Future ist ein für beide Seiten verpflichtendes Terminmarktgeschäft. Eine bestimmte Menge an Gütern oder eine bestimmte Stückzahl an Aktien wechselt zu einem schon bei Vertragsschluss feststehenden Preis den Besitzer. Auch der Zeitpunkt ist von vornherein festgelegt. Beim Handel mit Futures wird immer eine Sicherheit gefordert, um einer etwaigen Verpflichtung im Verlustfall auch wirklich nachkommen zu können. Futures lassen sich gut abgrenzen von Optionen, die ebenfalls zu den Derivaten gehören. Bei Optionen geht nämlich nur eine der Vertragsparteien eine Verpflichtung ein, das vereinbarte Gut bzw. die vereinbarten Aktien zum vereinbarten Preis und Zeitpunkt zu liefern. Die andere Vertragspartei hat ein Recht, also eine Wahlmöglichkeit, diese Verpflichtung von der Gegenseite einzufordern oder eben auch nicht. Bei der Hedgefonds-Strategie der **Managed Futures** folgen Hedgefonds-Manager einem bestimmten Modell, zumeist handelt es sich um Trendfolgemodelle, um verpflichtende Terminmarktgeschäfte zu tätigen. Am Ende eines jeden Tages wird zwischen den (anonymen) Vertragsparteien abgerechnet, das heißt, es werden Positionen glattgestellt. Bei dieser Hedgefonds-Strategie muss ein Manager mit seinem Modell bzw. seiner Meinung nicht nur grundsätzlich recht haben, sondern die Spekulation auf eine bestimmte Kursentwicklung muss eben auch im festgelegten Zeitrahmen von einem Börsenhandelstag eintreten, damit ein solcher Trade Gewinne abwirft.

Global Macro Hedgefonds sind die in der breiten Öffentlichkeit vermutlich bekanntesten Hedgefonds. Sie stellen volkswirtschaftliche Daten in den Vordergrund. So führte beispielsweise der Multi-Milliardär Georg Soros mit seinen Spekulationen im Jahr 1992 einen Angriff auf das Britische Pfund und die Schwedische Krone durch, um die Währungen aus dem europäischen Währungssystem herauszukatapultieren. Dabei machte er angeblich etwa eine Milliarde US-Dollar Gewinn. In die andere Richtung ging es im Jahr 1998, als die Wirtschaftsnobelpreisträger Myron Scholes und Robert Merton mit ihrer Wette falsch lagen und ihr Hedgefonds Long-Term Capital Management, LTCM, in massive Liquiditätsschwierigkeiten geriet. Dieser Hedgefonds hatte mit derart großen Geldvolumen gewettet, dass viele kreditgebende Banken vermutlich insolvent geworden wären, wenn sich die Finanzwelt nicht auf eine konzertierte Hilfsaktion geeinigt hätte. Die LTCM-Krise gilt seitdem als Lehrbeispiel für Risiken dieser Hedgefonds-Strategie.

Teil 8: Indizes: Investmentuniversum und Vergleichsmaßstab

»Und zeigt ein Chart mal nur nach Norden, ist da wohl geschummelt worden!«

Vertriebsweisheit

69. Was ist ein Index und warum braucht man Indizes?

Der wichtigste Teil der Antwort auf diese Frage ist eine Gegenfrage: Wenn der Kurs einer Siemens-Aktie steigt und der Kurs einer BASF-Aktie sinkt, sprechen wir dann von einer guten, weil steigenden Börse, oder von einer schlechten, weil sinkenden Börse? Ein Index – im obigen Beispiel ein Aktienindex – ist ein Indikator für die Entwicklung von einer größeren Anzahl an Wertpapieren. Bauen wir dazu zur Anschauung den BIX, unseren Beispielindex, mit folgenden Vorgaben:

> Nehmen wir willkürlich fünf exemplarische, alphabetisch aufgelistete Aktien.
> Jede Aktie hat am ersten Tag den gleichen Kurs von 20 Euro.
> Jede Aktie hat dieselbe Bedeutung im Index, also dieselbe Gewichtung von 20 Prozent.

Wie entwickelt sich nun unser Beispielindex BIX?

Tag 1	
BASF	20 Euro
BMW	20 Euro
Deutsche Bank	20 Euro
Siemens	20 Euro
VW	20 Euro
BIX-Stand	100 Punkte (20 × 5)

Die Marktteilnehmer bilden sich nun Meinungen zur Ertragskraft der einzelnen Unternehmen. Angebot und Nachfrage leiten sie danach aus ihren Einschätzungen ab. So könnten beispielsweise viele Marktteilnehmer zu der Meinung gelangen, dass die Gewinne von BASF und von BMW in den kommenden Monaten und Jahren steigen werden. Deutsche Bank und Siemens könnten beispielsweise unveränderte Unternehmensgewinne melden. Die Meinung von Aktienkäufern und Aktienverkäufern könnte sein, dass auch zukünftige Gewinne unverändert bleiben und der Kurs dieser Aktien daher auf dem bestehenden Niveau stagnieren wird. VW könnte zum Beispiel weniger Gewinn erwirtschaften und der Kurs könnte daher fallen.

So zeigt sich am nächsten Tag bei den Kursen der fünf Aktien folgendes Bild:

Tag 2	
BASF	25 Euro
BMW	25 Euro
Deutsche Bank	20 Euro
Siemens	20 Euro
VW	15 Euro
BIX-Stand	105 Punkte

Das Gesamtbild zeigt, dass der BIX um 5 Prozent von 100 auf 105 Punkte gestiegen ist. Die Frage nach einer guten, also steigenden, oder schlechten, also fallenden Börse kann damit eindeutig beantwortet werden: Die Börse war gut an diesem Tag, denn der Index (BIX) ist ja um 5 Prozent gestiegen. Damit ist die Frage nach der Niveaugröße beantwortet. Die Frage nach strukturellen Veränderungen – welche und wie viele Aktien gestiegen sind und um welchen Betrag das geschah, welche im Kurs gleich geblieben sind und welche im Kurs gefallen sind und um welchen Betrag das geschah – ist mit der reinen Betrachtung des Indexstandes natürlich noch nicht beantwortet.

Sie können an diesem Beispiel auch erkennen, dass vor der Berechnung eines Index zunächst einmal ein Index-Universum festgelegt werden muss:

> Die Gesamtzahl der Aktien ist zu fixieren.
> Die Auswahlkriterien zu der Frage, welche Aktien in den Index aufgenommen werden, sind festzulegen.
> Die Indexgewichtung einzelner Aktien ist zu fixieren.

Die Abendnachrichten im Fernsehen, in denen regelmäßig Börsenentwicklungen anhand von Indexständen gemeldet werden, machen deutlich, welche Bedeutung einzelne Indizes inzwischen erlangt haben.

70. Wer hat damit begonnen, einen Index zu konstruieren und laufend zu berechnen?

Die Herausgeber des Wall Street Journals, Charles Dow und Edward Jones, gründeten 1884 ein Unternehmen mit dem Namen Dow Jones. Sie veröffentlichten im Customers´ Afternoon Newsletter am 3. Juli 1884 zum ersten Mal den Dow Jones Average, einen Index, der sich aus Aktienkursen von neun Eisenbahngesellschaften und zwei Industrieunternehmen zusammensetzte. Diese Zusammenstellung spiegelte übrigens recht gut die damalige wirtschaftliche Sicht der Bevölkerung wider, denn Eisenbahngesellschaften waren die größten Unternehmen in den USA und Industrieunternehmen galten als eher spekulativ.

Am 26. Mai 1896 wurde erstmals der **Dow Jones Industrial Average (DJIA)** im Wall Street Journal veröffentlicht. Darin enthalten waren zwölf Werte, deren Kurs – analog dem von uns errechneten Beispielindex (BIX) – einfach addiert und danach durch zwölf geteilt wurde. Es wurde also das arithmetische Mittel errechnet. Die Erstnotiz lag damals übrigens bei 40,94 Punkten.

Krisen und Euphoriephasen gab es natürlich auch damals schon, und die tägliche Berechnung des Dow Jones Industrial Average zeigte die sich

ergebenden Schwankungen umso deutlicher. Heute umfasst der DJIA 30 Werte. Anhand seiner Historie lässt sich die Entwicklung der Aktienkurse über diesen sehr langen Zeitraum schön ablesen. Das gilt auch für die Meilensteine dieses Index.

Übersprungene Hürden (in Punkten)	Datum
50	13.03.1899
100	22.09.1916
1.000	14.11.1972
5.000	21.11.1995
10.000	29.03.1999
15.000	07.05.2013
20.000	06.02.2017
25.000	05.01.2018

Tabelle 22: Meilensteine des Dow Jones Industrial Average Index

Bei Betrachtung dieser Entwicklung entsteht natürlich ein sehr positiver Eindruck. Aber bekanntlich gibt es an der Börse nichts geschenkt. Daher ist hervorzuheben, dass sich diese beeindruckende Indexentwicklung nicht linear vollzogen hat. Vielmehr gab es zahlreiche und teilweise sehr intensive Schwankungen.

71. Welche Indizes sollte ich kennen und welche Unterscheidung für mein Vermögen muss ich dabei treffen?

Die Anzahl der Indizes ist in den vergangenen Jahren enorm gestiegen. Die Anbieter von Börsenbarometern haben sich förmlich überschlagen, neue Indizes zu konstruieren, zu berechnen und zu vermarkten. Dabei sind die meisten neu auf den Markt gekommenen Indizes nahezu ausschließlich für institutionelle Investoren von Bedeutung. Für Privatanleger ist die Menge an Indizes kaum überschaubar. Die bekanntesten Indizes sind:

> **DAX:** Der Deutsche Aktienindex DAX wurde am 1. Juli 1988 eingeführt und ist der wichtigste deutsche Aktienindex. Die 30 größten deutschen Unternehmen, mit deren Aktien auch die größten Börsenumsätze getätigt werden, sind darin enthalten.
> **MSCI World:** Der amerikanische Finanzdienstleister Morgan Stanley Capital International berechnet diesen weltweiten Aktienindex, der mehr als 6.000 Aktien aus über 23 Ländern enthält.
> **Dow Jones Industrial Average:** Der Index von Charles Dow und Edward Jones aus dem Jahr 1896 hat immer noch eine sehr große Signalwirkung und besteht aus 30 großen amerikanischen Unternehmen.
> **S&P 500:** Der Standard & Poor's 500 ist ein breit angelegter Index, der sich aus den 500 größten amerikanischen Unternehmen zusammensetzt.
> **Euro STOXX 50:** Dieser Aktienindex wurde am 26. Februar 1998 eingeführt und enthält die 50 größten Unternehmen der Eurozone.
> **Nikkei 225:** Am 7. September 1950 wurde erstmals dieser japanische Aktienindex berechnet, welcher aus 225 Werten besteht.

Diese Aufzählung ist nur ein kleiner Ausschnitt der zahlreichen Indizes, die es am Markt gibt. Natürlich schauen viele Anleger auf den Index der Heimatbörse, in Falle von Deutschland also auf den Deutschen Aktienindex, DAX.

Die meisten Indizes werden berechnet, indem die einzelnen Mitglieder nach ihrer Marktkapitalisierung (ihrem Börsenwert) gewichtet werden. Damit werden jedoch hoch- oder überbewertete Aktien (oder andere Anlageklassen) entsprechend übergewichtet. Unterbewertete Aktien (oder andere Anlageklassen) werden damit untergewichtet.

Im Wesentlichen gibt es zwei Kategorien von Indizes:

> Kursindizes
> Performanceindizes

Beim **Kursindex** werden ausschließlich die jeweiligen Börsenkurse von Aktien zugrunde gelegt. Dividendenzahlungen werden nicht berücksichtigt. Das ist sehr bedenklich, weil ja Dividendenausschüttungen am Tag der Dividendenzahlung vom Aktienkurs des ausschüttenden Unternehmens abgezogen werden. In Zeiten hoher Dividendenzahlungen fehlen im Aktienkurs damit über die Jahre hinweg erhebliche Beträge.

Bei einem **Performanceindex** fließen auch die von Unternehmen ausgeschütteten Dividenden in die Indexberechnung ein. Da Unternehmen über einen langen Betrachtungszeitraum hinweg ganz erhebliche Summen ihrer Gewinne in Form von Dividenden ausschütten, ist eigentlich nicht verständlich, warum sie bei den meisten Indizes nicht berücksichtigt werden. Ein Performanceindex (englisch: Total Return Index) scheint doch eigentlich der bessere Vergleichsmaßstab zu sein.

Für Ihr Vermögen gewinnt die Unterscheidung zwischen Kurs- und Performanceindex insbesondere dann an Bedeutung, wenn Sie Investmentfonds besitzen. Diese vergleichen sich nämlich mit einem Index, also ihrem Investmentuniversum. Wählen Investmentfonds, die Dividenden vereinnahmen und in ihrem Portfolio belassen, einen Kursindex als Vergleichsmaßstab (Benchmark), dann ist es deutlich leichter, besser als dieser Index abzuschneiden. Es werden dabei ja auch Äpfel mit Birnen verglichen. Prüfen Sie deswegen bei Investmentfonds genau, mit welcher Art von Index diese sich vergleichen.

72. Warum ist es für Unternehmen wichtig, in einem Index gelistet zu sein?

Aktionäre sind die Eigentümer eines Unternehmens und das ihnen bei Aktienemission angediente Kapital ist das Eigenkapital des Unternehmens. Eigenkapital hat für Unternehmen einen äußerst hohen Wert, weil es ihnen zeitlich unbefristet und ohne Einschränkungen zur Verfügung steht.

Auch für Aktiengesellschaften, AGs, gilt die Aussage:»In ist, wer drin ist!« Ist eine AG im Index, dann befindet sich diese auch im Fokus der Investoren. Das bedeutet, dass zum einen bereits an der Börse handelbare Aktien auf eine große Nachfrage treffen. Beispielsweise müssen zahlreiche institutionelle Investoren sehr nah am Index investieren. Sie müssen also die Werte, die den Index bilden, in unterschiedlichen Gewichtungen kaufen. Zum anderen ermöglicht eine Indexzugehörigkeit den betreffenden Unternehmen die wichtige Möglichkeit, weitere Aktien am Markt platzieren zu können, um damit zum Beispiel weiteres Unternehmenswachstum zu finanzieren.

Die Zugehörigkeit zu einem Index bietet Unternehmensaktien laufend eine ausreichende Liquidität am Markt. Es werden an den Börsen also laufend Aktien des Unternehmens ge- und verkauft. Steigende Indexstände sind etwa für die 30 im DAX inkludierten Unternehmen positiv und natürlich auch für die investierten Anleger.

Übersprungene Hürden (in Punkten)	Datum
2.000	08.10.1993
3.000	17.01.1997
4.000	08.07.1997
5.000	20.03.1998
6.000	08.07.1998
7.000	14.01.2000
8.000	07.03.2000
9.000	01.11.2013
10.000	08.06.2014
11.000	19.02.2015
12.000	20.03.2015
13.000	30.10.2017

Tabelle 23: Meilensteine des Deutschen Aktienindex DAX

Auch hier sei nochmals darauf hingewiesen, dass Anleger seit Einführung des DAX sehr viel Geld verdient haben. Am 1. Juli 1988 wurde der DAX erstmals mit 1.163,52 Punkten berechnet. Der Verlauf war keineswegs linear und es ging nicht immer steil nach oben. Vielmehr haben große Kursschwankungen den DAX in seinem Zeitablauf begleitet. Disziplinierte Langfristinvestoren sind jedoch reich geworden.

73. Wie wird festgelegt, welches Unternehmen in den DAX aufgenommen wird?

Der 1988 erstmals berechnete Deutsche Aktienindex DAX umfasst die 30 deutschen Aktiengesellschaften, die die größte Börsenkapitalisierung aufweisen. Die Börsenkapitalisierung errechnet sich aus der Anzahl der ausgegebenen Aktien (z.B. 1 Milliarde Stück) multipliziert mit dem Kurs einer einzelnen Aktie (z. B. 8 Euro). Im Beispiel beliefe sich die Börsenkapitalisierung demnach auf 8 Milliarden Euro.

Zusätzlich zur Börsenkapitalisierung gibt es ein weiteres Kriterium für ein Unternehmen, in den DAX aufgenommen zu werden: den Umsatz an der Börse. Unternehmen, deren Aktien häufig den Besitzer wechseln, sind im Vorteil, weil sie entsprechend liquide am Markt gehandelt werden und

nicht etwa mehrheitlich in fester Hand sind. Genügend Käufer und Verkäufer dieser Aktien finden an der Börse zusammen. Damit soll sichergestellt werden, dass möglichst jeder Käufer und jeder Verkäufer – abhängig von der Höhe des Aktienkurses – jederzeit Aktien dieses Unternehmens kaufen und verkaufen kann.

Das dritte Kriterium für die Aufnahme in den DAX ist der Anteil der frei handelbaren Aktien (free float) eines Unternehmens. Auch mithilfe dieses Kriteriums soll die Liquidität der Aktien eines Unternehmens in den Mittelpunkt gerückt werden.

Mit der Definition gerade dieser Kriterien will die Deutsche Börse, die den DAX laufend errechnet, sicherstellen, dass der Aktienkurs eines der größten deutschen Unternehmen nicht durch mangelnde Liquidität extremen Schwankungen ausgesetzt ist. Gibt es kaum Angebot, z. B. weil ein Großaktionär große Aktienpakete eines Unternehmens hält, dann könnte im Falle zunehmender Nachfrage der Aktienkurs stark nach oben gezogen werden. Ebenso könnte bei gleichbleibender Nachfrage und rapide zunehmendem Angebot – beispielsweise weil ein Großaktionär seine Anteile am Markt verkaufen möchte – der Aktienkurs enorm nach unten abfallen.

Aus drei Gründen können die Aktien eines Unternehmens wieder aus dem DAX herausgenommen werden:

1. Die Vorgaben des Indexanbieters werden dauerhaft nicht mehr erfüllt.
2. Im Falle von Unternehmenszusammenschlüssen (Fusionen) wird gegebenenfalls nur noch die Aktie des neu entstandenen Unternehmens im Index gelistet.
3. Verlagert eine Aktiengesellschaft ihren Firmensitz in ein anderes Land, dann werden die Aktien ebenfalls aus dem deutschen Aktienindex genommen.

Simplified Fazit

Ein Index vereinfacht die Beobachtung von Wertpapierkursen, weil er Informationen zusammenfasst und verdichtet. Schon mit dem Blick auf wenige Zahlen kann man ein Gefühl für die Entwicklung auf verschiedenen Märkten entwickeln.

74. Was ist der Unterschied zwischen absoluter und relativer Wertentwicklung und welche Vergleiche sind sinnvoll?

Die Frage nach der absoluten Wertentwicklung im Vergleich zur relativen Wertentwicklung (Performance) ist letztendlich die Frage nach dem Vergleichsmaßstab (engl. benchmark).

Wird die Wertentwicklung einer Geldanlage nach absoluten Gesichtspunkten betrachtet, lautet die dahinterliegende Frage: Ist das investierte Kapital in einem bestimmten Zeitraum mehr oder weniger geworden? Bewusst oder unbewusst wird dabei die Null-Linie als Vergleichsmaßstab herangezogen. Das ist ein erster Schritt und dennoch möchte ein Anleger wissen, wie sein Investment innerhalb einer Gruppe an vergleichbaren Investments abgeschnitten hat.

Ein Beispiel: Ein Investor kommt zu dem Schluss, dass er 10 Prozent seines Vermögens in europäischen Aktien halten möchte. Aus diesem Grunde kauft er Anteile eines aktiv verwalteten europäischen Aktienfonds. Nach einem Jahr hat sich sein Vermögen erfreulicherweise um 7 Prozent erhöht. Jetzt betrachtet er das Investmentuniversum, aus dem sich sein europäischer Aktienfonds bestücken darf. Der als Anlageuniversum im Verkaufsprospekt des Fonds benannte Index ist der Euro Stoxx 50. Ist dieser Index im selben Zeitraum um 9 Prozent gestiegen, dann freut sich der Anleger zwar immer noch über seine Wertsteigerung von 7 Prozent, ist aber zugleich etwas enttäuscht, dass der von ihm beauftragte Fondsmanager nicht mehr als sein Vergleichsmaßstab (seine Benchmark) erwirtschaftet hat. Hat der Euro Stoxx 50 dagegen lediglich eine Wertsteigerung von 5 Prozent erzielt, dann freut sich der Anleger doppelt, weil zum einen sein Geld mehr geworden ist und weil zum anderen der von ihm beauftragte Fondsmanager sogar noch mehr erwirtschaftet hat als sein Vergleichsmaßstab.

Vor allem wenn bestimmte Märkte oder spezifische Anlageklassen sich besonders positiv oder negativ entwickelt haben, wird ein Anleger sicherlich neugierig werden und sein eigenes erwirtschaftetes Ergebnis damit in Relation setzen. Dabei gilt es aber, immer auch beide Seiten der Medaille anzuschauen: Wertentwicklung und eingegangenes Risiko.

Im täglichen Leben vergleichen Anleger sowohl absolut, also mithilfe der Null-Linie, als auch relativ mithilfe einer Benchmark. Wer hat im Niedrigzinsumfeld beim Blick auf sein Sparbuch nicht schon mal eine Träne vergossen, weil sein Geld eben auch nur wenig mehr geworden ist? Und wer hat danach nicht schon mal neidisch auf die langfristige positive Wertentwicklung der Aktienmärkte geschielt?

Vergleiche sind nur dann sinnvoll, wenn man Äpfel mit Äpfeln vergleicht und eben nicht Äpfel mit Birnen. Eine Investition in Aktien sollte mit anderen Investitionen in Aktien verglichen werden. Denn die Renditechancen, die mit Aktieninvestments einhergehen, werden quasi mit Schwankungen erkauft. Und ein Tagesgeldkonto sollte eben auch nur mit anderen Tagesgeldern verglichen werden. Die geringe Verzinsung für diese kurzfristigen Anlageformen geht mit kurzfristig geringen Risiken einher.

Wer beispielsweise ein Engagement in Aktien mit den Ergebnissen eines Tagesgeldkontos vergleicht, der vergleicht Äpfel mit Birnen. Sinken beispielsweise Aktienkurse, tritt zumeist die Renditechance von Aktieninvestments gedanklich in den Hintergrund. Die Anleger schauen voll Freude auf ihr Tagesgeld, das nicht schwankt. Steigen dagegen die Aktienkurse, dann fragen sich viele Anleger, warum das Tagesgeld sich kaum verzinst und dabei kaum ein Wertzuwachs erkennbar ist.

Teil 9: Immer richtig Geld anlegen

»Geld alleine macht nicht glücklich.
Man braucht auch Aktien, Gold
und Grundstücke!«

Danny Kaye

75. Worauf sollte ich beim Geldanlegen mehr Gewicht legen: auf mein Bauchgefühl oder auf meinen Kopf?

Die Antwort auf diese Frage wird verständlicherweise von Mensch zu Mensch unterschiedlich ausfallen. Manche Menschen sind grundsätzlich sehr gut darin, intuitive Entscheidungen zu treffen, und handeln daher auch beim Geldanlegen eher aus dem Bauch heraus. Andere Menschen wollen Themen eher logisch aufbereitet erörtern und sind von ihrem Naturell her eher kopflastig.

Am besten handeln Sie als Anleger meistens, wenn Sie Gefühle und Verstand kombinieren. So sollten Sie als potenzieller Gefühlsmensch am besten über jede Entscheidung eine Nacht schlafen und dann mit Stift und Zettel die positiven und negativen Argumente aufschreiben, die für bzw. gegen eine bestimmte Geldanlage sprechen. Dieses Vorgehen diszipliniert, und das Schriftlichkeitsprinzip zwingt Sie dazu, neben dem Bauch auch den Kopf einzusetzen.

Als rationaler Entscheider sind Sie oftmals gut beraten, sich nicht in Details zu verlieren und auch beim Geldanlegen etwas mehr Emotionen

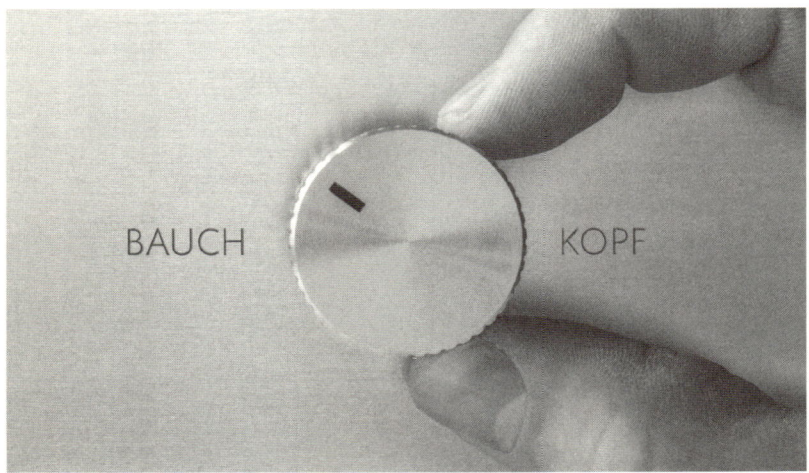

einzubringen. Eine Entscheidung eine Nacht lang zu überschlafen, ist meistens genug, Sie müssen nicht wochenlang darüber nachdenken.

Sehen Sie Ihre Gefühle als Motor für die Reise auf der Straße der Geldvermehrung. Ihr Verstand hilft Ihnen dann festzulegen, wohin Sie genau fahren wollen. Emotionen sind folglich eine wichtige Entscheidungshilfe bei der Geldanlage:

Emotion = Energy in motion

Nur dürfen Sie sich weder von Ihren Gefühlen gefangen nehmen lassen [Angst], noch dürfen Sie alle Bedenken über Bord werfen [Gier].

Entscheidend ist schließlich nicht nur, wie viel Geld Sie mittels Ihres investierten Vermögens als Ertrag erwirtschaften. Vielmehr ist doch die einzig relevante Ergebnisgröße, wie viel Vermögen Sie – nach Steuern und Inflation – besitzen und vor allem langfristig aufbauen und bewahren können.

Als sehr hilfreich hat sich in der Praxis die Methode der Szenarioanalyse herausgestellt. Dabei gehen Sie im Konjunktiv verschiedene Szenarien durch, um dann die Folgen daraus modellieren zu können. Nehmen wir ein Beispiel:

> Szenario 1: Ein Investor entschließt sich, auf Aktieninvestments komplett zu verzichten, und legt sein Geld ausschließlich in festverzinslichen Wertpapieren guter Schuldner an. Er weiß nach Zins- und Zinseszinsrechnungen, dass damit seine Erträge vermutlich geringer als die Inflationsrate sein werden. Das stimmt ihn verständlicherweise sehr unzufrieden.

> Szenario 2: Derselbe Investor entschließt sich, festverzinsliche Wertpapiere in seinem Portfolio gänzlich wegzulassen und ausschließlich in Aktien zu investieren. Die laufenden Schwankungen der Börsenkurse führen dazu, dass er keinerlei sichere Kalkulationsbasis für seine Wertpapiererträge hat. Auch damit möchte unser Beispiel-Investor natürlich nicht leben.

Dieses Beispiel soll deutlich machen, wie wirklichkeitsnah unterschiedliche Szenarien empfunden werden können, wenn man nur Stift und Zettel zur Hand nimmt und sich die möglichen Folgen der zuvor skizzierten Entscheidungen verdeutlicht. Szenarioanalysen sind somit ein sehr guter Schlüssel zur Entscheidungsfindung.

76. Soll ich mein ganzes Geld sofort anlegen?

Finanz- und Staatsschuldenkrise hin oder her – das Grundgesetz der Vermögensstreuung bleibt auch weiterhin in Kraft. Das Wagenrad der Geldanlage – so benannt, weil aufgegliederte Kreisdiagramme oft für die Darstellung der Diversifikationsidee verwendet werden – bleibt der Ausgangspunkt der Vermögensstreuung.

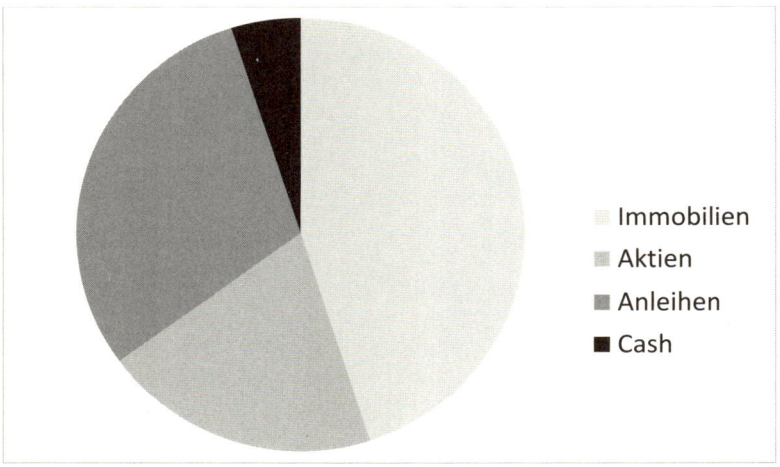

Immobilien
Aktien
Anleihen
Cash

Wagenrad der Geldanlage, Quelle: eigene Darstellung

Dabei kann es sich sowohl um bestehendes Vermögen handeln als auch um Vermögen, das es erst im Laufe der Zeit anzusparen gilt.

Krisen sollten die Vermögensanlage nie komplett blockieren! Gleichgültig, ob wir hier von einer aktuelle Krise sprechen oder von der Krise, die nach dem 11. September 2001 einsetzte: Wie ein Kaninchen vor der Schlange zu sitzen, hat noch keinen Anleger an sein Sparziel gebracht. Vielmehr geht es doch darum, genau zu spezifizieren, wie viel Geld, also welchen Anteil Ihres Vermögens Sie gerade während einer Krise investieren und welchen Teil Sie als Liquiditätsreserve halten.

Dabei ist die Aussage »Ich investiere 100 Prozent in Cash, oder 100 Prozent in Aktien, oder 100 Prozent in Immobilien« eher selten zielführend, weil damit immer ein großes Maß an Spekulation einhergeht. Investieren Sie zu 100 Prozent in liquide Anlagen, wetten Sie damit auf fallende Aktien- oder Immobilienpreise oder auch auf steigende Zinsen. Gehen Sie zu 100 Prozent in Aktien oder in Immobilien, dann wetten Sie auf steigende Aktienkurse und Dividenden oder auf steigende Immobilienpreise und Mieten. Natürlich können Sie das tun und damit eben alle Eier in einen Korb legen. Dann sollten Sie sich über das Risiko jedoch im Klaren sein, das Sie damit eingehen, und künftig gezielt an der Wiederherstellung einer vernünftigen Vermögensstreuung arbeiten.

Sollte eine bestimmte – im Zweifelsfall die aktuelle – Situation der Hauptgrund für die Entscheidung sein, Ihr Geld zu parken, dann müssen Sie sich zwangsläufig die Fragen stellen: »Wann wäre ein für mich richtiger Zeitpunkt, um erste Investitionen zu tätigen? Und in welche Vermögenswerte sollte ich es dann stecken?«

Löst die aktuelle Situation an den Märkten jedoch eine echte Investitionsblockade aus, die unter Umständen noch in einer Konsumflut ihren Ausdruck findet, dann müssen Sie sich zwangsläufig die Frage stellen: »Werde ich im Alter genug Vermögen zur Verfügung haben, um gut leben zu können?« Immer wenn Sie unsicher sind beim Geldanlegen, dann investieren Sie am besten einen kleinen Teil Ihres Vermögens in unterschiedliche Anlageklassen. Wichtig ist dann nur, fleißig damit weiterzumachen. Versuchen Sie es doch mal!

77. Was sind die fünf teuersten Worte der Börse?

Diese Frage stellte vor vielen Jahren einer der berühmtesten Kapitalmarktexperten, Sir John Templeton. Praktischerweise lieferte er die Antwort auf seine Frage gleich mit: »**Dieses Mal ist alles anders!**«

Doch was ist mit dieser markanten Aussage von Sir Templeton, dem Gründer der gleichnamigen Fondsgesellschaft Templeton, gemeint?

Aktienkurse entstehen durch Angebot und Nachfrage im Hinblick auf Aktien. Allen Marktteilnehmern liegen dabei dieselben Informationen vor: Unternehmensbilanzen, Gewinn-und-Verlust-Rechnungen, aktuelle Unter-

nehmensmeldungen etc. Das Wesentliche sind jedoch nicht diese Informationen, sondern das Wesentliche ist die Interpretation dieser Informationen. Dabei ist reichlich Spielraum vorhanden.

Neben den fundamentalen Daten und ihrer Interpretation bestimmen natürlich auch menschliche Emotionen die Bewegungen an den Kapitalmärkten. Zwischen Angst und Gier passt dabei kein Blatt Papier, wie es so schön heißt! Über viele Jahre – oftmals sogar über Jahrzehnte und Jahrhunderte – ähneln sich die menschlichen Verhaltensmuster. Dieselben Menschen, die gestern noch ängstlich auf die Abwärtsbewegungen von Aktienmärkten schielten, können heute bei steigenden Kursen kaum genug bekommen und wünschen sich einen noch viel weitergehenden Kursanstieg. Morgen wiederum sind dieselben Menschen vielleicht schon wieder ängstlich.

Bei jedem Börsenabschwung ebenso wie bei jedem Börsenaufschwung wird argumentiert, dass es dieses Mal ganz besondere Gründe für die Auf- oder Abwärtsbewegung der Märkte gäbe. Am Ende läuft es neben den sich verändernden Unternehmenszahlen dann eben doch immer wieder auf das Gier-und-Angst-Thema bei den Anlegern hinaus.

Seitdem um das Jahr 1640 herum im Haus der belgischen Kaufmannsfamilie Van der Burse mit Wechseln – einer Finanzierungsform von Unternehmen – gehandelt wurde, bestimmen Erwartungen, die in die Emotionen der Marktteilnehmer einfließen, die Kursbewegungen der Börse. Trotz der teilweise heftigen Ausschläge nach unten bewegen sich die Börsen langfristig bei recht ausgeprägten Schwankungen nach oben. Auch beim nächsten Börsenab- oder Börsenaufschwung werden in den Medien wieder zahlreiche Sonderfaktoren für genau diese Börsenbewegung der jüngeren Vergangenheit angeführt werden. Denken Sie jedoch immer an die fünf teuersten Worte an der Börse – es ist am Markt nie anders, als es schon war!

78. Warum schwanken die Preise mancher Vermögensgegenstände stärker als die von anderen und warum sind die Schwankungen in Krisenzeiten besonders hoch?

Der Grund, warum verschiedene Vermögensgegenstände unterschiedlich stark schwanken, liegt vor allem in der Transparenz der Preise und in der Art der Preisfeststellung. Nehmen wir als Beispiel den Vergleich zweier Gattungen von Investmentfonds.

Bei Aktienfonds wird täglich ein Preis, der sogenannte Net Asset Value, NAV, errechnet und veröffentlicht. Dazu addiert man die Kurse aller Aktien, die in diesem beispielhaften Fonds enthalten sind, zu einer festgelegten Uhrzeit und dividiert diese Summe durch die Anzahl der ausgegebenen Fondsanteile. Nachdem Aktienkurse sekündlich, minütlich, stündlich und börsentäglich schwanken, bewegt sich der Kurs des Aktienfonds entsprechend, und Sie sehen diese Schwankung eben auch jeden Tag.

Bei Immobilienfonds wird ebenfalls täglich ein Preis veröffentlicht. Dieser Preis wird jedoch nicht jeden Tag neu errechnet. Natürlich ändern sich auch die Preise der im Fonds enthaltenen Immobilien. Diese werden jedoch eben nicht sekündlich, minütlich, stündlich oder börsentäglich bewertet. Das wäre auch gar nicht sinnvoll, da die Bewertung durch Gutachter erfolgt, die vor allem die Lage der Immobilie, den Zustand eines Gebäudes und die Solvenz der Mieter bei ihrer Bewertung zu berücksichtigen haben. Ein Wertgutachten ist zudem stets mit Kosten verbunden. Eine Bewertungsfrequenz wie an den Wertpapierbörsen würde den Besonderheiten eines Immobilieninvestments nicht ausreichend Rechnung tragen. Kauf- und Verkaufsverhandlungen, Notartermine und Grundbucheinträge benötigen Zeit. Damit wird klar, dass eine Immobilie nicht mehrmals im Monat oder gar in der Woche ge- bzw. verkauft werden kann. Als Folge dieser Umstände wirken Immobilienpreise deutlich schwankungsärmer als beispielsweise Aktienkurse.

Tatsächlich aber schwanken langfristig auch Immobilienpreise – und das oftmals nicht zu knapp. Schwankungen von Aktien sind jedoch innerhalb kürzerer Zeitspannen sichtbar. Die unterschiedliche Taktgebung und Transparenz der Preis- bzw. Kursfeststellung bei den beiden Anlageklassen Aktien und Immobilien führt zu unterschiedlichen Schwankungen.

Zur Beantwortung dieser Frage ist es wichtig, sich zu vergegenwärtigen, wie Schwankungen von Wertpapierkursen grundsätzlich entstehen. Viele Anbieter und Nachfrager eines Wertpapiers treffen aufeinander und der Preis (Kurs) des betreffenden Wertpapiers ist die Größe, die Angebot und Nachfrage zusammenführt. Nicht umsonst heißt es an der Börse: »Der Preis räumt den Markt.«

Macht man dann in der Folge die von der Angebots- und der Nachfrageseite ausgehandelten Kurse transparent für alle Marktteilnehmer, dann

können sich diese an den Kursreihen der Vergangenheit orientieren und in ihre eigenen Kurserwartungen einbeziehen. Das bedeutet, dass neben der eigenen Vorstellung eines Wertpapierkurses auch die (historischen) Meinungen anderer Marktteilnehmer in die Stellung eines Angebots- oder Nachfragepreises einfließen.

Je mehr Stück eines bestimmten Wertpapiers gehandelt werden, desto mehr Kurse kommen zustande. Werden diese Kurse nun schnell für die Marktteilnehmer transparent – beispielsweise durch schnelle Übertragungsleitungen –, dann können sich auch die Kurse schnell und laufend verändern. Die schwankenden Fieberkurven der jeweiligen Wertpapiere sind das Ergebnis davon. Weil sich die Meinung der Marktteilnehmer zu einzelnen Wertpapierkursen schnell und häufig ändert, schwanken Wertpapierkurse in Zeiten großer Unsicherheit besonders stark.

Die Kapitalströme, die beispielsweise in den Aktienmarkt hinein- und aus dem Anleihemarkt herausfließen, belegen die Umsetzung von Meinungen recht deutlich. Als Ende der 90er-Jahre die Börsen weltweit boomten und sich eine TMT-Blase (TMT = Telekommunikation, Medien und Technologie) bildete, investierten zahlreiche Investoren in prozyklischer Weise massiv Gelder in den Aktienmarkt. Nach dem Platzen dieser TMT-Blase stieg jedoch das Volumen der Finanzmittel, das die Investoren in festverzinsliche Wertpapiere anlegten. Erst die Insolvenz der amerikanischen Investmentbank Lehman Brothers im Herbst 2008 sowie vor allem die darauf folgende Finanzkrise führten dazu, dass massiv Gelder aus dem Aktienmarkt abgezogen und unter anderem in den Anleihenmarkt angelegt wurden. In den Folgejahren floss dann wieder viel Geld in die weltweiten Aktienmärkte. Die dabei gemessenen Schwankungen waren teilweise so gering, dass viele Marktteilnehmer ganz offensichtlich nicht im Krisenmodus am Markt tätig waren.

79. Wieso liest man in den Medien so viel vom Anlagenotstand?

Die Finanz- und Staatsschuldenkrise hat massive Verschiebungen bei Risiko-Ertrags-Profilen der einzelnen Anlageklassen zur Folge. Insbesondere die Risiken einzelner Vermögensgattungen werden aus anderen Blickwinkeln betrachtet. Erträge setzen sich aus verschiedenen Komponenten zusammen und ein Investor möchte stets, dass mit den vereinnahmten Erträgen das eingegangene Risiko abgegolten wird. Zudem wurde und wird das Zinsniveau politisch niedrig gehalten, während Unternehmensgewinne und ebenso die ausgeschütteten Unternehmensgewinne in Form von Dividenden teilweise stark gestiegen sind.

Noch vor wenigen Jahren galten Staatsanleihen von Industrienationen als sicher und warfen dennoch Erträge von durchschnittlich 5,0 Prozent ab. Und selbst wer sein Geld nur kurzfristig parkte, bekam dafür am Geldmarkt etwa 3,5 Prozent. Die Situation hat sich komplett verändert. Bei Staatsanleihen unterscheiden Investoren ganz genau, welche Schuldner als sichere Rückzahler gelten und welche eben nicht. Besondere Auswirkungen dieser Schuldnerbetrachtung sind immer dann zu beobachten, wenn plötzlich sehr große Unsicherheit am Markt auftritt. Staaten wie Deutschland oder Dänemark haben in diesen Zeiten schon negative Zinsen gezahlt. Deutschland hat beispielsweise eine Anleihe begeben, die eine Verzinsung für Gläubiger in Höhe von -0,5 Prozent pro Jahr abwarf. Institutionelle Gläubiger haben also nicht nur auf Zinsen verzichtet, sondern lieber selbst Zinsen gezahlt, nur um sicherzugehen, dass sie ihr Geld auch wieder bekommen. Das klingt zunächst seltsam, denn ein institutioneller Gläubiger könnte ja beispielsweise seine 100 Millionen Euro einfach auf einem Bankkonto lassen. Wenn er jedoch seiner Bank nicht mehr vertraut, dann nimmt er offensichtlich lieber eine negative Verzinsung in Kauf.

Die Nachfrage nach Vermögenswerten wie sicheren Anleihen, Immobilien und Aktien ist in diesem Zusammenhang stark gestiegen und damit sind natürlich auch die Kurse bzw. Preise für diese Anlageklassen in die Höhe geklettert. Nachdem sich Renditen und Kurse festverzinslicher Wertpapiere gegengleich verhalten, sind die Renditen dieser AAA-Anleihen dramatisch in den Keller gerutscht. Für Anleger, die Geld verleihen möchten, bedeutet das aber, dass sie entweder höhere Risiken eingehen oder sich mit geringeren Zinsen zufriedengeben müssen.

Die Preise für Sachwerte wie Aktien oder Immobilien sind in derselben Zeit ebenfalls stark gestiegen. Erträge aus Sachwerten – im Unterschied zu Erträgen aus Geldwerten – weisen jedoch eine besondere Eigenschaft auf: Sie sind flexibler. Steigen Immobilienpreise, dann kann ein Vermieter eventuell höhere Mieten durchsetzen. Und steigen Aktienkurse, dann ja auch, weil die Unternehmen gut wirtschaften und aus diesem Grund eine höhere Dividende ausschütten können.

Traditionelle Quellen regelmäßigen Einkommens	2007 (in %)	2018 (in %)
Geldmarktpapiere	3,5 %	-0,4 %
Staatsanleihen	5,0 %	0,5 %
Investment Grade Anleihen	5,5 %	0,7 %
Neuere Einkommensquellen für Investoren		
Hochzinsanleihen	7,0 %	3,0 %
Schwellenländeranleihen	7,0 %	3,0 %
Immobilien (Mieten)	5,0 %	3,5 %
Aktien (Dividenden)	2,0 %	4,0 %

Tabelle 24: Vergleich von Erträgen unterschiedlicher Anlageklassen 2007 und 2018, Quelle: Datastream, Fidelity

Der Anlagenotstand beschreibt ein Dilemma, das durch die Verschiebung von Risiken und Erträgen entstanden ist. Institutionelle Investoren würden oftmals gerne neue Einkommensquellen nutzen, dürfen das oftmals aber aufgrund der ihnen vorgegebenen Rahmenbedingungen (z. B. aufgrund gesetzlicher Auflagen) nicht. Privatanleger haben flexible Rahmenbedingungen bei ihrer Vermögensanlage, sind aber oft zu unsicher, um diese für sich gewinnbringend zu nutzen.

Wer eine halbwegs vernünftige Rendite erhalten möchte, kommt nicht umhin, entsprechende Risiken einzugehen. Wer als Anleger jedoch versucht, den möglichen Risiken auszuweichen, wird mit verschwindend geringen oder sogar negativen Renditen bestraft. Wiederum wird der Zusammenhang zwischen Rendite und Risiko deutlich. Eine solche Verknüpfung tritt immer dann besonders hervor, wenn Extremwerte wie das äußerst niedrige Zinsniveau zu beobachten sind.

Simplified Fazit

Das seit einigen Jahren schon sehr niedrige Zinsniveau hat großen Einfluss auf unser Anlageverhalten. Mit niedrigen Zinsen wird Vermögen real (nach Abzug der Inflation) nicht mehr wachsen können. Neue Denkstrukturen werden sich deswegen etablieren, und Chancen sowie Risiken werden von Anlegern zunehmend neu beurteilt.

80. Wie lassen sich die Begriffe Nominalzins, Effektivzins (Rendite) und Realzins voneinander abgrenzen?

Der Nominalzins ist der Zins, der auf Anleihen aufgedruckt ist. So hat eine Anleihe der Bundesrepublik Deutschland beispielsweise einen Nominalzins von 0,5 Prozent p. a. bei einer Laufzeit von zehn Jahren. Damit sind zwei Parameter fixiert, nämlich der (aufgedruckte) Nominalzins und die Laufzeit, also das (aufgedruckte) Fälligkeitsdatum.

Verändert sich nun die Höhe des Zinssatzes am Markt, also der Effektivzins (Rendite), dann ist es schlecht möglich, den aufgedruckten Zinssatz auszuradieren und den neuen Zinssatz auf die Anleihe zu schreiben. Als regulierende Größe, also als Variable, nutzt man dafür den Kurs der betreffenden Anleihe. Dieses Wertpapier wird an der Börse gehandelt und damit auch börsentäglich mit einem durch Angebot und Nachfrage entstandenen Kurs bewertet.

Steigt also der Effektivzins (Rendite) von 0,5 Prozent auf 0,6 Prozent, dann bleibt der Kupon von 0,5 Prozent nach wie vor fest auf der Anleihe aufgestempelt. Der Kurs als einzige Größe, die variabel veränderbar ist, wird sich folglich bewegen. Steigt die Rendite über den festen Nominalzins der Anleihe, dann muss der Kurs folglich gegengleich sinken, um quasi aus nominal 0,5 Prozent die tatsächlichen 0,6 Prozent des Marktes zu machen, also die Marktrendite.

Eine vereinfachende Rechnung – mit etwas höheren Zahlen zur Verdeutlichung – kann das recht gut zeigen:

> Der Kurs einer Anleihe beläuft sich auf 100 Prozent.
> Der Nominalzins dieser Anleihe liegt bei 2 Prozent.
> Die jährliche Zinszahlung beträgt damit 2 Euro bezogen auf ein Investment von 100 Euro.

Das bedeutet, dass diese 2 Euro der Marktrendite entsprechen.

Steigt die Marktrendite nun beispielsweise von 2 Prozent auf 2,5 Prozent, dann bedeutet das, dass die 2 Euro eben 2,5 Prozent Marktzins entsprechen müssen. Den Ausgleich erreicht man über Kursbewegungen. Und der Dreisatz dazu lautet:

> 2 Euro sollen 2,5 Prozent Rendite entsprechen, also lautet die Rechenformel: 2: 2,5 = 0,8.
> Kurs der Anleihe 100 Prozent × 0,8 = 80 Prozent.

Steigt also in diesem Beispiel der Marktzins von 2 Prozent auf 2,5 Prozent, dann muss der Kurs der Anleihe von 100 Prozent auf 80 Prozent sinken, damit die (fest auszuzahlenden) 2 Euro einer Marktrendite von 2,5 Prozent entsprechen. Der konkrete Eurobetrag ist also quasi die rechnerische Brücke, um vom Nominalzins zum Effektivzins (Rendite) zu kommen.

Kauft jemand diese Anleihe also nach der Effektivzinssteigerung, muss er lediglich 80 Prozent als Kurswert bezahlen. Dieses vereinfachte Beispiel zeigt, dass sich bei steigenden Zinsen bestehende Anleiheninhaber nicht freuen, weil die Kurse ihrer Anleihen sinken. Sinkende Zinsen hingegen sorgen für ein Lächeln auf den Lippen bestehender Anleiheninhaber, weil die Kurse ihrer Anleihen ja gegengleich steigen. Am Ende der Laufzeit werden Anleihen allerdings immer zum Kurs von 100 Prozent wieder zurückzahlt.

Der Realzins ist das Ergebnis aus Nominalzins minus der Inflationsrate. Änderungen dieses Realzinses kommen somit zustande durch Änderungen beim Nominalzins und/oder durch Änderungen bei der Inflationsrate.

81. Was sind die besseren Erträge für mich: Anleihezinsen oder Dividenden?

Die korrekte Antwort lautet: beides! Betrachtet man nur die regelmäßigen Zahlungsströme der Vermögensanlage, dann sind in der Welt der neuen Einkommensquellen Dividendenzahlungen oft höher als Anleihezinsen.

Nachdem auch an den Kapitalmärkten niemand etwas zu verschenken hat, gibt es für diesen Umstand selbstverständlich auch eine logische Erklärung. Dividenden sind der anteilige ausgeschüttete Gewinn einer Aktiengesellschaft. Macht diese keinen Gewinn oder schüttet sie den erwirtschafteten Gewinn nicht aus, dann fließt den Aktionären auch keine Dividende zu. Sind also Dividendenzahlungen höher als Zinszahlungen, dann hat das aus der Sicht der Kapitalmärkte durchaus seine Richtigkeit. Zinszahlungen zahlungskräftiger Schuldner fließen dem Gläubiger jedoch mit hoher Sicherheit zu, während Dividenden nicht fest einkalkuliert werden können.

Betrachten Sie jedoch nicht nur die Erträge, also die Zahlungsströme verschiedener Anlageklassen. Auch die Bewertung des Vermögensbestandes spielt natürlich eine bedeutende Rolle. Sichere – und daher niedrige – Zinszahlzungen resultieren aus Vermögenswerten, deren Kurse weniger schwanken und bei denen das eingesetzte Kapital auch oft kurzfristig wieder zurückgezahlt wird. Denken Sie an deutsche Staatsanleihen, die in zwei Jahren fällig werden. Als langfristig orientierter Anleger sollten Sie sich jedoch nicht ausschließlich mit geringen Zinsen zufriedengeben. Dividendenzahlungen bereichern die Ertragssituation eindeutig. Und ein Bestand an Aktienfonds bietet Ihnen langfristig die Chance auf ordentliche Kursgewinne.

Legen Sie auch hier nicht alle Eier in einen Korb. Beantworten Sie die Frage für sich am besten wieder mit unterschiedlichen Gewichtungsfaktoren.

82. Wie kann ich meine Risiken in Zeiten des Anlagenotstands am besten kontrollieren?

Auch wenn Sie die Struktur Ihrer Vermögensanlage den jeweiligen aktuellen Gegebenheiten anpassen, sollten Sie sich bewusst machen, dass frisch investiertes Geld sowohl in die bestehenden Anlagen fließen kann als auch in neue Anlagen. Sie legen also mit jedem zusätzlich investierten Euro neue Sicherheits-Risiko-Gewichtungen fest. Ihre Erfahrungen und die gezogenen Lehren beeinflussen natürlich Ihr Denken und Handeln und fließen auch in Ihr Investitionsverhalten ein.

Der wesentliche Zusammenhang von Sicherheit und Risiko bleibt auch in diesen Zeiten mit neuen Rahmenbedingungen bestehen. Verluste schüren die Angst. Gewinne schüren die Gier. Entscheidend ist immer, nicht in die eine oder andere Richtung überzureagieren. Schnell fällt einem dabei der pointierte Spruch ein: »Die meisten (ärmeren) Menschen arbeiten für ihr Geld. Nur wenige (reiche) Menschen haben Geld, das für sie arbeitet.«

Hand aufs Herz: In einer steigenden Börsenphase (Hausse) liest ein Anleger solche Aussagen zumeist mit gierigem Blick. Jeder will zur Gruppe der Reichen gehören und investiert deswegen riskanter, um das eigene Ziel schnell zu erreichen. In einer fallenden Börsenphase (Baisse) werden solche Statements mit Skepsis und ängstlichem Blick betrachtet. Anleger sind frustriert oder denken schlicht, solche Aussagen treffen auf sie nicht zu. Die wenigsten Menschen werden schnell reich (Wie lange spielt denn eigentlich ein Lotto-Millionär in der Lotterie mit, bis er endlich sechs Richtige hat?). Vermögende Menschen sind zumeist nicht durch risikoarme Investments reich geworden. Phasen der Hausse und der Baisse sollten folglich das grundsätzliche Handeln zur Erreichung der eigenen finanziellen Ziele nicht allzu sehr beeinflussen. Um Risiken also zu kontrollieren, gilt es zunächst einmal, sich laufend mit dem eigenen Vermögen zu beschäftigen. Zwei Quellen möglicher Veränderungen müssen Sie dabei im Auge behalten: Menschen und Märkte. Sie haben es also mit personenbezogenen und mit wirtschaftsbezogenen Veränderungen zu tun.

Mit personenbezogenen Veränderungen meine ich die Veränderungen, die sich direkt auf den Investoren beziehen. Zum Beispiel sinkt die Risikobereitschaft von Menschen mit zunehmendem Alter. Auch Scheidungen können Geldanleger beispielsweise dazu zwingen, den Reset-Knopf zu drücken und das Thema Vermögensanlage neu zu überdenken. Schon so mancher frisch gebackene Vater hat sein Motorrad verkauft, um seine Lebensrisiken zu reduzieren. Ebenso verhält es sich beim Geldanlegen.

Prüfen Sie unbedingt laufend und insbesondere bei bedeutenden Veränderungen in Ihrem Leben, ob Ihre Vermögensstruktur nach wie vor zu Ihnen passt. Grundsätzlich sollten (materielle) Finanzentscheidungen den individuellen Lebensumständen folgen und nicht umgekehrt. Auch in der veränderten Welt des Anlagenotstands sollte nicht die schnelle, ruckartige Änderung einer Vermögensstruktur im Vordergrund stehen, sondern die gezielte und überlegte.

Marktbezogene Veränderungen resultieren zumeist aus den (laufenden) Bewegungen von Wertpapierkursen. Aktienkurse steigen und/oder fallen täglich an den Weltbörsen. Gleiches gilt für die Kurse von festverzinslichen Wertpapieren. Der Goldpreis ist jeden Tag in Bewegung und auch die Preise und Mieten für Immobilien bleiben nicht stehen.

Risiken zu kontrollieren soll nicht bedeuten, andauernd die eigenen Vermögenswerte hin und her zu schichten. Beim Risikomanagement geht es vielmehr darum, die eigenen Vermögenswerte nicht einfach so laufen zu lassen, sondern mehrmals in jedem Kalenderjahr die Gewichtungen der einzelnen Vermögensklassen bewusst vorzunehmen.

Wenn Sie dabei das Gefühl bekommen, dass die aktuelle Streuung nicht mehr zu Ihrer persönlichen Lebenssituation passt, dann sollten Sie gezielt eingreifen und die Aufteilung und Gewichtung der Vermögensklassen ändern.

Drei Bausteine des Risikomanagements sind von überragender Bedeutung:

> Risiken können nicht zum Nulltarif ausgeschlossen werden. Etwaige Garantien kosten Geld – und sei es nur in der Form, dass Sie auf mögliche höhere Renditen verzichten.
> Langfristige Erträge, die höher als Tagesgeld- oder Sparbuchzinsen sind, können nicht ohne Inkaufnahme von Risiken erzielt werden.
> Ein gut gestreutes, also diversifiziertes Vermögen ist der beste Weg, um (für Gewinnchancen notwendige) Risiken über einen langen Zeitraum hinweg zu managen.

Als Grundlage zum Thema Risikomanagement fällt mir immer wieder der Börsenspruch ein: »Wenn der Wind weht, dann bauen die einen Mauern und die anderen Windmühlen.« Zweifelsohne stellt ein gutes Risikomanagement die ausgewogene Balance zwischen dem Bau von Mauern und von Windmühlen her.

Simplified Fazit

Verluste schüren die Angst. Gewinne schüren die Gier. Schichten Sie deswegen Ihre Vermögensbausteine nie ruckartig um. Wägen Sie Chancen und Risiken auch bei neuen Marktgegebenheiten sorgfältig ab. Mit jedem zusätzlich investierten Euro können Sie schließlich die Gewichtungen Ihrer Vermögensstruktur gezielt ändern. Ihre finanziellen Entscheidungen sollten auch weiterhin Ihren persönlichen Lebensentscheidungen folgen und nicht umgekehrt.

83. Wäre es nicht clever, wenn man als Investor nur in den Aufwärtsphasen im Markt investiert wäre?

Wären wir im Märchen »Wünsch dir was«, dann würde ich mir genau das wünschen. Die Realität sieht jedoch anders aus. Dauerhaft ist es bisher noch keinem Investor gelungen, immer kurz vor Aufschwungphasen zu kaufen, um dann kurz vor einem Abschwung wieder zu verkaufen. Zum einen weiß natürlich niemand, wann genau die Kurse nachhaltig steigen und wann die Märkte wieder nach unten laufen. Zum anderen umfasst die Zeitspanne eines normalen Privatinvestors von der Informationsaufnahme bis zur Informationsverarbeitung oftmals mehrere Tage. Das ist zu lang, um unmittelbar zu reagieren.

Als Anleger sollten Sie zudem die Transaktionskosten nicht außer Acht lassen. Es gilt nach wie vor das Prinzip: »Hin und her macht Taschen leer.« Die Transaktionskosten (z. B. die Ausgabeaufschläge bei Investmentfonds oder die Notarkosten und Grunderwerbssteuer beim Immobilienkauf) können unter Umständen einen gewaltigen Teil Ihres Vermögens verschlingen.

Wenn Sie gezielt Börsenphasen analysieren, in denen die Wertpapierkurse stark gestiegen oder gefallen sind, dann lohnt es sich insbesondere, auf die zeitliche Struktur der Kursbewegungen zu achten. Meistens steigen oder fallen die Märkte an einigen wenigen Tagen ganz extrem, und die anderen Tage der Betrachtungsperiode sind weniger entscheidend für die gesamte Marktbewegung. Wer nun genau die Tage mit den Extremwerten versäumt, kann das Kaufen und Verkaufen eigentlich auch gleich ganz bleiben lassen. Einfach durchgehend investiert zu bleiben – der englische Fachbegriff dafür lautet »buy and hold« – ist langfristig sinnvoller, als ständig zwischen den Anlageklassen oder gar zwischen einzelnen Aktien hin und her zu wechseln.

Am Markt gibt es mittlerweile Investmentfonds, deren Portfolios mithilfe von technischer Wertpapieranalyse verwaltet werden. Diese Fonds zielen darauf ab, vor allem lange Verlustphasen zu vermeiden. Das Prinzip ist einfach. Diese Management-Stile folgen einem Trend und kaufen oder verkaufen zügig, wenn sich eine Umkehr dieses Trends abzeichnet. Die Praxis zeigt, dass dieses Prinzip so lange funktioniert, wie Trends am Markt erkennbar sind. Denn dann gilt offensichtlich: »The Trend is your friend!« Sind keine klaren Trends ersichtlich, dann können auch solche Produkte nicht erfolgreich sein.

Es gibt Berechnungen des Investmenthauses Fidelity, die zeigen, welche durchschnittliche Rendite man bei einer Investition in den Deutschen Aktienindex DAX während der vergangenen zehn Jahre erzielt hätte:

> Voll investiert: + 7,70 Prozent
> Ohne die besten 10 Tage: + 0,37 Prozent
> Ohne die besten 20 Tage: -3,99 Prozent
> Ohne die besten 30 Tage: -7,22 Prozent
> Ohne die besten 40 Tage: -10,09 Prozent

Sie als Investor müssen nun abwägen, ob Sie durch gezieltes Kaufen und Verkaufen den Versuch einer Verlustvermeidung unternehmen. Gleichzeitig gehen Sie dabei jedoch das Risiko ein, die besten Börsentage zu versäumen. »Buy and hold« scheint mir in den meisten Fällen die bessere Alternative zu sein. Sollten Sie sich dabei unwohl fühlen, sprechen Sie am besten mit Ihrem Finanzberater darüber. Der kann die künftigen Wertpapierkurse zwar auch nicht für Sie vorhersagen. Eine unabhängige Meinung jedoch schadet bestimmt nicht, denn beim Umgang mit dem eigenen Geld ist jeder Anleger immer auch sehr emotional.

84. Sollte ich in wirtschaftlich unsicheren Zeiten möglichst viel Gold kaufen?

Auch Gold sollte als Säule im Ihrem Vermögensstrukturgebäude auf keinen Fall fehlen. Genau wie bei allen anderen Anlageklassen sind auch bei Gold einige grundlegende Fragestellungen zu klären. Zuallererst einmal sollten Sie – wie bei allen Anlageklassen – festlegen, welchen Anteil Ihres Vermögens Sie in Gold halten möchten. Mit dieser Zielsetzung ist dann auch gleich geklärt, wie viel Gold Sie in den nächsten Monaten oder Jahren kaufen werden.

Sind Zeiten von wirtschaftlicher Unsicherheit geprägt, gibt es zwei bedeutende Gründe, das eigene Vermögen verstärkt in Gold zu investieren:

> Gold = Schutz gegen den Untergang von Währungen
> Gold kann man in vielen Währungen kaufen und wieder verkaufen, um damit dann wiederum Waren einkaufen zu können.
> Gold = physischer Schutz gegen Bankenpleiten
> Physische, also anfassbare Goldstücke sind kein Buchgeld auf Bankkonten, sondern lagern idealerweise in Ihrem eigenen Tresor.

Ebenso gibt es gute Gründe dafür, nicht genau dann verstärkt Gold zu kaufen, wenn viele Menschen sich unsicher fühlen:

> Goldpreis = Zusammenspiel von Angebot und Nachfrage
> Trifft eine steigende Nachfrage auf ein kurzfristig gleichbleibendes Angebot am Markt, dann steigt der Preis von Gold. Kaufe ich nun zyklisch ebenfalls Gold, dann trage ich das Risiko von Kursschwankungen und muss vielleicht lange warten, um mit Gold auch Geld zu verdienen.

> Physisches Gold = ertraglose Anlageform
> Aus physischem Gold, wie beispielsweise Goldbarren, fließen Ihnen keine Erträge zu. Das heißt für Sie im Umkehrschluss, dass Sie mit dem Kauf von Gold eine Spekulation auf einen mindestens gleich bleibenden oder steigenden Goldpreis eingehen. Preisbewegungen nach unten können somit nicht durch laufende Erträge abgefedert werden.

Ob Gold den ihm zugeschriebenen Eigenschaften als sicherer Hafen tatsächlich gerecht wird, wird seit Jahrzehnten immer wieder heiß diskutiert. Fakt ist, dass der Goldpreis ähnlichen Schwankungen unterliegt wie die Aktienmärkte. Vergleicht man die Entwicklung des Goldpreises mit der des Aktienmarktes über lange Zeiträume, stellt man fest, dass ein Investment in Gold sich ähnlich rentiert hat wie ein Investment in Aktien. Betrachtet man zudem die zeitliche Struktur der Kursverläufe, dann musste ein Gold-Investor beispielsweise in den 1980er- und 90er-Jahren deutlich mehr Geduld mitbringen als ein Aktien-Investor. Der Goldpreis bewegte sich nämlich sehr lange seitwärts und sogar leicht abwärts.

85. Warum ist Gold überhaupt wertvoll?

Gold ist seit Ewigkeiten von Mythen umrankt und irgendwie hat sich eine subjektive Werthaltigkeit manifestiert. Die Seltenheit von Gold und die Arbeitsleistung, die nötig ist, um dieses Edelmetall zu fördern, machen Gold natürlich auch objektiv wertvoll. Wie bei allen Vermögensbestandteilen ist

der jeweils aktuelle Wert des gelben Metalls durch Angebot und Nachfrage bestimmt. Der Goldpreis unterliegt damit durchaus starken Schwankungen. Auf der Angebotsseite stehen im Wesentlichen die Goldminenunternehmen und die internationalen Zentralbanken. Die Nachfrageseite ist industriell ebenso geprägt wie durch die Schmuckindustrie. Dazu kommen Privatanleger als Nachfrager.

Primäre Anbieter (Goldminenunternehmen) und auch sekundäre Anbieter von Gold (Zentralbanken) nehmen großen Einfluss auf den Goldpreis. Eine gesteigerte oder gedrosselte Goldförderung in den weltweit großen Goldminen kann das Angebot erheblich erhöhen bzw. reduzieren. Bei gleichbleibender Nachfrage fällt oder steigt der Goldpreis infolgedessen. Auch das Kauf- bzw. Verkaufsverhalten der großen Zentralbanken hat erheblichen Einfluss auf den Goldpreis. Schätzungen zufolge besitzen die Zentralbanken dieser Welt etwa 20 Prozent des geschürften Edelmetalls. Der preisliche Einfluss wird folglich besonders stark, wenn konzertierte Aktionen mehrerer Zentralbanken am Markt stattfinden. Allein die Deutsche Bundesbank hält 3.373 Tonnen Gold. Das sind etwa 270.000 Barren, deren aktueller Marktwert bei ca. 120 Milliarden Euro liegt. Diese riesige Menge an Goldbarren lagert derzeit vor allem in der Bundesbank-Zentrale in Frankfurt a. M., in der Bank of England in London, in der US-Notenbank Federal Reserve und in der Banque de France in Paris.

Gold wird seit Jahrtausenden für Schmuck und als Zahlungsmittel genutzt. Schätzungen zufolge wurden in der Geschichte der Menschheit etwa 170.000 Tonnen Gold geschürft. Würde man daraus einen großen Würfel aus purem Gold bauen, dann hätte dieser eine Kantenlänge von mehr als 20 Metern und somit ein Raummaß von über 8.800 Kubikmetern.

In der Geschichte gibt es zahlreiche Beispiele dafür, dass Gold hinterlegt wurde, um die Werthaltigkeit einer Landeswährung zu gewährleisten. 1944 wurde im US-Staat New Hampshire, im dadurch berühmt gewordenen Ort Bretton Woods, ein internationales Währungssystem geschaffen, das den US-Dollar als Leitwährung der Welt festlegte. Das Tauschverhältnis von einer Feinunze Gold zu 35 US-Dollar wurde fixiert, und die US-Notenbank verpflichtete sich, die Dollarreserven eines jeden Mitgliedslandes zum vereinbarten Kurs in Gold zu wechseln. 1971 musste dann die Goldpreisbindung an den US-Dollar aufgegeben werden und 1973 wurde das Bretton-Woods-Abkommen komplett gekippt. Kurios ist, dass der Goldpreis am 1. Mai 1972 erstmals seit 1864 (!) wieder über die Marke von 50 US-Dollar stieg.

86. Wie kann ich am besten in Gold investieren?

Die meisten Goldinvestments werden in einer der folgenden Formen getätigt:

> Goldmünzen
> Goldbarren
> Schmuck
> Goldminenaktien

Der Goldpreis wird in der Regel in US-Dollar angegeben. Die Maßeinheit für den Goldpreis ist zumeist eine Feinunze, welche rund 31,1 Gramm entspricht. Obwohl alle diese benannten Investitionsmöglichkeiten Gold als gemeinsamen Nenner haben, sind doch teilweise erhebliche Unterschiede festzustellen.

Für Goldmünzen gibt es – beispielsweise am Bankschalter – einen (höheren) Verkaufs- und einen (geringeren) Rücknahmepreis. Neben dem reinen Goldwert ist die Werthaltigkeit von Münzen zusätzlich von ihrem Zustand beeinflusst, der möglichst unbeschädigt sein sollten. Weist eine Münze beispielsweise wegen unsachgerechter Lagerung Kratzer auf, dann ist ihr Wert geringer als der von einwandfrei gelagerten, nicht zerkratzten Münzen. Anlagemünzen sind normalerweise umsatzsteuerpflichtig. Sie können jedoch von der Umsatzsteuer befreit werden. Dafür muss eine Münze:

> nach dem Jahr 1800 geprägt sein und
> einen Feingehalt von mindestens 900/1000 aufweisen und
> im Herkunftsland gesetzliches Zahlungsmittel sein oder gewesen sein und
> der übliche Verkaufspreis darf den Offenmarktwert des Goldgehaltes nicht mehr als 80 Prozent übersteigen.

Eine Liste dieser umsatzsteuerbefreiten Münzen wird jährlich im Amtsblatt der Europäischen Union veröffentlicht. Beachten Sie zudem, dass diese Aussagen nur für Goldmünzen zutreffen. Platinmünzen sind voll umsatzsteuerpflichtig, ebenso viele Silbermünzen. Allerdings gibt es hier viele sogenannte differenzbesteuerte Importmünzen, die dem ermäßigten Einfuhrumsatzsteuersatz unterliegen.

Goldbarren sind im internationalen Handelsgeschäft Standardbarren mit Reinheitsgarantie. Eingestanzt werden dabei deren Feinheit (mindestens 995/1000), die Marke des Herstellers, das Produktionsjahr und eine Seriennummer. Die Goldbarren, die zumeist in den Tresoren der Zentralbanken lagern, wiegen 400 Unzen (12,44 kg). Kleinere Barren sind erhältlich zum Feingewicht von 1, 5, 10, 20, 50, 100, 250, 500 und 1.000 Gramm. Auch bei Goldbarren gibt es natürlich eine Differenz zwischen Verkaufs- und Rücknahmepreis.

Wird Gold zu Schmuck verarbeitet, dann spielen neben dem reinen Goldwert natürlich die Kreativität des Schmuckdesigners sowie die Qualität der Verarbeitung wesentliche Rollen. Schmuck ist einfach und mit viel Freude – weil ja greifbar – einzukaufen. Beim Verkauf jedoch wird es schon schwieriger, weil zwar auf Messen oder in Goldgeschäften Schmuck angekauft wird, der Preis für einzelne Schmuckstücke jedoch kaum objektiv ermittelbar ist.

Goldminenaktien werden genau wie andere Aktien an Börsen gehandelt. Der Unternehmenswert einer Goldmine ergibt sich vor allem aus der Höhe des aktuellen Goldpreises. Weitere Einflussfaktoren sind die geschätzte Menge an abbaubaren Goldreserven, die Produktivität eines solchen Unternehmens und die Fähigkeiten der Unternehmensführung. Vorteilhaft an dieser Art des Goldengagements ist, dass Dividenden fließen können.

87. Welche Art von Gold ist wie wertvoll?

Es ist nicht alles Gold, was glänzt. Gemeint ist damit der Umstand, dass Sie sich zunächst überlegen sollten, in welcher Form Sie Gold kaufen möchten.

Gold wird nach seiner Reinheit gemessen und bewertet. Dieser Reinheitsgrad wird vor allem bei Schmuck oft in Karat angegeben. Dabei entsprechen 24 Karat purem Gold und somit 1.000 Gewichtseinheiten. Die gängigen Bezeichnungen ergeben sich als Ableitung aus diesen 24 Karat wie folgt:

> ¾, also 75 Prozent von 24 Karat entsprechen 18 Karat. Vielleicht kennen Sie den Stempel 750er-Gold. Das ist gleichzusetzen mit 750 der 1.000 Gewichtseinheiten.
> 14 Karat entsprechen 585er-Gold (24 × 0,585 = 14).
> 8 Karat entsprechen 333er-Gold (24 × 0,333 = 8).

Bei Münzen sind somit insbesondere Anlegermünzen hervorzuheben, die einen besonders hohen Goldgehalt aufweisen.

> Ein südafrikanischer Krügerrand hat 916,6 Gewichtseinheiten Gold und damit 22 Karat.
> Ein kanadischer Maple Leaf hat 999,9 Gewichtseinheiten Gold und damit fast 24 Karat.

Goldmünzen werden heute vor allem für Sammler und Anleger geprägt.

Simplified Fazit

Gold bietet die Möglichkeit der weiteren Vermögensstreuung. Denken Sie aber daran, dass physisches Gold keine Erträge abwirft und sicher gelagert werden muss. Der Goldpreis unterliegt großen Schwankungen. Betrachten Sie Gold deshalb als sehr langfristige Vermögensanlage und überlegen Sie vor dem Goldkauf gut, welche Art von Gold Ihren Zwecken am besten gerecht wird.

88. Was bedeutet Private Equity und kann ich mein Geld auf diese Weise investieren?

Unternehmen, die beispielsweise für weiteres Wachstum zusätzliches Eigenkapital benötigen, begeben (emittieren) in vielen Fällen Aktien, die sie an der Börse verkaufen. Ist ein Unternehmen jedoch dafür noch zu klein, ist es zu jung oder möchte es keine Aktien an der Börse begeben, dann suchen diese Unternehmen häufig nach Kapitalgebern. Das geschieht direkt und ohne Börsengang. Die Financiers stellen den betreffenden Unternehmen ihr Kapital in Form einer Beteiligung (Eigenkapital) zur Verfügung – und nicht in Form eines Kredites (Fremdkapital).

Ein Kapital aufnehmendes Unternehmen erhält somit die Chance, sein unternehmerisches Wachstum mit einer soliden Eigenkapitalbasis voranzubringen. Und die Kapitalgeber erwarten eine überdurchschnittlich hohe Rendite, denn schließlich ist ja auch das Risiko hoch, das sie eingegangen sind. Natürlich hat jeder Kapitalgeber klare Ziele, welche Rendite er mit seinem Investment erreichen möchte. Zumeist steht die Chance eines späteren Börsengangs als übergeordnetes Ziel am Ende eines solchen Engagements. Insbesondere in Phasen steigender Börsenkurse ist auch zu beobachten, dass sich Private-Equity-Kapitalgeber verstärkt dafür engagieren, ihre Unternehmen an die Börse zu bringen.

Viele dieser kleinen Unternehmen können sich jedoch nicht dauerhaft auf dem Markt behaupten und erreichen die erhofften Ziele nicht. Der Börsengang bleibt aus. Die Eigenkapitalgeber erleiden dann oftmals einen Totalverlust ihres eingesetzten Kapitals. Folglich investieren Private-Equity-Investoren typischerweise in mehrere Unternehmen gleichzeitig. Damit geht die Erwartung einher, dass sich mit den Anteilen der konkurrenzfähigen Unternehmen genügend Gewinne erwirtschaften lassen, um zu erwartende Verluste aus anderen Beteiligungen zumindest kompensieren zu können.

Privatanleger sind eher selten im Private-Equity-Bereich tätig. Vielmehr sind auch hier zumeist Profis am Werk, die Chancen und Risiken der betreffenden Unternehmen besser einschätzen können. Es gibt jedoch geschlossene Fonds, die ihren Fokus auf Private-Equity-Engagements gelegt haben. Ein solcher Fonds könnte auch in die Vermögensstruktur von Privatanlegern passen. Achten Sie jedoch auf die Erfahrung des Fondsinitiators in diesem Bereich und natürlich auf die Kosten solcher Produkte.

89. Was ist Crowdinvesting und soll ich mich da engagieren?

Unter Crowdinvesting – also der Schwarmfinanzierung – versteht man die Finanzierung von neugegründeten Unternehmen, sogenannten Start-ups, oder von bestimmten Projekten über die Internet-Gemeinde. Über Crowdinvesting-Plattformen geben zahlreiche Privatinvestoren zumeist kleine Beträge, und in der Summe können sich diese Kleinbeträge – je nach Anzahl der Bonsai-Investoren – dann zu einem ordentlichen Gesamtbetrag addieren. Manchmal liegt das untere Limit für Crowdinvesting bei lediglich fünf Euro.

Marktführer dieser Crowdinvesting-Plattformen ist das Dresdner Unternehmen Seedmatch. Auch weitere Plattformen sind auf dem deutschen

Markt aktiv: Companisto, Innovestment, Fundsters oder Conda (fusioniert mit bankless24).

Diese neue Form der Unternehmensfinanzierung steckt natürlich noch in den Kinderschuhen. Im Jahr 2011 wurden über die Schwarmfinanzierung 400.000 Euro in Deutschland eingesammelt. 2012 waren es schon 4,3 Millionen Euro und 2016 dann 63,8 Millionen Euro. Ein wachsender Markt.

Die Mini-Investoren müssen ihr Geld zumeist drei bis sieben Jahre in den Unternehmen belassen. Im Anschluss an diese Frist stellt sich dann heraus, ob ein Investment erfolgreich war oder nicht.

Das größte Risiko des Crowdinvestors besteht natürlich in der möglichen Insolvenz eines Unternehmens, in das er investiert hat. Die größte Chance besteht im Verkauf der Anteile zu einem Vielfachen des ursprünglich bezahlten Preises. Im Gegensatz zur Investition in börsennotierten Unternehmen handelt es sich beim Crowdinvesting jedoch um eine illiquide und nicht kontrollierte Form der Geldanlage. Jeder Investor sollte sich dessen bewusst sein und sich über das zu finanzierende Start-up ausreichend informieren, bevor er sein Geld investiert.

Teil 10: Vermögensanlage – keine einmalige Sache

»Börsenerfolg ist eine Kunst
und keine Wissenschaft!«

André Kostolany

90. Wäre es nicht sinnvoll, wenn jeder Anleger sein ganz persönliches Finanzmodell hätte?

Die patchworkartige Geldanlage lässt als Ergebnis zumeist eben auch das Vermögen wie einen Flickenteppich aussehen. Manchmal ist das nicht zu verhindern, weil Anleger mitunter nicht wissen, ob sie dem Anlagevorschlag Nummer 1 folgen oder doch lieber die Alternative 2 umsetzen sollen. Meistens münden solch indifferente Entscheidungssituationen in einen Kompromiss. Dann wird ein Teil von Vorschlag Nummer 1 und auch ein Teil von Vorschlag Nummer 2 umgesetzt. Das ist nicht unbedingt schlimm. Wichtig ist und bleibt jedoch, dass Sie als Anlegerin oder Anleger mindestens einmal im Jahr ausführlich Ihre Vermögensstruktur betrachten und analysieren. Sowohl die einzelnen Bestandteile Ihres Vermögens als auch das Gesamtbild müssen zu Ihrer aktuellen Lebenssituation passen.

Jedes – auch noch so einfache – Modell hilft dabei, die Übereinstimmung von aktueller und zukünftiger Lebenssituation mit dem aktuellen und zukünftigen Vermögen zu synchronisieren. Einzahlungs- und Auszahlungsphasen werden auf diese Weise miteinander verknüpft. Institutionelle Investoren wie beispielsweise Pensionskassen oder Stiftungen strukturieren die einzelnen Phasen sehr klar. Der englische Begriff für dieses Vorgehen ist Asset-Liability-Model, abgekürzt ALM.

Denken Sie bei der Konstruktion Ihres eigenen ALMs zum Beispiel an einen Abschöpfungs-Dauerauftrag, den Sie dazu nutzen, immer am Ende des Monats das nicht ausgegebene Geld von Ihrem Girokonto auf ein separates Tagesgeldkonto umzubuchen. Damit ist zwar der monatlich unterschiedlich hohe Betrag noch nicht investiert, aber diese Gelder sind auf alle Fälle auf gesonderten Konten vor Sickerverlusten geschützt. Ein weiterer Automatismus besteht im regelmäßigen monatlichen Besparen von Investmentfonds oder von Fondspolicen. Hierbei wird nicht nur diszipliniert jeden Monat Geld auf die Seite gelegt, sondern es wird auch gleich investiert.

Beide Beispiele sind zugegebenermaßen sehr einfach. Dennoch besteht auch bei diesen einfachen Modellen die absolute Notwendigkeit, sich regelmäßig Gedanken zu machen, wie das abgeschöpfte Geld am besten langfristig zu investieren ist bzw. wie das in Investmentfonds investierte Geld weiterhin am besten aufzuteilen ist.

91. In welcher Währung lege ich mein Geld am besten an?

Grundsätzlich gelten bei Währungen die gleichen Überlegungen wie bei allen anderen Anlageentscheidungen. Der Mix macht es! Auch hier hilft eine gezielte Streuung, damit eine gute Struktur Ihres Vermögens aufgebaut werden kann. Nachdem Sie Rechnungen in der Regel in Ihrer Landeswährung zu begleichen haben, muss bei Währungsfragen die Verfügbarkeit und damit die Fristigkeit im Vordergrund stehen. Brauchen Sie Ihr Geld, um davon täglich, also kurzfristig, zu leben, dann kann der Euro als Heimatwährung die einzige Antwort auf diese Frage sein.

Benötigen Sie Teile Ihres Vermögens nicht für das tägliche Leben, investieren Sie also mittel- oder langfristig, dann sollten Sie auch Fremdwährungen in Ihre Vermögensstreuung aufnehmen. Dabei sollten Sie jedoch nicht vergessen, dass Investitionen in Fremdwährungen oftmals doppelte Chancen und Risiken beinhalten. Schwankende Preise, wie beispielsweise bei Aktien, Immobilien, Rohstoffen oder auch festverzinslichen Wertpapieren, sind immer auch mit dem Wechselkursverhältnis der Fremdwährung zur Heimatwährung zu multiplizieren. Erst nach dieser Rechenübung kann das Gesamtvermögen in einer einheitlichen Währung betrachtet werden.

Ein Euro kostete am 1. Januar 2010 einen Betrag von 1,43 US-Dollar, und am 1. Januar 2011 waren es dann 1,30 US-Dollar. Das bedeutet, der US-Dollar stieg in diesem Zeitraum gegenüber dem Euro, weil ja weniger US-Dollar für einen Euro aufzuwenden waren. Der Euro fiel im Umkehrschluss gegenüber dem US-Dollar.

Noch deutlicher werden die Schwankungen von Wechselkursen, wenn Sie sich vor Augen führen, was beim Kauf von Wertgegenständen passiert:

> Ende 2010 war eine Unze Gold 1.200 US-Dollar wert. Das entsprach damals einem Gegenwert von 800 Euro.
> Mitte 2012 stieg der Goldpreis auf 1.550 US-Dollar. Gemäß dem Wechselkurs zu diesem Zeitpunkt waren das 1.240 Euro.

In US-Dollar ausgedrückt, stieg der Goldpreis um 29 Prozent. In Euro ausgedrückt, waren es jedoch sogar 56 Prozent. Die fast doppelt so hohe Preissteigerung von Gold in Euro resultiert also folglich aus zwei Faktoren: Der Goldpreis (in US-Dollar) stieg und zudem mussten für einen Euro weniger US-Dollar gezahlt werden. Der US-Dollar stieg folglich ebenfalls.

Hätte sich der Wechselkurs der beiden Währungen zueinander nicht verändert, dann wäre die Unze Gold von 1.200 US-Dollar um 350 US-Dollar auf 1.550 US-Dollar gestiegen und somit von 800 Euro um 230 Euro auf 1.030 Euro. Die weitere Differenz von 210 Euro resultiert also aus der reinen Wechselkursveränderung.

Simplified Fazit

Beachten Sie, dass Banken auch bei Fremdwährungen zwischen Bargeld und Buchgeld unterscheiden. Das bedeutet, dass Sie beispielsweise von einem Konto, das auf US-Dollar lautet, kein Bargeld abheben können. Die Bank bleibt im sogenannten Buchgeldkreislauf und überweist in einem ersten Schritt US-Dollar auf ein Euro-Konto (Buchgeld). In einem zweiten Schritt wechselt sie dann Euro in US-Dollar (Bargeld), die Ihnen dann ausgehändigt werden können. Dabei entstehen natürlich Kosten, die Sie zu tragen haben. Günstiger ist es, im Buchgeldkreislauf zu bleiben, indem Sie eine Kreditkarte für Ihr Dollar-Konto beantragen und beispielsweise bei Reisen in die USA direkt damit bezahlen.

92. Was sind Bitcoins und ist ein Kauf zum jetzigen Zeitpunkt empfehlenswert?

Plötzlich waren sie in aller Munde: Kryptowährungen. Allen voran Bitcoin. Kryptowährungen sind digitale Währungen. Sie sind mit der weltweiten Finanzkrise im Jahr 2008 entstanden. Denn das Vertrauen in zentrale Geld- und Währungsinstitutionen, wie die Notenbanken und gesamte weltweite Bankensystem, war verlorengegangen.

An die Stelle zentraler Notenbanken trat eine Vielzahl dezentraler Marktteilnehmer, die dezentrale Kryptowährungen wie Bitcoin, Ethereum oder Ripple als alternative Währungen benutzen und schürfen. Um sicherzustellen, dass bei einem Tausch von konventionellen Währungen in Kryptowährungen kein Betrug geschieht, werden die betreffenden Transaktionen nicht nur auf den beiden Computern von Käufer und Verkäufer gespeichert, sondern auf Hunderten von Rechnern. Mithilfe der sogenannten Blockchain-Technologie wird jede digitale Münze (Coin) ab deren Schaffung (Mining) mit allen ihren Bewegungen dokumentiert. Dafür wird natürlich eine enorm hohe IT-Kapazität benötigt. Das Ziel ist und bleibt die Betrugssicherheit für die Besitzer der einzelnen Kryptowährungs-Einheiten.

Derzeit ist sicherlich Bitcoin die bekannteste Kryptowährung. Nachdem sich über viele Jahre hinweg vor allem IT-Freaks dafür interessierten, rückte die Recheneinheit in den Jahren 2016/17 zunehmend in den Fokus eines erweiterten Kreises von Marktteilnehmern. Bitcoins standen damit stellvertretend für alle Kryptowährungen und wurden zum Spekulationsobjekt. Mit jedem Bild und mit jeder Geschichte über diese neuen Währungen wurde bei steigenden Kursen das Thema Kryptocoins zunehmend »sexy«.

Programmierer, die auf Knien über Hardware-Schrottplätze krochen, um ihre alte Festplatte mit reichlich gespeicherten Bitcoins zu finden, wurden zum Symbol des Hypes. Bitcoin-Inhaber, die voller Enthusiasmus über die Möglichkeiten der neuen Tauscheinheiten Pizza für ihre Coins orderten, bezahlten – im Nachhinein betrachtet – oft Hunderttausende von Euro für die salzigen Pfannkuchen. Das ist zwar sehr bedauerlich, zugleich ist diese Tatsache aber auch ziemlich spektakulär. Kryptocoins waren damit in aller Munde.

Doch es gibt auch sehr kritische Stimmen im Hinblick auf die digitalen Währungen. Sie lassen sich im Wesentlichen in zwei Punkten zusammenfassen: Anonymität und Energiebedarf.

Da keine einzelne zentrale Institution die Geldschöpfung organisiert und den Tauschhandel betreibt, bleiben immer auch die jeweiligen Tauschpartner anonym. Das impliziert natürlich auch den Nachteil, dass Kriminelle die Kryptowährungen für ihre Zwecke missbrauchen können. Der Vorwurf, illegale Drogen- und Waffengeschäfte zu finanzieren, schwingt bei der Berichterstattung über Bitcoin-Börsen regelmäßig mit. Anonymes Bezahlen hat verständlicherweise im sogenannten Darknet Hochkonjunktur. Der Energiebedarf für die Rechnerkapazitäten, die für Bitcoin & Co. nötig sind, ist enorm hoch. Alleine für das Schürfen (Mining) der Bitcoins, die bisher im Umlauf sind, soll etwa gleich viel Strom benötigt worden sein, wie das Land Dänemark in einem Jahr verbraucht.

Für eine finale Beurteilung der Vor- und Nachteile von Kryptowährungen erscheint der jetzige Zeitpunkt noch zu früh. Allgemein wird vor allem die hinter diesen digitalen Tauscheinheiten stehende Blockchain-Technologie als wirklich zukunftsweisend eingeordnet. Die Zukunft wird zeigen, wie sich Kryptocoins weiterentwickeln.

93. Welche Einflussfaktoren auf Wechselkurse sind für mich wichtig?

Hinter der Währung eines Landes (einer Region) steht zuallererst immer dessen (deren) Wirtschaftskraft.

Setzt man zwei Währungen, beispielsweise Euro und US-Dollar, in Beziehung zueinander, ergibt sich daraus der Preis bzw. der Kurs einer Währungseinheit (z.B. 1 Euro) ausgedrückt in Einheiten einer anderen Währung (z.B. 1,35 US-Dollar), der sogenannte Wechselkurs.

Wechselkurse kommen durch Angebot und Nachfrage zustande und schwanken teilweise in atemberaubender Geschwindigkeit. Die Marktkräfte werden ausgehebelt, wenn die Notenbank eines Landes oder einer Region den Kurs ihrer Währung beispielsweise in einer festen Bandbreite fixiert. Das tat vor einigen Jahren die Schweizer Nationalbank für den Franken-Euro-Kurs. Inzwischen hat sie dieses Unterfangen jedoch wieder aufgehoben.

Die wesentliche wirtschaftliche Einflussgröße auf Angebot und Nachfrage einer Währung sind die Zinsunterschiede bzw. deren Veränderung zwischen zwei Währungsräumen. Ein Beispiel: Die Zinsen für festverzinsliche Wertpapiere mit einer Restlaufzeit von sechs Monaten in den USA steigen von 1 Prozent auf 1,2 Prozent. Als Folge werden zahlreiche Marktteilnehmer US-Dollar ankaufen, um von den gestiegenen Zinsen zu profitieren. Sie werden die US-Dollar-Käufe mit Euro bezahlen. Die Nachfrage nach US-Dollar führt zu einer Steigerung des Kurses des US-Dollars, von beispielsweise 1,30 US-Dollar je Euro auf 1,35 US-Dollar je Euro. Kurzfristig wird der Markt für Währungen – ebenso wie die meisten Finanzmärkte – durch Erwartungen der Marktteilnehmer geprägt.

94. Wie kann ich bei immer komplexer werdenden Finanzprodukten bessere Transparenz für mich schaffen?

Erinnern Sie sich an das berühmte Zitat von Forrest Gump im gleichnamigen Film:»Das Leben ist wie eine Schachtel Pralinen: Man weiß nie, was man kriegt.« Genau das sollte bei der Geldanlage nie passieren!

Immer dann, wenn Sie nicht verstehen, was bei einer bestimmten Form der Gelanlage mit Ihrem angelegten Geld passieren soll, machen Sie sich unbedingt vor der Investition schlau, um grundsätzliche Zusammenhänge zu verstehen. Erst im Anschluss lässt sich eine sinnvolle Entscheidung treffen, ob Sie Ihr Geld in der betrachteten Anlageform investieren möchten. Falls Sie eine betreffende Anlage erwägen, müssen Sie außerdem noch entscheiden, wie viel Geld Sie investieren. Verstehen Sie ein Anlageangebot nicht, dann ist es geboten, für sich selbst Transparenz zu schaffen, denn es gilt das»VhV-Prinzip«, das besagt:»Vermögen heißt Verantwortung!«

Wenn Ihr Vermögen wachsen soll, dann müssen Sie sich auch darum kümmern. Und Kümmern fängt mit Verstehen an. Fragen Sie am besten einen kompetenten Finanzberater, der Ihnen Einzelheiten auf klare und einfache Weise erklärt. Das Grundprinzip der Geldanlage ist immer sehr einfach: Der einen Seite, die Geld anlegen möchte, steht eine andere Seite gegenüber, die das Geld entgegennimmt, um damit etwas zu machen. Investieren Sie Ihr Geld beispielsweise in ein Unternehmen, kaufen also Aktien einer Aktiengesellschaft, dann gehört Ihnen ein (vermutlich kleiner) Teil dieser Aktiengesellschaft. Mit Ihrem investierten Geld werden dann beispielsweise Maschinen gekauft, um damit Güter zu produzieren. Natürlich können Sie nicht direkt mitbestimmen, welche Maschinen das Unternehmen kauft. Dennoch können Sie leicht in Erfahrung bringen, worin das Geschäftsmodell dieses Unternehmens besteht.

Geben Sie Ihr Geld einer Bank und eröffnen ein Sparbuch, ein Tagesgeldkonto oder kaufen eine Anleihe der Bank, dann nimmt die Bank das
Geld entgegen und verleiht es zum größten Teil weiter an Personen, Unternehmen oder Staaten, die einen Kredit benötigen. Eine Bank ist damit
eine Institution, die Gelder entgegennimmt und dann wieder verleiht.
Dennoch haben Sie als Gläubiger – Sie verleihen schließlich Ihr Geld – keinen Einfluss darauf, an wen die Bank Ihr Geld weiterverleiht.

Sie sehen also: Das Grundprinzip ist immer auf einen einfachen Nenner zu bringen und damit klar und leicht verständlich.

95. Was steckt hinter der Bezeichnung »Core-Satellite-Ansatz«?

Dieser beinahe nach einem Weltraummodell klingende Ansatz der Geld-
und Vermögensanlage ist ein Ansatz, bei dem Investitionen unterschieden
werden nach:

> langfristigen, strategischen Kerninvestitionen, die als essentiell und
  dauerhaft definiert werden,
> kurzfristigen, taktischen Satelliteninvestitionen, die zeitlich befristet
  getätigt werden.

Kerninvestments sind demnach Investitionen, die Sie quasi als unverzichtbar einstufen. Damit ist klar, dass Sie in die ausgewählten Anlageklassen
unbedingt investiert sein möchten. Satelliteninvestments stellen für Sie
Chancen dar, die Sie kurzfristig nutzen. Diese erscheinen oftmals verlockend, und Sie erhoffen sich vielleicht schöne Gewinne daraus. Der berühmte heiße Tipp sollte dabei genau überprüft werden und dann eventuell als Satellit zeitweise in die eigene Vermögensstruktur eingebaut
werden, nie jedoch in das Kerninvestment.

Als typische Kerninvestments gelten zumeist:

> Immobilien
> deutsche, europäische, amerikanische Aktien
> (nicht zu hohe) Cash-Positionen
> festverzinsliche Bundesanleihen

Satelliteninvestments sind demnach beispielsweise Investitionen in:
> Rohstoffe
> Unternehmensanleihen
> Aktien von Unternehmen aus Schwellenländern (Emerging Markets)
> auf bestimmte Sektoren spezialisierte Aktienfonds (Branchenfonds)

Kerninvestments und Satelliteninvestments, Quelle: eigene Darstellung

Zumeist ist es für Investoren eher »sexy«, sich mit den Satelliten zu beschäftigen. Die Fragestellung zu beleuchten, ob ich aktuell eher auf einen China Fonds setzen oder eine Wette auf steigende Ölpreise abschließen soll, klingt einfach sehr interessant. Dennoch ist es von überragender Bedeutung, die Prioritäten richtig zu setzen. Dabei sind die Kerninvestitionen aufgrund ihrer Gewichtung einfach wichtiger. Zusammenfassen kann man diese Priorisierung recht einfach: »Core gibt den Takt vor und Satellite ist im Zweifelsfall nachrangig!«

96. Warum sind Korrelationen die Grundlage für mein breit gestreutes Vermögen?

Für eine gute Streuung Ihres Vermögens ist es notwendig, das Zusammenwirken von Vermögensklassen im Zeitablauf zu kennen. Steigen beispielsweise die Preise für Immobilien, wenn auch die Aktienkurse steigen? Und wenn ja, in welchem Maße? Wie genau hängt die Änderung der Rohstoffpreise mit den Kursbewegungen von festverzinslichen Wertpapieren (Renten) zusammen? Diese und weitere Zusammenhänge bezeichnet man als Korrelation. Korrelationen dienen dazu, die Qualität der Streuung innerhalb Ihres Vermögens zu beurteilen.

	Aktien	Renten	Immobilien	Rohstoffe
Aktien	+1,00			
Renten	-0,42	+1,00		
Immobilien	+0,83	-0,20	+1,00	
Rohstoffe	+0,30	-0,19	+0,30	+1,00

Tabelle 25: Historische Korrelationen ausgewählter Anlageklassen (31. Okt. 2002 – 31. Okt. 2012), Quelle: SEB, zugrunde gelegte Indizes: Aktien = MSCI AC World, Renten = JP Morgan Global GBI Hedge, Hedgefonds = HFRX Global Hedge Fund USD, Immobilien = EPRA/NA-REIT EUR, Private Equity = LPX50EUR, Rohstoffe = DJ UBS Commodities TR, Währungen = BarclaysHedge Currency Trader USD

Die Tabelle zeigt, dass in der Vergangenheit Aktien und Renten negativ korreliert waren. Sind also die Aktienkurse in Ihrem Depot um 1 Prozent gestiegen, dann sind die Kurse der festverzinslichen Wertpapiere um durchschnittlich 0,42 Prozent gesunken. Positiv hingen jedoch Aktienkurse und Immobilienpreise zusammen. Für jedes Prozent, um das die Aktienkurse gestiegen sind, haben sich auch die Immobilienpreise im hier betrachteten Zeitraum um 0,83 Prozent nach oben bewegt.

Zur Erläuterung der Zahlenwerte: Steigt der Wert eines Vermögensgegenstandes in einem Jahr um 10 Prozent und der Wert eines anderen Vermögensgegenstandes steigt im selben Zeitraum um 8 Prozent, dann liegt eine positive Korrelation von 0,8 vor.

Simplified Fazit

Korrelationen sind mathematisch genormt und bewegen sich immer zwischen -1 und +1. Eine perfekt negative Korrelation weist damit immer den Wert -1 und eine perfekt positive Korrelation den Wert von +1 auf. Liegt der Wert einer Korrelation genau in der Mitte dieser beiden Extremwerte, also bei null, dann sind beide Vermögensgegenstände völlig unkorreliert, das heißt Preisveränderungen bei einer Anlageklasse haben keinerlei Auswirkungen auf die Preise der anderen Anlageklasse.

97. Was bringt mir die Betrachtung von Korrelationen?

Häufig erkennen Sie auch ohne Mathematik positive Korrelationen sehr einfach am Aktienmarkt. Standardwerte derselben Branche sind zumeist hoch positiv korreliert. Steigt also der Kurs der BMW-Aktie innerhalb eines Kalenderjahres um 5 Prozent, dann ist es oftmals recht wahrscheinlich, dass auch der Kurs der Daimler-Aktie um einen ähnlichen Prozentsatz steigt.

Aber auch Aktien aus unterschiedlichen Sektoren können eine hohe positive Korrelation aufweisen. Leicht erklärbar ist das mithilfe des Domino-Effektes. Nehmen wir ein Beispielportfolio bestückt mit Aktien von Daimler, BMW und Deutscher Bank. Wenn bei Daimler die Geschäfte gut laufen und die Gewinne sprudeln, dann profitiert auch die Deutsche Bank davon als eine der Hausbanken von Daimler. Daimler kann seine Kreditzahlungen pünktlich leisten und die Deutsche Bank muss keine an Daimler vergebenen Kredite abschreiben. Eventuell kann das Kreditinstitut sogar höhere Provisionen oder höhere Zinsmargen beim Geschäft mit Daimler vereinnahmen. Die Aktienkurse von Daimler und der Deutschen Bank weisen folglich eine (leicht erklärbare) hohe positive Korrelation auf.

Für Sie hat das aber Konsequenzen: Ihr oben betrachtetes Beispielvermögen besteht zwar aus drei unterschiedlichen Aktienwerten, es bietet aber dennoch keine gute Streuung. Alle drei Titel sind schließlich hoch positiv korreliert (Korrelation > 0,9). Besser wäre es zur Risikovermeidung, wenn Sie Vermögenswerte miteinander kombinieren würden, deren

Korrelation gering ist oder die eventuell sogar unkorreliert sind. Zu Beginn der Finanzkrise – nach der Insolvenz der amerikanischen Investmentbank Lehman Brothers am 15. September 2008 – wurden Korrelationszusammenhänge bei Vermögenswerten regelrecht ausgehebelt. Zunächst rauschten die Kurse zahlreicher Anlageklassen alle gemeinsam nach unten, dann kletterten sie im Eiltempo auch wieder gemeinsam nach oben. Diese Besonderheit wurde durch den externen Schock ausgelöst, der den Beginn der Finanzkrise markierte. In normalen Zeiten sollten Sie bei Ihrer Vermögensstreuung immer darauf achten, dass Sie wirklich streuen und nicht nur eine Schein-Streuung aufbauen. Denn nach wie vor gilt:»Wer gut streut, der rutscht nicht aus!«

98. Wie verhindere ich panische oder euphorische Reaktionen auf Marktveränderungen?

Anleger reagieren oftmals emotional und hektisch auf Kapitalmarktbewegungen. Kurzfristig lassen sich solche Verhaltensmuster nur sehr schwer ändern. Ein langfristiges erfolgreiches Vorgehen wird durch ein einziges Stichwort wiedergegeben: **Disziplin!**

Insbesondere in Zeiten niedriger Zinsen wird es für Sie zunehmend schwerer, Disziplin bei der Vermögensanlage walten zu lassen. Niedrige Zinsen wirken bei Anlegern nämlich wie eine tickende Zeitbombe. Sie wissen, dass ihr Geld auf dem Tagesgeldkonto kaum Zinsen für sie abwirft. Irgendwann kommt der Moment, in dem ihnen jemand einen heißen Tipp gibt und schon sind sie Feuer und Flamme dafür. Bedenken Sie bitte immer, dass es solche heißen Tipps nicht gibt und dass nur drei Orte auf der Welt existieren, an denen scheinbar jeder nur von enormen Gewinnen zu berichten weiß und scheinbar noch niemand Geld verloren hat: am **Gartenzaun**, am **Stammtisch** und in der **Sauna**.

Ihr Fundament für ein diszipliniertes Anlegerverhalten gießen Sie am besten selbst. Und zwar durch das Schriftlichkeitsprinzip. Klare, schriftlich festgehaltene Ziele und die Wegbeschreibung dazu sind die Hilfestellungen, die Sie benötigen. Nehmen Sie beispielsweise Ihr Blatt mit folgenden Aufzeichnungen zur Hand.

Ziel 1: Ich will im Alter gut leben.
> Jeden Monat lege ich deswegen 50 Euro für meine Altersvorsorge zur Seite.

Ziel 2: Auch heute möchte ich nicht ohne Reserven dastehen.
> Weitere 50 Euro überweise ich daher auf mein Tagesgeldkonto.
> Mit den 600 langfristigen Euro pro Jahr bespare ich einen Aktienfonds-sparplan oder eine aktienfondsbasierte Fondspolice. Damit nutze ich den Durchschnittskosten-Effekt.
> Die 600 kurzfristigen Euro pro Jahr verwende ich für eventuell auftre-tende finanzielle Engpässe und um mir mal was zu gönnen.
> Nach der nächsten Gehaltserhöhung werde ich meine monatliche Spar-rate um 2 x 50 Euro = 100 Euro erhöhen. Mit 50 Euro werde ich einen weiteren Aktienfonds einer anderen Anlageregion oder einer anderen Anlagebranche besparen, und auch mein Tagesgeldkonto werde ich monatlich um insgesamt 100 Euro aufstocken.

Das ist einfach und gerade deswegen als Ihr persönlicher Fahrplan geeignet, mit dem Sie sich disziplinieren. Im jährlichen Gespräch zur Anlagestrategie mit Ihrem Finanzberater besprechen Sie am besten zwei Elemente: Ihre aktuelle Lebenssituation sowie die von Ihnen aufgeschriebenen Anlageziele. Ein guter Finanzdienstleister wird Ihnen nicht nur ein Produkt empfehlen, sondern er wird Ihnen beim Formulieren Ihrer Ziele helfen und mit Ihnen zusammen einen Blick in die Zukunft wagen. Brauchen Sie beispielsweise ein größeres Liquiditätspolster, weil Sie bald einen neuen Job in einer anderen Stadt annehmen werden? Welche monatlichen Ausgaben könnten Sie etwas kürzen, um Ihre Beiträge zur Altersvorsorge zu erhöhen?

Erst wenn Sie Ihre aktuelle Situation und Ihre Einstellung hinreichend erörtert haben und die daraus abgeleiteten Ziele der Vermögensanlage schriftlich festgelegt haben, sollte es um die Struktur Ihres Vermögens gehen. Dabei gilt es zwischen der aktuellen Struktur und der gewünschten Struktur zu unterscheiden. Idealerweise definieren Sie einen Pfad, der vom jetzigen Zeitpunkt in die Zukunft führt. Das lässt sich ganz einfach auf einem DIN-A4-Blatt skizzieren:

Quelle: eigene Darstellung

Regelmäßiges monatliches Sparen ist Ihre Vermögensgrundlage. Immer wenn zu viel Geld in kurzfristigen Anlageformen steckt, dann schichten Sie einen Teil davon um in Ihre langfristige Altersvorsorge.

99. Wie löse ich die Zielkonflikte beim »magischen Dreieck« der Geldanlage?

»Vermögen heißt Verantwortung!« Und Ihrer Verantwortung kommen Sie auch durch eine angemessene Zeitinvestition nach. Denken Sie immer daran: Viele Anleger suchen nach der eierlegenden Wollmilchsau, sprich nach einem einzigen Produkt, das in der Lage ist, ihnen beim Erreichen all ihrer Ziele zu helfen. Seien Sie versichert: Solch ein Produkt gab es nie, gibt es nicht und wird es nie geben! Denken Sie dabei an das magische Dreieck der Geldanlage und die darin beschriebenen Zielkonflikte.

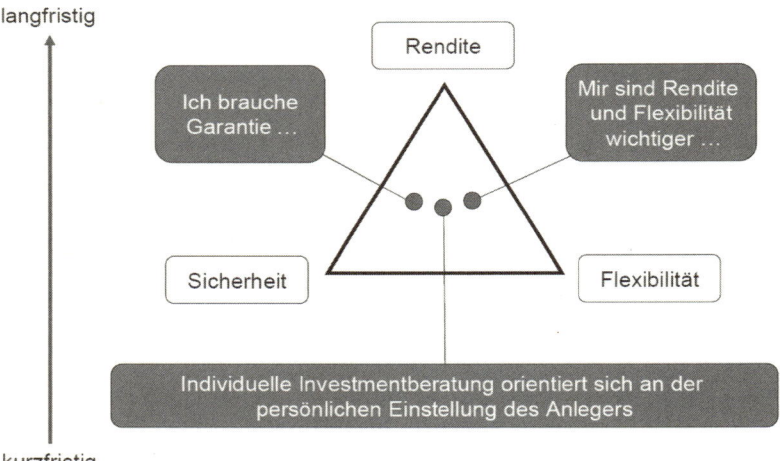

Das magische Dreieck der Geldanlage, Quelle: eigene Darstellung

> Möchten Sie als Anleger hohe Renditen erwirtschaften (z.B. mit Aktien oder mit Gold), dann wird das nicht ohne Risiko gehen und Sie müssen folglich kurzfristig beim Ziel »Sicherheit« Abstriche machen. Sie müssen sich also zwischen den beiden Zielen **Rendite** und **Sicherheit** entscheiden und überlegen, was Ihnen wichtiger ist.

> Möchten Sie bei der Geldanlage möglichst flexibel sein (z.B. in Form von Tagesgeld), dann werden Sie damit wohl kaum gute Renditen er-

zielen. Sie müssen sich auf eines der beiden Ziele **Rendite** oder **Flexibilität** festlegen.

> Möchten Sie eine hohe Sicherheit bei Ihrer Geldanlage (z. B. durch Kauf einer Bundesanleihe), dann kann es Ihnen passieren, dass sich die Zinsen zu Ihren Ungunsten entwickeln und dass Sie die Anleihe bis zur Fälligkeit halten müssen und somit natürlich an **Flexibilität** einbüßen.

Die Auflösung dieser einzelnen Zielkonflikte erreichen Sie nur durch **Streuung**. Die größte Hilfe erhalten Sie durch die Beachtung der Fristigkeiten, also des Anlagezeitraums. Mit unterschiedlichen Produkten, denen unterschiedliche Fristigkeiten zugrunde liegen, können Sie sowohl flexibel bleiben (z. B. 30 Prozent Ihres Vermögens als Tagesgeld parken), vernünftige Renditeziele verfolgen (z. B. 30 Prozent Ihres Vermögens in Aktienfonds investieren) und Ihr Geld sicher unterbringen (z. B. 40 Prozent Ihres Vermögens in Bundesanleihen anlegen).

100. Ist Sicherheit nicht ohnehin mein wichtigstes Ziel beim »magischen Dreieck der Geldanlage«?

Das Ziel »Sicherheit« gewinnt in schwierigen Zeiten – wie wir sie beim Geldanlegen oftmals empfinden– regelmäßig an Bedeutung. Bedenken Sie jedoch, dass die einzige Sicherheit, die sich erreichen lässt, in einer **guten, soliden Streuung** besteht:

> Gegen Kursbewegungen am Aktienmarkt sichern Sie sich ab, indem Sie weniger Aktien kaufen, mehr in festverzinslichen Wertpapieren anlegen und Ihr Geld trocken halten, also auf einem Tagesgeldkonto deponieren.

> Gegen den Zahlungsausfall von Schuldnern, also den Emittenten von festverzinslichen Wertpapieren, sichern Sie sich ab, indem Sie Tagesgeld vorhalten und Aktien kaufen.

> Gegen Inflation sichern Sie sich ab, indem Sie in Sachwerte (z. B. Immobilien, Aktien, Rohstoffe) investieren und nur wenig Bargeld und Tagesgeld vorhalten.

Man sieht schnell, dass das Ziel »Sicherheit« durch unterschiedliche Risiken torpediert wird. Ausschließlich die Investition in unterschiedlichen Anlageklassen kann Ihnen die gewünschte Sicherheit bieten. Die Umsetzung ist dabei auch gar nicht schwer. Sie müssen lediglich mehr Kopf zeigen (sich rational verhalten) und sich von weniger Bauch steuern lassen (Ihr emotionales Verhalten kontrollieren), um Anlageentscheidungen zu treffen. Sich auf diese Trennung zwischen Kopf und Bauch zu konzentrieren, lohnt sich.

Simplified Fazit

Das »magische Dreieck« der Geldanlage ist eine der wesentlichen Grundlagen für Ihre Vermögensanlage. Es zeigt, dass die drei wichtigsten Ziele miteinander konkurrieren und daher nur mit unterschiedlichen Anlageklassen erreicht werden können.

101. Inwiefern hilft mir das Renditedreieck des Deutschen Aktieninstituts bei meiner Vermögensanlage?

Jeder Mensch braucht Ankerpunkte bei seiner Vermögensanlage. Vor allem in Zeiten, in denen Unsicherheit herrscht. Mit solchen Ankerpunkten sind belegbare Fakten gemeint, an denen Sie sich orientieren können, wenn Sie nicht weiterwissen.

Einer der griffigsten Beweise für die überragende Bedeutung von langfristigen Aktieninvestments ist das Renditedreieck des Deutschen Aktieninstituts, kurz DAI. Diese grafisch anschaulich aufbereitete Berechnung wird vom DAI für den DAX und für den Euro Stoxx 50 zweimal jährlich veröffentlicht. Darin werden die durchschnittlichen jährlichen Wertzuwächse unterschiedlicher Kauf- und Verkaufszeitpunkte gezeigt. Die Renditen für den DAX hat das DAI sogar für die vergangenen 50 Jahre zurückberechnet, um auf diese Weise auch für Langfristinvestments zu vernünftigen Aussagen zu kommen.

Das Renditedreieck des Deutschen Aktieninstitutes, Quelle: Deutsches Aktieninstitut, www.dai.de

Am einfachsten analysieren Sie diese Grafik in drei Schritten:

1. Zunächst werden die errechneten durchschnittlichen jährlichen Renditen des Deutschen Aktienindex DAX in ein Koordinatensystem eingetragen. Wenn also beispielsweise ein Investor am 31. Dezember 1983 deutsche Aktien gekauft und zum 31. Dezember 2003 verkauft hat, dann hat er durchschnittlich 8,9 Prozent Rendite pro Jahr erwirtschaftet. Hat ein Anleger am 31. Dezember 1978 gekauft und zum 31. Dezember 2008 verkauft, dann hat er durchschnittlich 8,2 Prozent Rendite pro Jahr erwirtschaftet.

2. Oft kann man die genauen Zahlen zunächst gar nicht lesen, aber die Farben geben sofort eine gute Indikation. Im jährlichen vom DAI zur Verfügung gestellten Originaldokument bedeutet Grün Gewinn, Weiß ist neutral und Rot steht für Verlust. Dabei signalisiert Dunkelrot einen höheren Verlust als Hellrot und Dunkelgrün einen größeren Gewinn als Hellgrün. Sie sehen schnell, dass die Grafik erfreulicherweise von der Farbe Grün geprägt ist. Als Investor haben Sie folglich deutlich mehr Gewinne als Verluste am deutschen Aktienmarkt eingefahren.

3. Das entscheidende an dieser Grafik sind jedoch die diagonalen stufenförmigen weißen Linien der Fünf-Jahres-Zeiträume. Oberhalb der ersten

Fünf-Jahres-Linie sind zahlreiche dunkle Felder – und zwar dunkelgrün ebenso wie dunkelrot. Damit stellt diese Linie die Grenze zwischen dem Investor und dem Spekulanten dar. Ein Spekulant geht hohe Risiken ein und wird dafür manchmal mit hohen Renditen belohnt. Hat ein Spekulant beispielsweise 1998 gekauft und 1999 verkauft, dann hat er in diesem einen Jahr 39,1 Prozent Gewinn gemacht. Manchmal aber führt das risikoreiche Verhalten von Spekulanten auch zu großen Verlusten. Beispielsweise beim Kauf im Jahr 2007 und beim Verkauf im Jahr 2008 waren 40,4 Prozent Verlust zu verbuchen. Je weiter Sie in dieser Grafik nach rechts unten kommen, je langfristiger Sie also investiert bleiben, desto mehr fallen zwei Phänomene auf: Es gibt keine verlustbringenden roten Felder mehr, und die grünen Felder sind nicht mehr dunkelgrün, sondern hellgrün. Die Renditebäume wachsen nicht in den Himmel, sondern Sie können realistische, aber durchweg sehr gute Renditen erwirtschaften.

Sie sehen auf diese Weise sehr schön, dass jeder Langfristinvestor sehr viel Geld mit einer dauerhaften Investition in deutsche Standardaktien verdient hat. Das verdeutlicht auch die folgende Tabelle.

7,3 %	7,5 %	6,9 %	7,4 %	7,3 %	**1967**	
8,1 %	8,3 %	7,7 %	8,1 %	8,1 %	**1966**	
7,5 %	7,7 %	7,1 %	7,5 %	7,5 %	**1965**	
7,0 %	7,2 %	6,7 %	7,1 %	7,1 %	**1964**	GEKAUFT
6,9 %	7,1 %	6,6 %	7,0 %	7,0 %	**1963**	
2009	**2010**	**2011**	**2012**	**2013**		
VERKAUFT						

Ausgewählte Felder des DAX Renditedreiecks, Quelle: Deutsches Aktieninstitut

Bei einem jährlichen Wertzuwachs von 7 Prozent im Verlauf von 50 Jahren sind aus ursprünglich angelegten 10.000 Euro mehr als 290.000 Euro geworden. Die Zinseszinsrechnung mit der durchschnittlichen Rendite von 7 Prozent dazu ist einfach: 10.000 Euro × $1{,}07^{50}$ = 294.571 Euro.

102. Was bedeutet die Abkürzung »ESG« in Bezug auf die Vermögensanlage?

»ESG« ist die Abkürzung für die drei englischen Begriffe:

> E = Environment / Ecology
> S = Social Responsibility
> G = Governance

Ökologie (Ecology) bezieht sich auf die Auswahl umweltverträglicher Investments, wie zum Beispiel Solar- statt Atomenergie. Soziale Verantwortung (Social Responsibility) hat soziale Kriterien wie beispielsweise die Einhaltung der Menschenrechte im Fokus. Und die ethisch korrekte Unternehmensführung (Governance, Corporate Governance) steht für eine Unternehmensleitung, die sich nicht nur an gesetzliche, sondern auch an gesellschaftliche Regeln hält.

Bereits seit Jahrzehnten gibt es Kriterien, die vor allem für Investmentfonds von hoher Bedeutung bei der Auswahl – oder auch Nicht-Auswahl – einzelner Wertpapiere sind. Fonds, die in den 20er- und 30er-Jahren des

vergangenen Jahrhunderts aufgelegt wurden, wie beispielsweise der Pioneer Fund, auferlegten sich selbst die Beschränkung, nicht in Unternehmen zu investieren, die ihre Gewinne mehrheitlich mit Alkohol, Tabak oder Glücksspiel machten. In Zeiten der Prohibition war das durchaus nachvollziehbar. Heute hat die Vermeidung von Glückspiel keine große Bedeutung mehr. Man denke nur an das boomende Online-Glücksspiel in vielen Ländern der Erde.

Ökologische Themen, soziale und politische Verantwortung sowie eine ethisch korrekte Unternehmensführung haben vor allem in den vergangenen Jahren und Jahrzehnten enorm an Bedeutung gewonnen.

Sowohl die Definition als auch der Umgang mit den ESG-Kriterien kann jedoch von Fonds zu Fonds verschieden sein. Manche Fondsgesellschaften haben Ethik-Komitees gegründet, die dem Fondsmanagement dann ein nach ESG-Kriterien korrektes Investmentuniversum vorgeben. Andere Fondsinitiatoren entscheiden bei jedem Kauf einer neuen Wertpapierposition, ob das fokussierte Unternehmen die vorgegebenen ESG-Kriterien erfüllt.

Am Markt erfolgreiche Unternehmen kommen kaum mehr umhin, sich in einem ESG-Rahmen zu bewegen und ihre ESG-Standards für mögliche Investoren offenzulegen. Dank zunehmender Transparenz lassen sich die gesteckten Rahmenbedingungen sowie ihre Einhaltung auch immer besser überprüfen.

103. Welche gesetzlichen Regulierungen wirken sich auf meine Vermögensanlage aus?

Am 3. Januar 2018 ist das »Zweite Gesetz zur Novellierung von Finanzmarktvorschriften« in Kraft getreten. Mit diesem Gesetz werden zentrale Inhalte der sogenannten MIFID-II-Richtlinie in deutsches Recht umgesetzt. Was genau ist aber nun diese MiFID-II-Richtlinie und wozu ist sie gut?

»MiFID II« heißt ausgeschrieben »Markets in Financial Instruments Directive II«. Es handelt sich dabei um das regulatorische Rahmenwerk für Wertpapierdienstleistungen in Europa. Das Hauptziel dieser Richtlinie ist Transparenz. Das bringt allerdings ein deutlich höheres Maß an Komplexität für alle Beteiligten mit sich: sowohl für die Produktgeber als auch für die Finanzberater sowie für die Anleger.

Für Privatanleger sind einige Aspekte dieses Regelwerks von besonderer Bedeutung. Der Gesetzgeber unterscheidet bei der Konstruktion sowie beim Verkauf und der Beratung von Finanzdienstleistungsprodukten zwei handelnde Gruppen:

1. Emittenten von Finanzprodukten (Manufacturer)
2. Vertreiber und Vermittler von Finanzprodukten (Distributoren)

Beide Gruppen sind verpflichtet, einen sogenannten Zielmarkt für ein Finanzprodukt zu definieren und laufend zu überwachen. Dazu werden folgende Kriterien angesetzt:

> Kundenkategorie
> Kundenziele und Kundenbedürfnisse
> Kenntnisse und Erfahrungen der Kunden
> Finanzielle Situation der Kunden
> Risikotoleranz von Kunden sowie die Vereinbarkeit des Risiko-Rendite-Profils mit dem definierten Zielmarkt

Ein von der Regulierung besonders in den Fokus gerücktes Thema sind Kosten. Auch Investmentfonds müssen ihre kompletten Kosten ausweisen, seit die MiFID-II-Richtlinie in Kraft getreten ist. Ein wesentlicher Kostenblock wird dabei mit der sogenannten Gesamtkostenquote (Total Expense Ratio, abgekürzt TER) seit vielen Jahren bereits veröffentlicht. Die Praxis zeigt, dass man die meisten Fonds im Hinblick auf die jährliche Gesamtkostenquote in folgende Kategorien einordnen kann:

> Aktienfonds: 2,0 % - 3,0 %
> Rentenfonds: 0,5 % - 2,0 %
> Mischfonds: 1,5 % - 2,5 %

Die TER erfasst jedoch nicht alle Kosten, sondern lässt im Wesentlichen folgende Kostenblöcke unberücksichtigt:

> Der Ausgabeaufschlag eines Investmentfonds dient der Deckung der Beratungskosten. Mit diesen Kosten wird die Beratungsleistung von Finanzberatern vergütet. Der Ausgabeaufschlag wird daher üblicherweise als Einmalzahlung beim Kauf eines Fonds fällig.
> Die innerhalb eines Fonds anfallenden Transaktionskosten hängen davon ab, wie häufig die jeweiligen Fondsmanager Wertpapiere kaufen und verkaufen. Nachdem das in der Vorausschau eines Jahres niemand sagen kann, sind Fondsgesellschaften dazu verpflichtet, eine (Ex-ante-) Schätzung an Anleger zu übermitteln. Im Nachhinein (ex post) sind dann die tatsächlich angefallenen Transaktionskosten auszuweisen.

Kosten sind natürlich nie die alleinige aussagekräftige Größe. Wer den Fokus allein auf die Kosten legt, betrachtet immer nur eine Seite der Me-

daille. Auf der anderen Seite stehen die Leistungen, die ein Anleger für die bezahlten Entgelte erhält. Unabhängig davon, ob es sich um Produkt- oder um Beratungskosten handelt: Erst die Betrachtung des Komplettpakts aus Kosten und Leistungen liefert ein umfassendes Gesamtbild. Die MiFID-II-Richtlinie kann dabei helfen, dieses Bild richtig zu deuten.

104. Wozu hat der Gesetzgeber die Kennzahl »SRRI« eingeführt?

Neu in den Markt eingeführte Regulierungen haben nahezu immer das Ziel, mehr Transparenz zu schaffen. Eine Möglichkeit, die Transparenz in puncto Vermögensanlage zu erhöhen, sieht der Gesetzgeber in der Einführung der Kennzahl SRRI. Die Abkürzung »SRRI« steht für »**Synthetischer Risiko-Rendite-Indikator**« (englisch: synthetic risk reward indicator).

Diese Kennzahl soll dabei helfen, Finanzanlageprodukte gemäß den Chancen und Risiken, die sie mit sich bringen, in ein Schema einzuordnen. Bedauerlicherweise scheint sowohl beim Regulator als auch in den meisten Veröffentlichungen das Thema »Chancen« verloren gegangen zu sein. Zumeist wird nur noch das Risiko thematisiert. Zum besseren Verständnis für Anleger wurde bei der Berechnung des SRRI ein Fokus auf die Schwankungsbreite (Volatilitätsspanne) von Finanzanlageprodukten gelegt. Entsprechend dieser Schwankungsbreite werden die bestehenden Geldanlagen in sieben SRRI-Stufen eingeordnet:

SRRI-Stufe	Schwankungsbreite	Risiko-Kommentar
1	0,0 % - 0,5 %	sehr niedriges Risiko
2	0,5 % - 2,0 %	niedriges Risiko
3	2,0 % - 5,0 %	mittleres Risiko
4	5,0 % - 10 %	mittleres Risiko
5	10 % - 15 %	hohes Risiko
6	15 % - 25 %	hohes Risiko
7	größer als 25 %	sehr hohes Risiko

Tabelle 26: SSRI-Stufen

Natürlich ist es weiterhin von überragender Bedeutung, *beide* Seiten derselben Medaille zu betrachten: Risiken *und* Chancen. Denn warum sollte man (mögliche) Risiken eingehen, ohne die dazugehörigen Chancen für sich zu nutzen? Diese Betrachtungsweise ist insbesondere im aktuellen Niedrigzinsumfeld ausgesprochen wichtig. Akzeptieren Anleger lediglich eine Schwankungsbreite der SRRI-Stufe 1, also zwischen 0,0 Prozent und 0,5 Prozent, dann bleiben dafür als Anlagemöglichkeit vor allem Tagesgeldkonten oder Sparbücher. Weil die akzeptierten Schwankungen in dieser Stufe nahe 0 Prozent sind, sind die Renditen bei diesen beiden Geldanlagemöglichkeiten natürlich ebenso nahe 0 Prozent.

Möchten Anleger die jährliche inflationsbedingte Geldentwertung durch Erträge aus ihrer jeweiligen Vermögensanlage zumindest ausgleichen, dann werden sie nicht umhinkommen, eine höhere Schwankungsbreite zu akzeptieren. Der SRRI kann dabei helfen, nicht von SRRI-Stufe 1 sofort – und vielleicht auch aus Versehen – in die SRRI-Stufe 6 oder 7 zu springen. Mit den SRRI-Stufen 4 und 5 lassen sich zumeist langfristig auch gute Renditen erzielen, und das bei einem erträglichen Maß an Schwankungen.

Teil 11: Finanzwissen besser verstehen durch Geschichten

»Du kannst das Gehirn
eines Menschen nicht erreichen,
bevor du nicht sein Herz berührst!«

Carmine Gallo

105. Wie wird man als Finanzberater ein guter Übersetzer von komplexen Zusammenhängen der Altersvorsorge und der Vermögensanlage?

Die meisten Menschen sind visuelle Lerntypen und verstehen Definitionen und Zusammenhänge am besten durch Bilder. Zeichnen Sie – sowohl verbal als auch mit Stift und Zettel oder mit technischer Unterstützung eines Tablets – Bilder für Ihre Kunden. Der Ausspruch »Ein Bild sagt mehr als 1.000 Worte« ist nach wie vor bei sehr vielen Menschen zutreffend. Nutzen Sie doch einfach die folgenden Beispiele als Denkanstoß für weitere Bilder, die Sie Ihren Gesprächspartnern vielleicht zeigen möchten.

Sie können beispielsweise auf Kunden, die die dringende Notwendigkeit der Altersvorsorge für sich noch nicht ausreichend erkannt haben, zugehen und ihnen die beiden Variablen Zeit und Geld getrennt aufzeigen:

Zeit: Geben Sie Ihrem Kunden einen 100 cm langen Meterstab in die Hand und lassen Sie ihn diesen Meterstab auf die volle Länge ausklappen. Dann fordern Sie den Kunden auf, mit der Schere aus Zeigefinger und Mittelfinger der linken Hand sein aktuelles Lebensalter auf der 100 cm umfassenden Skala zu kennzeichnen und den Meterstab waagrecht vor dem Körper zu halten. Im Anschluss bitten Sie den Kunden, mit der Fingerschere seiner rechten Hand den Zeitpunkt zu kennzeichnen, zu dem er in den Ruhestand gehen will. Auf diese Weise wird sich der Kunde selbst mithilfe dieses Meterstabs der drei Zeiträume bewusst: Es geht erstens um den Zeitraum von seiner Geburt bis heute, zweitens um den Zeitraum, den er plant noch zu arbeiten, bevor er dann in den Ruhestand geht, und drittens den Zeitraum vom Renteneintritt bis zu seinem 100. Geburtstag. Glauben Sie mir, Kunden werden solche Bilder nicht vergessen und damit auch nicht die Notwendigkeit, die verbleibende Zeit des Arbeitslebens zur Altersvorsorge zu nutzen.

Geld: Nehmen Sie einen Stift und ein DIN-A4-Blatt und schreiben Sie folgende einfache Gleichung darauf:

Geld zum Leben = Rente minus Miete

Rechnen Sie einfach diese Gleichung gemeinsam mit dem Kunden durch. Es kommt natürlich nicht auf die detaillierten Zahlen an.

Bruttoeinkommen:	2.500 Euro
Nettoeinkommen	1.500 Euro
Rente = 2/3 vom letzten Nettoeinkommen:	1.000 Euro
1.000 Euro Rente – 500 Euro Miete:	500 Euro
Pro Tagen bleiben zum Leben somit:	
500 Euro / 30 Tage pro Monat:	16,67 Euro

Die monatliche Mietzahlung ist für die meisten Menschen die größte regelmäßige Ausgabe. Zieht man mithilfe der obigen Gleichung diese zwangsläufigen Kosten vom künftigen Einkommen ab, wird die Notwendigkeit der eigenen Vorsorge sicher sehr deutlich: 16,67 Euro am Tag sollen reichen, um Essen zu kaufen, die Versicherung fürs Auto zu bezahlen, die eigene Strom- und Wasserrechnung zu begleichen und eventuell sogar einen (kleinen) Urlaub zu machen? Nur wer heute bereits daran arbeitet, sein zukünftiges Einkommen zu erhöhen, wird im Alter genug Geld für ein gutes Leben haben.

106. Was hilft mir die Geschichte der zwei Brüder bei meiner Vermögensanlage?

Die Geschichte der zwei Brüder (siehe auch Frage 34 auf Seite 87) ist ein sehr anschauliches Beispiel für die Zinseszinsrechnung. Sie veranschaulicht, dass der Zinseszins von der Höhe des Zinssatzes und von der Zeitdauer abhängt.

Die Zahlen in dem Beispiel sind bewusst gewählt. Für einen 20-Jährigen ist es sicher schwer, jeden Monat mehr als 300 Euro zur Seite zu legen und dann auch noch gezielt zu investieren. Schaffen Sie es jedoch als zwanzigjähriger Mensch, genau diese beiden Hürden zu überspringen, dann winkt Ihnen ein echter Hauptgewinn. 30 Jahre lang müssen Sie nicht mehr sparen, und trotzdem erwirtschaften Sie hohe Summen für Ihre Altersvorsorge. Bei einem eher typischen Lebens- und Sparverlauf, bei dem nach Ende der Ausbildung mit dem 30. Lebensjahr zu sparen begonnen wird, bleibt einfach weniger Zeit. Ihr Geld kann nur kurze Zeit für Sie arbeiten, der letzte investierte Euro gar nur für ein Jahr.

Sigfried Sieger spart vom 20. Lebensjahr EUR 6.000 jährlich, bis er 30 Jahr alt ist. Insgesamt:	**Victor Verlierer fängt nur 10. Jahre später an. EUR 6.000 jährlich. Dafür aber 3 mal so lange. Insgesamt:**
EUR 60.000,–	*EUR 180.000,–*
Danach arbeitet das Geld weitere 30 Jahre für ihn.	**Bei ihm hat das Geld weniger Zeit für ihn zu arbeiten.**
Zum Renteneintrit steht folgendes Vermögen zur Verfügung:	**Zum Renteneintrit steht folgendes Vermögen zur Verfügung:**
Bei einer Verzinsung von: – EUR	*Bei einer Verzinsung von: – EUR*
6 % – 547.000	6 % – 533.000
7 % – 771.000	7 % – 649.000

Simplified Fazit

»Zeit ist Geld«: Nur selten passt dieser Ausspruch besser als beim Thema Zinseszins. Langfristinvestoren können somit doppelt gewinnen. Bleiben Sie daher langfristig investiert. Es winken Ihnen zum einen gute Renditen. Zum anderen bewirkt der Zinseszinseffekt, dass sich Ihr Vermögen ohne weiteres Zutun vermehrt.

107. Wie soll es sich lohnen, bei niedrigen Zinsen Geld zu sparen und dieses Geld dann anzulegen?

Sparen und Geld sinnvoll anzulegen lohnt sich immer! Die aktuell extrem niedrigen Zinsen sollten nicht als Vorwand dienen, auf jede Sparbemühung zu verzichten. Geld monatlich oder auch unregelmäßig abzuzweigen und es dann entsprechend anzulegen sind grundsätzlich zwei Paar Schuhe.

Man sollte sich, nur weil es aktuell wenig Zinsen gibt, auf keinen Fall davon abhalten lassen, zu sparen und Vermögen für sich anzusammeln.

Wenn Sie in drei Jahren ein neues Auto kaufen wollen und Ihnen beispielsweise 3.600 Euro beim Kaufpreis fehlen, dann wird Ihnen der Autohändler Ihres Vertrauens wohl kaum einen Rabatt in Höhe dieser 3.600 Euro einräumen, nur weil Sie es versäumt haben, 100 Euro im Monat zur Seite zu legen. Ebenso wenig werden Sie jemanden finden, der Ihnen Geld im Alter schenkt, nur weil Sie – mit den niedrigen Zinsen als Alibi – nicht ausreichend oder sogar kein Geld fürs Alter zurückgelegt haben.

An den Märkten kursiert seit einiger Zeit der sarkastische Spruch: »Früher haben wir risikolose Erträge gesucht. Heute wissen wir, es gibt vor allem ertragsloses Risiko!« Den Vorgang des Sparens aber wegen irgendwelcher Marktgegebenheiten nicht zu starten oder gar zu stoppen, wäre sicherlich ein großer Fehler.

Basierend auf der Aussage »Menschen mögen Themen lieber als Fakten« sollten Sie sich vielleicht lieber eine Geldspargeschichte ausdenken, um damit gleichzeitig eine Art Stressprävention und -bewältigung zu entwickeln. Ein möglicher Einstieg in solch eine Geschichte könnte beispielsweise lauten: »Wer das Meer überqueren will, also sich eine langfristige Altersvorsorge aufbauen möchte, der darf sich nicht schon vom Verkehr im Hafen, also von Niedrigzinsen und Börsenturbulenzen, aufhalten lassen.«

108. Was hat die Aufstellung beim Fußball mit dem eigenen Vermögen gemeinsam?

»Fußball ist ein einfacher Sport. 22 Mann jagen 90 Minuten einem Ball nach. Und am Ende gewinnen immer die Deutschen!«

Dieses Zitat des frustrierten englischen Stürmers Gary Linker bei der WM 1990 trifft zumindest in einem Punkt den Nagel auf den Kopf: Fußballregeln sind sehr einfach. Fußballtrainer haben ihre Mannschaften nach ganz simplen Grundregeln aufzustellen:

> Für jede Fußballmannschaft dürfen maximal 11 Spieler auf dem Platz sein.
> Einer von diesen 11 Spielern ist der Torwart.

Die meisten weiteren Parameter obliegen der Strategie und der Taktik des Trainers.

Das Vorgehen eines Fußballtrainers bei der Aufstellung seiner Mannschaft unterscheidet sich gar nicht so sehr vom Vorgehen eines Anlegers, der sein Vermögen richtig – also zu seiner persönlichen Lebenssituation passend – strukturieren will.

Wie auf dem Fußballfeld gilt es, defensive, ausgewogene oder offensive Spieler auf eine Art und Weise zusammenzustellen, die zur jeweiligen Spielsituation passt. Beispielsweise könnte ein Anleger folgende Spielertypen für sein Portfolio definieren:

»Torwart«
> Tagesgeldkonto
Abwehr:
> Rentenfonds (Kurzläufer)
> Multi-Asset-Fonds (defensiv)
> offene Immobilienfonds
Mittelfeld:
> Multi-Asset-Fonds (ausgewogen und offensiv)
> Aktienfonds (Value)
Angriff:
> Aktienfonds (Growth)
> Aktienfonds (Branchenfonds)
> Aktienfonds (Länderfonds)

Auf dieser Definition aufbauend geht es im nächsten Schritt darum, die Spiel-Philosophie zu bestimmen: Defensiv, ausgewogen oder offensiv?

Jeder Fußballtrainer fokussiert sich zunächst auf die Anzahl der Spieler in den einzelnen Bereichen Abwehr, Mittelfeld und Angriff. Das heißt, die Gewichtungen stehen eindeutig im Vordergrund. Eine Fünferkette in der Abwehr (bei der der Torwart unberücksichtigt bleibt) bindet die halbe Mannschaft im hinteren Teil des Spielfeldes und erlaubt damit vor allem eine defensive Spielweise.

Drei Stürmer und zudem vielleicht zwei torgefährliche Mittelfeldspieler lassen auf eine sehr offensive Herangehensweise schließen. Schließlich liegt ein fünfzigprozentiges Gewicht der Feldspieler im Angriff. Kein Fußballtrainer würde jedoch ausschließlich Stürmer auf den Platz stellen. Zu groß wäre die Angst, durch gegnerische Konter ein Spiel zu verlieren. Und eine Mannschaft ausschließlich mit Abwehrspielern zu bestücken, scheint auch keine gute Idee zu sein. Das maximal erreichbare Ziel wäre ein null zu null. Ohne Stürmer wären im Liga-Alltag somit die Weichen auf Abstieg gestellt.

In Anlehnung an den Fußball-Vergleich kann man auch sein Vermögen strukturieren. Eine Fünfer-Abwehrkette mit hoher Gewichtung von Tagesgeld, Immobilienfonds und defensiven Mischfonds deutet klar auf eine defensive Portfolio-Strategie hin.

Wer als Anleger neben dem Tagesgeld-Torwart jedoch eine Dreier-Abwehrkette aus Rentenfonds, Immobilienfonds und defensiven Mischfonds einsetzt, kann mehr Spieler (eine höhere Gewichtung) für die Offensive einplanen. Mehr offensive Mischfonds-Mittelfeldspieler und Aktienfonds-Angreifer deuten auf ein »Spiel auf Sieg« hin mit allen Torchancen und Konterrisiken.

Die Deutsche Bundesbank ermittelt seit vielen Jahren das Niveau und die Struktur des Geldvermögens in Deutschland. Erfreulicherweise steigt dieses Geldvermögen in Euro laufend an. Ein monatlicher Rekordwert jagt den nächsten. Dieser Anstieg rührt jedoch nicht von der Rendite der angelegten Vermögenswerte her, wie sie langfristig vor allem aus Aktieninvestments resultieren. Vielmehr verzichten Anleger in Deutschland zumeist auf Rendite und legen ihr Geld fleißig in Sparformen an, die so gut wie keine Rendite abwerfen.

Wir Deutschen sind offensichtlich kein Volk von Aktionären. Die Anzahl unserer Aktienfonds-Angreifer nimmt sich deswegen eher gering aus. Der größte Teil des Vermögenszuwachses in Deutschland geht daher nicht auf gestiegene Aktienkurse, sondern auf erhöhte Sparleistungen zurück. Das Ersparte fließt laut Bundesbank vor allem auf Giro- und Tagesgeldkonten. Übersetzt in den Fußball-Zusammenhang bedeutet das: In Deutschland werden Jahr für Jahr mehr Torwarte eingewechselt. Offenbar werden sogar noch nicht einmal Abwehrspieler in den Kader berufen. Ist die Inflation – also quasi der Gegner eines jeden Investors – höher als die erwirtschafteten Wertpapiererträge, dann ist das für Anleger ein schlechtes, weil negatives Geschäft.

Wer zum Fußballtrainer seines eigenen Vermögens wird, für den ist es sehr lohnend, sich erstens über die unterschiedlichen Spielertypen im Klaren zu sein. Und zweitens braucht derjenige auch eine gute Vorstellung davon, ob er seine Mannschaft eher defensiv, ausgewogen oder offensiv spielen lassen möchte. Erst im dritten Schritt sollte sich die betreffende Person dann detailliert Gedanken um die genaue Mannschaftsaufstellung machen.

Stellt der Betreffende dabei fest, dass nicht für alle angedachten Positionen die richtigen Spieler (Produkte) vorhanden, dann bleibt ihm nichts anderes übrig, als über Verkäufe und Zukäufe nachzudenken. Jeder Fußballtrainer handelt genau nach einem solchen Plan.

Werden Sie also zum Fußballtrainer Ihres eigenen Vermögens und erarbeiten Sie einen guten – weil für Sie passenden – Plan für Ihr Vermögen!

109. Was haben der DAX und die Fußball-Bundesliga gemeinsam?

Der Deutsche Aktienindex DAX ist ein Barometer für die Aktienkursentwicklung der größten deutschen Aktiengesellschaften. In die Berechnung dieses Börsenbarometers wird nur eine begrenzte Anzahl von 30 Aktien einbezogen. Diese 30 Titel sind seit der Einführung des DAX im Jahr 1988 nicht immer gleich geblieben. Jedes Jahr wird überprüft, ob die derzeitigen DAX-Mitglieder noch die 30 wertvollsten börsennotierten Unternehmen sind, bei deren Anteilsscheinen auch eine ausreichende Handelbarkeit gegeben ist. Die beiden Überprüfungskriterien sind somit:

> Marktkapitalisierung: Die Anzahl der ausgegebenen Aktien wird mit dem Aktienkurs multipliziert, um den gesamten Unternehmenswert zu errechnen.

> Handelsvolumen und Freefloat (Anteil frei handelbarer Aktien): Die Kauf- und Verkaufs-Aktivitäten bei einzelnen Aktien sind entscheidend. Zudem wird die Anzahl der frei handelbaren Aktien ins Verhältnis zu allen ausgegebenen Aktien gesetzt. Sind große Teile eines Unternehmens beispielsweise in Familienbesitz und damit nicht an der Börse handelbar, wird nur der frei handelbare Anteil gewertet.

Fast jedes Jahr gibt es daher Aufsteiger in den DAX und Absteiger aus dem DAX. Die ursprüngliche Zusammensetzung des Index zeigt einige Unternehmen, die auch nach mehr als 30 Jahren noch zu den größten Unternehmen des Landes zählen. Andere sind durch gefallene Aktienkurse, Unternehmenszusammenschlüsse (Fusionen) oder Insolvenz aus dem Index oder sogar ganz vom Kurszettel verschwunden.

Als am 1. Juli 1988 der DAX das erste Mal berechnet und veröffentlicht wurde, waren folgende Gründungsmitglieder in diesem bedeutenden Aktienindex vertreten:

Allianz	Deutsche Babcock	MAN
BASF	Deutsche Bank	Mannesmann
Bayer	Deutsche Lufthansa	Nixdorf
Bayerische Hypotheken- und Wechsel-Bank	Dresdner Bank	RWE
BMW	Feldmühle Nobel	Schering
Bayerische Vereinsbank	Henkel	Siemens
Commerzbank	Hoechst	Thyssen
Continental	Karstadt	VEBA
Daimler	Kaufhof	VIAG
Degussa	Linde	Volkswagen

Tabelle 27: DAX-Gründungsmitglieder 1988

Auch die Fußball-Bundesliga hat mit 18 Vereinen eine begrenzte Anzahl an Teilnehmern. Wie beim DAX kann es nach jeder Saison – also einmal jährlich – Aufsteiger und Absteiger geben.

Eintracht Braunschweig	1.FC Kaiserslautern
Werder Bremen	Meidericher SV
Borussia Dortmund	TSV 1860 München
Eintracht Frankfurt	Preußen Münster
Hamburger SV	1.FC Nürnberg
Hertha BSC	1.FC Saarbrücken
Karlsruher SC	FC Schalke 04
1.FC Köln	VfB Stuttgart

Tabelle 28: 16 Gründungsmitglieder Fußball-Bundesliga 1963

Die Parallele zwischen DAX und Fußball lässt sich noch ausweiten. Absteiger aus der Ersten Fußball-Bundesliga spielen ab der nächsten Saison in der Zweiten Fußball-Bundesliga. Und Absteiger aus dem DAX werden im

Anschluss im MDAX gelistet. Der Index für mittelgroße Unternehmen (Mid Caps) umfasst die wiederum 60 größten und liquidesten Titel der zweiten Reihe. Sogar eine dritte Liga gibt es in der DAX-Familie: den SDAX, in dem 70 kleinere Unternehmen (Small Caps) aufgeführt sind. Umgekehrt gibt es Aufsteiger vom SDAX in den MDAX und vom MDAX in den DAX.

In beiden Fällen, DAX oder Fußball-Bundesliga, sorgen einfache, transparente Kriterien für einen Verbleib in der entsprechenden Liga bzw. für einen Auf- oder Abstieg in die nächsthöhere oder tiefere Kategorie.

110. Was hat der Nobelpreis mit dem realen Erhalt des eigenen Vermögens zu tun?

Am 10. Dezember 1896 verstarb Alfred Nobel, der Erfinder des Dynamits. Und seit 1901 werden jedes Jahr an seinem Todestag die berühmten Nobelpreise verliehen.

Der geniale Tüftler und clevere Geschäftsmann sah den größten Nutzen der von ihm entwickelten Sprengstoffe vor allem in Infrastrukturprojekten wie dem Eisenbahn- und Straßenbau. Neben der friedlichen Nutzung war natürlich auch das Militär an der Sprengkraft seiner Erfindungen

interessiert. Alfred Nobel wurde von der schwedischen Presse als »Sprengmeister der Welt« und als »Kaufmann des Todes« tituliert. Als »reichster Vagabund Europas« reiste er ständig zwischen seinen 90 Sprengstofffabriken hin und her.

Von großen Zweifeln über sein Lebenswerk geplagt, setzte Alfred Nobel kurz vor seinem Tod sein Testament auf, durch das er verfügte, den größten Teil seines Vermögens in eine Stiftung einzubringen:

»Das Kapital, von den Nachlassverwaltern in sicheren Wertpapieren angelegt, soll einen Fonds bilden, dessen Zinsen jährlich als Preisbelohnung an diejenigen verteilt werden soll, die im abgelaufenen Jahr der Menschheit den größten Nutzen erwiesen haben.«

Die Erträge dieses Fonds werden seitdem an die Preisträger der fünf Nobelpreis-Disziplinen ausgeschüttet:

> Friedensbemühungen
> Physik
> Chemie
> Medizin
> Literatur

Zudem finanziert seit 1968 die Schwedische Reichsbank den Alfred-Nobel-Gedächtnispreis für Wirtschaftswissenschaften.

Alfred Nobel verfolgte mit seinem Vermächtnis ein dauerhaftes Ziel. Er bestimmte, dass 90 Prozent der mit dem Stiftungsvermögen erwirtschafteten Erträge an die Preisträger auszuschütten sind. Mit den restlichen 10 Prozent werden die laufenden Kosten der Stiftung beglichen und zudem dienen sie als Sicherheitspuffer. Diese Denkweise kann sich auch jeder Kapitalanleger zunutze machen: Aus dem Vermögen, das sich ein jeder während seines Erwerbslebens aufbauen sollte, können in der Ruhestandsphase regelmäßige Erträge ausgeschüttet werden. Sie dienen zur Finanzierung des täglichen Lebens. Ein Sicherheitspuffer sorgt zudem für ein höheres Maß an monetärer Flexibilität.

Bei der ersten Verleihung des Nobelpreises im Jahr 1901 – also der ersten Ausschüttung der Stiftung – konnten jedem der fünf Preisträger 150.800 Schwedenkronen gutgeschrieben werden. Die damalige Summe entspricht einem heutigen Gegenwert von ca. 700.000 EUR. Und in der jüngeren Vergangenheit konnte die Höhe der Ausschüttungen sogar auf ein noch höheres Niveau angehoben werden:

> 2015: umgerechnet 760.000 EUR
> 2016: umgerechnet 760.000 EUR
> 2017: umgerechnet 860.000 EUR
> 2018: umgerechnet 860.000 EUR

Die Stiftungsverwalter haben es also geschafft, das Auszahlungsniveau über mehr als 100 Jahre real – also nach Abzug der Inflation – auf einem vergleichbar hohen Level zu halten.

Und auch aus diesem Umstand können Anleger für ihre eigene Geldanlage etwas Wesentliches lernen:

1. Bestandsgrößen: Entscheidend ist nicht der nominale Anlagebetrag, sondern das reale Vermögen, bei dem die Inflation bereits abgezogen ist.
2. Stromgrößen: Nicht der monatliche/jährliche Geldbetrag, der dem Anleger aus seinem Vermögen zufließt, ist von Bedeutung, sondern das, was er sich für diesen Geldbetrag tatsächlich kaufen kann.

Allerdings erlebte auch das Vermögen der Nobelstiftung über den langen Zeitraum seit dem Jahr 1900 hinweg enorme Höhen und Tiefen.

111. Wie schafft es die Nobelstiftung, seit über 100 Jahren jährlich hohe Preisgelder auszuschütten?

Die Nobelstiftung weiß aufgrund ihres langjährigen Bestehens, was Inflation bedeutet und wie wichtig eine passende Struktur für das anzulegende Vermögen ist. Eine Stiftung ist eine Einrichtung, die mithilfe eines Vermögens einen vom Stifter festgelegten Stiftungszweck erfüllt. Alfred Nobel hat seine Stiftung mit einem eindeutigen Zweck versehen: »(...) *jährlich als Preisbelohnung an diejenigen verteilt werden soll, die (...) der Menschheit den größten Nutzen erwiesen haben.*« Damit stellt sich die Frage, wie die Verantwortlichen das Stiftungsvermögen anlegen, um daraus jedes Jahr Preisgelder für inzwischen mehr als 100 Jahre auszahlen zu können.

Zu Beginn wurde das gesamte Kapital in schwedischen Staatsanleihen angelegt. Damit glaubten die damaligen Verantwortlichen, der Gesinnung

des Stifters am ehesten gerecht zu werden. Diese Anlagestrategie hatte jedoch nach einigen Jahren zur Folge, dass das nominale Stiftungsvermögen ebenso wenig wuchs wie die jährliche nominale Ausschüttung. Der reale Wert sowohl des Kapitalsockels als auch der Ausschüttungen sank vielmehr durch Geldentwertung.

Das langfristig enorme Inflationsrisiko wurde zwar einerseits erkannt. Andererseits aber wollten die Zuständigen von der Geldanlage in schwedischen Staatsanleihen nicht abweichen. Um die Nobelstiftung aus diesem Dilemma zu befreien, entband das Parlament sie im Jahr 1946 von der Einkommensteuer. Das ist deshalb von besonderer Bedeutung, als die Stiftung zu dieser Zeit der größte einzelne Steuerzahler Schwedens war. Die Parlamentsdebatte, die darüber geführt wurde, mag man sich gar nicht vorstellen.

Final war jedoch den Entscheidern klar, dass nur durch eine Steuerbefreiung die durch realen Kapitalschwund bedrohte Stiftung zu retten war.

Der Erfolg dieser Rettungsaktion war jedoch nur von kurzer Dauer. Bereits 1953 stand das Stiftungsvermögen erneut auf tönernen Füßen. Das Klumpenrisiko der alleinigen Investition in schwedische Staatsanleihen war schlichtweg zu groß geworden. Auch weitere Investitionen in andere Geldwerte – beispielsweise in Staatsanleihen anderer Länder – konnten den

Fortbestand der Nobelstiftung nicht sichern. Die schwedische Regierung hatte erkannt, dass nur ein gesunder Vermögensmix aus Geldwerten (z. B. Staatsanleihen) und Sachwerten (z. B. Aktien und Immobilien) den Erhalt der Kapitalsubstanz bei hinreichender Sicherheit ermöglichen würde. Damit konnten die Verantwortlichen erstmalig auch in Aktien investieren.

Das – vor allem kurzfristige – Risiko der Aktienmarktschwankungen nahmen die damals Verantwortlichen also billigend in Kauf, weil die Stiftung – und damit der Nobelpreis – nur durch ein solides Maß an Aktieninvestments erhalten werden konnte.

Diese sehr bewährte Anlagestrategie wurde jedoch mehrmals in der Geschichte intensiven Prüfungen unterzogen. Zuletzt durchlebte die Nobelstiftung schwere Zeiten zu Beginn der Finanzkrise 2008. Für Anfang des Jahres 2008 ist folgende Vermögenstruktur der Stiftung dokumentiert:

> Aktien   64 %
> Festverzinsliche Wertpapiere   20 %
> Immobilien und alternative Anlagen   16 %

Das bedeutet: Der Crash an den internationalen Aktienmärkten hatte das Vermögen der Nobelstiftung enorm in Mitleidenschaft gezogen. Die Insolvenz der Investmentbank Lehman Brothers am 15. September 2008 ließ das Stiftungsvermögen dramatisch absinken.

Die Stiftungsverwalter blieben – Gott sei Dank – ihrer Linie der Vermögensstreuung treu, und das Stiftungsvermögen stieg nach dem Tiefpunkt im März 2009 auf ein deutlich höheres Niveau an, als es bis September 2008 erreicht hatte.

Die heutige Vermögensaufteilung (Asset Allocation) sieht wie folgt aus:

> 50 % Aktien
> 20 % festverzinsliche Wertpapiere
> 30 % alternative Investments (z. B. Immobilien, Hedgefonds etc.)

Diese Anteile können um rund 10 Prozentpunkte von dieser vorgegebenen Struktur abweichen.

Die Preisgelder mussten im Laufe der Zeit einige Male abgesenkt werden, sie wurden aber auch mehrfach erhöht. Dass nun auch in Aktien investiert wurde, zahlte sich – trotz der damit einhergehenden Schwankungen – definitiv aus.

112. Was hat ein Bergbauer mit Kaufkraftverlust zu tun?

Im Euro-Raum gibt es sechs verschiedene Cent-Münzen: 1-, 2-, 5-, 10-, 20- und 50-Cent-Münzen. Zudem existieren zwei Euro-Münzen, nämlich 1- und 2-Euro-Münzen. Hat man von jeder dieser acht Münzen eine in seiner Hosentasche, ist man im Besitz von exakt 3 Euro und 88 Cent.

Mithilfe dieser Münzen im Wert von 3,88 Euro und der Geschichte von einem Bergbauern lässt sich der Verlust an Kaufkraft, der sich vor allem über lange Zeiträume besonders stark bemerkbar macht, sehr gut erklären. Folgende Geschichte hat sich zugetragen:

Einem Bauern wurde es im Tal zu laut und zu hektisch. Also beschloss er, auf eine Alm zu gehen, um dort Abgeschiedenheit und Ruhe zu finden. Er nahm seine Kühe mit und stellte aus deren Milch seine eigene Butter sowie köstlichen Käse her. Zudem sammelte er Beeren im Wald und Kräuter auf den Almwiesen. Hin und wieder bekam er Besuch aus dem Tal, der ihm etwas Brot mitbrachte, und so fehlte es ihm an nichts. Der zufriedene Bergbauer blieb mehr als zehn Jahre auf seiner Alm.

Dann wurde es ihm dort aber doch zu einsam und er traf die Entschei-
dung, wieder ins Tal umzusiedeln. Alle seine Kleidungsstücke hatte er
während der ganzen Jahre auf der Alm sorgfältig gepflegt, und so zog er
voller Vorfreude dieselbe Hose an, mit der er vor einem Jahrzehnt auf die

Alm gekommen war. In einer der Hosentaschen fand er acht Münzen im Wert von genau 3,88 Euro. »Wie viel werde ich mir denn jetzt dafür noch kaufen können?«, fragte er sich. »Sehr wahrscheinlich deutlich weniger als noch vor zehn Jahren!«, gab er sich gleich darauf selbst die Antwort auf seine Frage.

Der Kaufkraftverlust lässt sich nicht am Geldbetrag in der eigenen Hosentasche abzählen. Der Betrag bleibt schließlich immer gleich. Die Menge an Waren und Dienstleistungen, die man für diesen Geldbetrag bekommt, nimmt mit der Zeit jedoch dramatisch ab. Dieser Kaufkraftverlust bleibt über Nacht praktisch unbemerkt, langfristig nimmt er ein gewaltiges Ausmaß an!

Der Bergbauer in unserer kurzen Geschichte konnte genau diese Tatsache deutlich spüren, als er schließlich unten im Tal angekommen war.

113. Was hat eine Bergwanderung mit dem Thema Altersvorsorge gemein?

Einen Berggipfel zu erklimmen, dauert zumeist lange; und auch der gezielte Aufbau einer soliden Altersvorsorge ist ein recht langfristiges Unterfangen. Sowohl eine Bergwanderung als auch die Besteigung des Altersvorsorge-Gipfels kann anstrengend sein. Eine Motivation für beide Aktivitäten ist die Erwartung einer tollen Aussicht. Beim Bergwandern freut man sich auf die Fernsicht vom Gipfelkreuz aus. Bei der Altersvorsorge freut man sich auf die Aussicht auf einen finanziell unbeschwerten Lebensabend, der sich ja häufig über ein ganzes Drittel des Lebens erstreckt.

Geld anzusparen ist wie bergaufgehen. Das Ziel ist weit weg und es wird lange dauern, um den Gipfel zu erreichen. Erfahrungsgemäß ist der Start – trotz aller vorhandenen Motivation – eher schwer. Es macht keinen Unterschied, ob man sein kuscheliges Bett früh verlassen muss, um in die Berge zu fahren, oder ob man von seinem Einkommen regelmäßig einen Sparbeitrag abzweigt – beides ist sicher nicht einfach.

Wer die Starthürde überwunden hat, geht zumeist voller Elan los. Bei den ersten Schritten fühlt sich ein Bergwanderer kräftig und fit, und wer die Altersvorsorge erst schwungvoll in Gang gebracht hat, ist zumeist erleichtert, endlich damit angefangen zu haben. Nach einiger Zeit jedoch

sinkt oft die Motivation. Bergaufgehen ist anstrengend und manchmal stellt sich das Gefühl ein, der Gipfel wäre unerreichbar. Ähnlich geht es einem Menschen oft beim Aufbau seiner Altersvorsorge. Das gesteckte Ziel in Euro erscheint unerreichbar hoch. Die kleinen Schritte des Geldansammelns muten viel zu klein an, um es jemals zu erreichen.

Durchhalten und an den eigenen Zielen festzuhalten, lohnt sich jedoch in beiden Fällen. Spätestens wenn das Ziel in greifbare Nähe rückt, zeigt sich, dass sich Schweiß und Mühen gelohnt haben.

Das Bergabgehen ist dann wiederum vergleichbar mit dem Entsparen. Wer lange Zeit bergauf gegangen ist – also Geld angespart hat –, für den fühlt es sich komisch an, vom Gipfel wieder hinab ins Tal zu gehen – also sein angespartes Geld auszugeben. Ein Bergwanderer kann seine Kraftreserven nur schwer einschätzen. Ob die Knie oder der Rücken beim Abstieg irgendwann zu schmerzen beginnen, weiß er in der Nähe des Gipfelkreuzes auch noch nicht. In ähnlicher Weise ist auch der Vorgang des Entsparens ungewohnt. Jahrzehntelang hat der betreffende Anleger schließlich genau das Gegenteil getan. Er hat Geld angehäuft. Jetzt diesen »Geldhügel« langsam wieder abzutragen, das ist er einfach nicht gewohnt.

Bergauf geht man Schritt für Schritt. Linkes Bein, rechtes Bein, … Und wie beim Bergaufgehen ist der Prozess des Vermögensaufbaus auch von zwei Schritten geprägt: **Sparen und Investieren**! Der erste Schritt ist dabei das Sparen. Wer fürs Alter vorsorgen will, gibt sein heute verfügbares Geld eben nicht heute aus, sondern bewahrt es auf für später, um es dann erst zu verbrauchen. Sparen ist somit aktueller Konsumverzicht mit dem Ziel, sich zukünftige Konsumwünsche zu erfüllen.

Jedoch genügt Sparen alleine noch lange nicht! Der Hamster der Inflation knabbert schließlich an den eigenen Ersparnissen. Selten knabbert er große Stücke von meinen Euro-Scheinen und Euro-Münzen, aber auf die lange Sicht macht sich der Kaufkraftverlust in einem alarmierenden Vermögensschwund bemerkbar.

Wer den Schritt des Sparens vollzogen hat, muss folglich auch den zweiten Schritt machen und sich überlegen, wie er sein erspartes Geld investieren möchte. Erst die kluge Art und Weise des Investierens ermöglicht es einem jeden Anleger, dem »Inflationshamster« ein Schnippchen zu schlagen. Bei klugen Investitionen erwirtschaftet ein Sparer mehr, als die Inflation ihm wegknabbert. Er kann somit die Kaufkraft seines heute nicht ausgegebenen Geldes erhalten oder sogar erhöhen.

Die Analogie zum Bergwandern hilft übrigens nicht nur privaten Geldanlegern, sondern auch institutionellen Investoren. Viele dieser großen Institutionen arbeiten mit sogenannten Asset-Liability-Modellen, kurz ALM. Das englische Wort »asset« bedeutet »Vermögen« und »liabilities« sind »Verbindlichkeiten«. Eine Versicherungsgesellschaft nimmt beispielsweise

Kundengelder (assets) entgegen und übernimmt damit gleichzeitig die Verpflichtung (liabilities), diese Gelder in ferner Zukunft als Rente an die Versicherungskunden auszubezahlen. Der Wechsel von der Asset- zur Liability-Seite findet genau wie beim Bergwandern direkt beim Gipfelkreuz statt.

Parallelen zwischen dem Bergsteigen und der Altersvorsorge zu ziehen, erscheint sehr hilfreich, um sich diesen langfristigen Vorgang bildlich vorstellen zu können.

114. Was macht den norwegischen Staatsfonds aus Sicht eines Kapitalanlegers so besonders?

Das Königreich Norwegen hat etwa 5 Millionen Einwohner. Diese genießen seit vielen Jahren einen der höchsten Lebensstandards der Welt. Die Wirtschaft des Landes war früher vor allem vom Fischfang sowie von der Land- und Forstwirtschaft geprägt. In den 1970er-Jahren erschloss Norwegen seine Öl- und Gasvorkommen. Damit konnte das Wohlstandsniveau der norwegischen Bevölkerung enorm gesteigert werden.

Zeitgleich ist den Verantwortlichen im Land natürlich klar, dass Rohstoffe endliche Ressourcen sind. Irgendwann wird das letzte Fass Öl und der

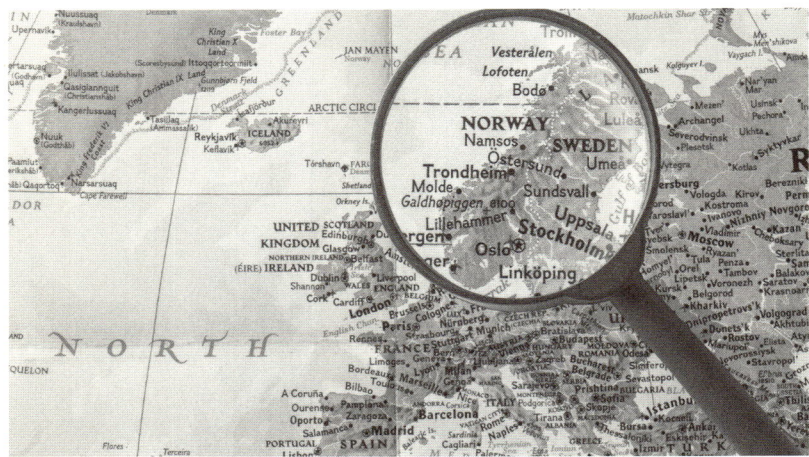

letzte Kubikmeter Gas gefördert sein. Daher kann sich ein Land wie Norwegen nicht dauerhaft auf seine Rohstoffvorkommen verlassen.

Deswegen gründete das Königreich im Jahr 1990 den Staatlichen Pensionsfonds des Königreichs Norwegen, Oljefondet. Dieser Fonds speist sich aus Mittelzuflüssen aus den Rohstoffvorkommen:

1. aus Steuerzahlungen ausländischer Unternehmen:
   Norwegen erhebt Steuern auf Gewinne, die ausländische Unternehmen durch die Öl- und Gasförderung auf norwegischem Staatsgebiet erwirtschaften.
2. aus Gebühren für die Nutzung von Rohstofffördereinrichtungen:
   Der norwegische Staat hält Anteile an Öl- und Gasförderplattformen in der Nordsee. Gegen eine Gebühr können auch weitere Unternehmen diese nutzen.
3. aus der Beteiligung am norwegischen Energieriesen:
   Der norwegische Staatsfonds ist zu 66 % Eigentümer des Öl- und Gaskonzerns Equinor (früher: Statoil). Damit partizipiert der Fonds an den Gewinnen, die der Konzern erwirtschaftet.
4. aus Umweltsteuerzahlungen:
   Norwegen erhebt Umweltsteuern, die von Öl- und Gasförderunternehmen zu entrichten sind.

Die Mittelabflüsse aus dem norwegischen Staatsfonds sind gesetzlich begrenzt. Jedes Jahr dürfen maximal 4 Prozent der Fondseinnahmen dem norwegischen Staatshaushalt zufließen. Mit zunehmender Größe des Fonds wird zudem diskutiert, ob diese Deckelung auf 3 Prozent reduziert werden soll.

Wie, wenn nicht für den laufenden Staatshaushalt, verwendet dieser Fonds nun seine Mittel?

Der Oljefondet dient dazu, das hohe Wohlstandsniveau der norwegischen Bevölkerung dauerhaft zu erhalten. Er investiert daher langfristig und gezielt. 70 Prozent des Fondsvermögens sind in globale Aktien investiert. 25 Prozent liegen in globalen Anleihen und 5 Prozent in Immobilien. Zählt man die Gewichtung von Aktien und Immobilien zusammen, dann wird deutlich, dass ein Anteil von 75 Prozent in Sachwerten angelegt ist. Zu 25 Prozent investiert der Staatsfonds in Geldwerte. Mit seinem hohen Anteil an Sachwerten wird die langfristige Ausrichtung des Oljefondet sehr deutlich.

115. Was können Privatanleger vom norwegischen Staatsfonds lernen?

Das Königreich Norwegen tauscht unter Einbeziehung des norwegischen Staatsfonds Oljefondet einen Vermögenswert, nämlich Rohstoffvorräte, in andere Vermögenswerte, nämlich schwerpunktmäßig Anteile an Unternehmen.

Auch Privatpersonen können von solch einem Tausch etwas lernen. Sie können ebenfalls einen Vermögenswert, nämlich ihre Arbeitskraft, in eine langfristig breit aufgestellte Vermögensstruktur tauschen. Denn genau das passiert, wenn eine Privatperson einen Teil ihres Einkommens nicht konsumiert, sondern spart und investiert. Rohstoffvorkommen und Arbeitskraft sind zwei durchaus vergleichbare Ressourcen. Beide müssen gefördert werden und beide sind endlich. Irgendwann sind wir alle zu alt, um einer Arbeitstätigkeit nachgehen zu können. Dann benötigen wir andere Einnahmequellen, um unser Wohlstandsniveau aufrechtzuerhalten.

Der norwegische Staatsfonds ist über die Jahre zu einem der größten Fonds der Welt geworden. Natürlich war er das nicht immer. Diese Entwicklung hat Jahrzehnte benötigt. Auch aus dieser Tatsache können Pri-

vatanleger Rückschlüsse für den Aufbau des eigenen Vermögens ziehen.
Investment braucht Zeit!

So wie die Einnahmen des Pensionsfonds des Königreichs Norwegen regelmäßig in das Fondsvermögen einfließen, können – und sollten (!) – dem Vermögen von Privatanlegern regelmäßig Mittel zufließen. Ein monatlicher Fondssparplan oder monatliche Sparraten, die in eine fondsgebundene Versicherungspolice fließen, bieten dafür sehr gute Möglichkeiten.

Die mögliche exponentielle Entwicklung eines Vermögens wird oft nicht wahrgenommen. Je größer ein Vermögen wird, desto höher können auch die jährlichen Zins- und Dividendenausschüttungen sowie vor allem die möglichen Kursgewinne ausfallen. Nach einem oder zwei Jahren an Spar- und Investitionsanstrengung fällt das natürlich noch kaum auf. Wer aber nach 20 oder 30 Jahren ein stattliches Vermögen erwirtschaftet hat, der merkt diese Effekte sehr deutlich.

Ähnlich wie der norwegische Staatsfonds nicht nur in norwegische Aktien, norwegische Immobilien und norwegische Anleihen investiert, sollten auch Privatanleger nicht nur auf das eigene Land setzen. Eine ausschließliche Verteilung des eigenen Vermögens auf deutsche Staatsanleihen, ein deutsches Tagesgeldkonto, eine Immobilie in Deutschland und ein paar ausgewählte deutsche Aktien erscheint dann doch zu einseitig.

Natürlich wird ein Anleger mit Wohnsitz in Deutschland seine Liquiditätsreserven bevorzugt auf einem Tagesgeldkonto, das auf Euro lautet und bei einer inländischen Bank besteht, legen. Auch die selbstgenutzte Immobilie wird sich am ehesten in Deutschland befinden. Somit muss eine internationale Vermögensstreuung hauptsächlich mit Aktien und Anleihen bewerkstelligt werden. Internationale Aktienfonds, die sich am Weltaktienindex MSCI World orientieren, und internationale Rentenfonds können dabei von großem Nutzen sein.

116. Warum sollte ich beim Investieren erst einen »Testballon« starten?

Testen ist sinnvoll! Folgende wahre Geschichte belegt diese Aussage:

Australische Farmer mussten für ihre Kühe während der Trockenzeit extra Futter kaufen, weil Gras im Norden Australiens nur in den Wintermonaten wächst. Die Farmer hörten jedoch von einem ganz besonderen Gras in Südafrika, das dort während des ganzen Jahres wächst. Es schien, als hätten sie eine Lösung für ihr Futterproblem gefunden. Die australischen Farmer nannten diese Pflanze »Emu-Gras«, begannen zügig damit,

dieses Gras großflächig zu pflanzen, und freuten sich schon über die Kostenersparnis, die sie dadurch für ihre Farmen erzielen konnten. Erst viel zu spät erkannten sie: Kühe fressen kein Emu-Gras! Seitdem wächst und verbreitet sich die südafrikanische Pflanze in Australien, ohne dass eine Kuh jemals ein Büschel davon gefressen hätte.

Machen Sie bei Ihrer Vermögensanlage nicht den gleichen Fehler! »Try it before you buy it«, hat sich als typische Redewendung in Australien durchgesetzt. Starten Sie also einen Aktienfonds-Sparplan, bevor Sie größere Kapitalblöcke in eine für Sie vielleicht neue Anlageform investieren. Damit können Sie erste Erfahrungen sammeln und lernen, wie es Ihnen mit einem bestimmten Investment – beispielsweise an den asiatischen Aktienmärkten – ergeht.

Teil 12: Früher in Rente – so funktionierts!

»Jeder will alt werden,
aber keiner will alt sein!«

unbekannt

117. Wie funktionieren meine konventionellen Lebensversicherungs- und Rentenversicherungsverträge?

Lebensversicherungs- und Rentenversicherungsverträge sind mathematisch hoch komplexe Konstrukte, die sich dennoch recht griffig erklären lassen. Es gibt eine Einzahlungs- und eine Auszahlungsphase.

Eine große Zahl von Versicherungsnehmern vertraut einer Lebensversicherungsgesellschaft ihr Geld an. Das Versicherungsunternehmen nimmt dieses Geld entgegen, summiert die gesamten Einzahlungen der einzelnen Lebensversicherungs- sowie Rentenversicherungsverträge und bildet daraus einen Anlageblock, den sogenannten Deckungsstock. Dieser Deckungsstock – auch als Sicherungskapital bezeichnet – ist ein atmendes Gebilde, das heißt, es fließen täglich Gelder hinein und heraus:

> Zuflüsse gibt es, wenn beispielsweise Sie als Versicherungsnehmer einen Versicherungsvertrag neu abschließen und Ihr Geld einmalig oder laufend in Ihren Vertrag einzahlen.

> Abflüsse gibt es, wenn Sie als Versicherungsnehmer Ihren Vertrag stornieren oder wenn Ihr Versicherungsvertrag sein zeitliches Vertragsende erreicht hat.

Am Ende der im Vertrag festgelegten Laufzeit zahlt das Versicherungsunternehmen das Vertragsguthaben an Sie als Versicherungsnehmer aus. Dies geschieht entweder einmalig in einer Summe oder monatlich in Form von meist lebenslangen Rentenzahlungen. Das Versicherungsunternehmen garantiert in dieser Phase in aller Regel die lebenslange Zahlung eines gleichbleibenden oder steigenden monatlichen Betrages. Nachdem aber niemand weiß, wie lange Sie genau leben, kann das Versicherungsunternehmen diese lebenslangen Zahlungen nur garantieren, weil es einen Ausgleich schaffen kann – über die Zeit und über das Kollektiv der Versicherten.

Versicherer kalkulieren mit durchschnittlichen Lebenserwartungen. Konkret bedeutet das: Wenn ein Versicherter vor dem Erreichen seiner durchschnittlichen Lebenserwartung verstirbt, fließen die Zahlungen, die nicht mehr an ihn geleistet werden mussten, der Versichertengemeinschaft zu. Das Versicherungskollektiv erbt also quasi das besagte Geld. Wenn ein

Versicherungsnehmer länger lebt als die errechnete durchschnittliche Lebenserwartung, dann geht er quasi als Gewinner hervor: Er bekommt regelmäßige monatliche Zahlungen bis an sein Lebensende. Derzeit wurde die durchschnittliche Lebenserwartung vom statistischen Bundesamt und von der Deutschen Aktuarvereinigung bei Männern auf 80 Lebensjahre beziffert, und Frauen sterben im Durchschnitt mit 85 Jahren. Vereinfacht könnte man sagen, dass man mit dem Kauf einer Rentenversicherung quasi eine Wette auf die eigene Lebenserwartung abschließt.

Der Ausgleich über die Zeit betrifft im Wesentlichen die unterschiedlichen Zyklusphasen der Kapitalmärkte. Sind die Zinseinnahmen eines Versicherungsunternehmens hoch, dann kann es einen Teil von diesen Zinseinnahmen an seine Versicherungsnehmer in Form von Rentenzahlungen auszahlen und zugleich Reserven bilden. Sind die Zinsen und damit die Zinseinnahmen niedrig, dann können die Rentenzahlungen ganz normal weiterlaufen, indem die gebildeten Reserven angezapft werden.

Natürlich gibt es einige Spannungsfelder bei diesem Vorgehen. Die Höhe der zu bildenden Reserven wird ebenso kontrovers diskutiert wie die Fähigkeit von Versicherungsunternehmen, im Umfeld niedriger Zinsen die laufenden Rentenzahlungen dauerhaft leisten zu können.

Dabei sei angemerkt, dass Versicherungsunternehmen den aus Geldern der Versicherungsnehmer gebildeten Deckungsstock nicht frei gestalten können, so wie sie möchten. Das Bundesaufsichtsamt für Finanzdienstleistungen, BaFin, beaufsichtigt Versicherungsunternehmen sehr genau. Damit stellt es sicher, dass sie die Versicherungsgelder auch mit Umsicht anlegen. Schließlich sind die monatlichen Rentenzahlungen, die aus privater und betrieblicher Vorsorge resultieren, für immer mehr Menschen ein wesentlicher Bestandteil ihrer monatlichen Renteneinnahmen.

Analog dem Einlagensicherungsfonds als Absicherungsinstrument von Banken gibt es mit der Protektor Lebensversicherungs AG auch im Bereich der Versicherungen eine brancheninterne Absicherung zum Schutz der Versicherten.

118. Wie funktioniert meine Fondspolice?

Eine Fondspolice ist ein Lebens- oder Rentenversicherungsvertrag, den Sie mit ausgewählten Investmentfondsanteilen bestücken. Somit können Sie Ihren eigenen, völlig individuellen Vertrag gestalten. Das klappt bei Vertragsabschluss, aber auch während der gesamten Laufzeit des Versicherungsvertrages. Während der Einzahlungsphase Ihres Vertrages sind Sie somit nicht mehr Teil des Kollektivs einer konventionellen Lebens- oder Rentenversicherung, sondern können für sich frei bestimmen, wie Sie Ihr Geld investieren möchten. Sie nutzen Ihren Versicherungsvertrag quasi als Rahmen, um innerhalb dieses Rahmens dann Investmentfondsanteile zu erwerben. Das können Sie einmalig machen oder auch mit monatlichen Beiträgen. Mit monatlichen Beitragszahlungen nutzen Sie zudem den Durchschnittskosten-Effekt. Der disziplinierende Charakter eines Versicherungsvertrags ist für die meisten Sparer ein großer Mehrwert. Denken Sie daran, denn Absicherungsverträge kündigt man nicht so schnell wie reine Sparverträge.

Jeder Versicherungsnehmer kann mit einer Fondspolice über sein persönliches Chance-Risiko-Profil selbst entscheiden – am besten zusammen mit seinem Finanzberater. Gemäß dem Motto »Vermögen heißt Verantwortung« sollte das eigene Profil durch eine gezielte Fondsauswahl in einer Fondspolice abgebildet werden. Aus diesem Grund räumen Versicherer ihren Versicherungsnehmern auch die Möglichkeit ein, die zugrunde liegende Vermögensstruktur innerhalb einer Fondspolice zu ändern. Bei den meisten Fondspolicen am Markt können Sie Ihren gesamten Vermögensbestand zwischen verschiedenen Fonds umschichten. Zudem können Sie Ihren Bestand auch einfach belassen, wie er ist, und Sie haben die Möglichkeit, mit Ihren neuen Sparbeiträgen andere Fonds zu besparen. Sie streuen somit Ihr Vermögen im Laufe der Zeit. Nehmen wir ein Beispiel, wie Sie die hohe Flexibilität einer Fondspolice für sich gezielt nutzen können:

> Sie starten mit einem Einmalbeitrag in Höhe von 10.000 Euro und suchen sich für 5.000 Euro einen weltweiten Aktienfonds und für 5.000 Euro einen europäischen Mischfonds aus.
> Beide Fonds besparen Sie für fünf Jahre mit monatlich jeweils 50 Euro. Somit haben Sie über diesen Zeitraum zusätzlich 6.000 Euro und insgesamt in jeden der beiden Fonds 8.000 Euro investiert.
> Ihr Gehalt hat sich nach diesen fünf Jahren vielleicht erhöht und dasselbe sollten Sie dann auch mit Ihrer monatlichen Sparrate machen: Erhöhen Sie sie. Nutzen Sie die Chance und legen Sie monatlich 50 Euro in einen asiatischen Aktienfonds, 50 Euro in einen weltweiten Mischfonds und weitere 50 Euro in einen Schwellenländerfonds.
> Wenn Sie diese Mischung ebenfalls für fünf Jahre beibehalten, dann können Sie bereits nach zehn Jahren auf 25.000 Euro Einzahlungen mit folgender Struktur zurückblicken:
>   – 8.000 Euro in einen weltweiten Aktienfonds
>   – 8.000 Euro in einen europäischen Mischfonds
>   – 3.000 Euro in einen asiatischen Aktienfonds
>   – 3.000 Euro in einen weltweiten Mischfonds
>   – 3.000 Euro in einen Schwellenländerfonds
> Entsprechend Ihrem persönlichen Zeithorizont, Ihrem persönlichen Chance-Risiko-Profil und den jeweils aktuellen Marktgegebenheiten können Sie diese Vermögensstruktur beibehalten oder für sich anpassen.

Wenn Sie es finanziell ermöglichen können, dann erhöhen Sie Ihren monatlichen Sparbeitrag mehrfach während der Laufzeit Ihrer Fondspolice. Sie disziplinieren sich so zu mehr Sparleistung und haben zudem die Chance, Ihre Vermögensstruktur mit ruhiger Hand zu gestalten.

Simplified Fazit

Versicherungsverträge kosten Geld, bieten Ihnen aber auch zusätzlich zur Vermögensanlage sinnvolle Leistungen. Die Disziplin bei einer Fondspolice ist zudem deutlich höher als bei einem reinen Wertpapierdepot. Überlegen Sie im Vorfeld Ihrer Investitionen, was langfristig besser zu Ihnen passt: eine Fondspolice oder ein Wertpapierdepot. Für die meisten Anleger wird ein Mix aus beidem die richtige Entscheidung sein. Denken Sie dabei über die Gewichtung nach.

119. Was versteht man unter den drei Schichten der Altersvorsorge?

Die Altersvorsorge und die Altersversorgung haben sich vor allem aufgrund demografischer Faktoren verändert. Bis heute ist die gesetzliche Rente das wesentliche Fundament für das Einkommen im Alter. Nachdem jedoch immer weniger junge Menschen im Umlageverfahren die Rentenleistungen für immer mehr Altersrentner zu bezahlen haben, wird sich die Bedeutung der gesetzlichen Rentenzahlungen für den einzelnen Rentner sehr wahrscheinlich in Zukunft verringern.

Bereits heute kann das Umlagesystem der Rentenzahlungen nur durch einen Griff in den Steuertopf aufrechterhalten werden. Etwa ein Drittel der aktuellen Zahlungen an bestehende Rentner wird bereits durch Steuern finanziert. Diese Lösung verhindert, dass entweder die Renten gekürzt oder die Beitragssätze erhöht werden müssen. Der zwangsläufig absinkenden relativen Bedeutung der gesetzlichen Rentenzahlung Rechnung tragend, wurden mit Schicht 1, der Basisrente (Rürup-Rente, benannt nach deren Erfinder, dem ehemaligen Wirtschaftsweisen Bert Rürup), und Schicht 2, der Riester-Rente (benannt nach dem ehemaligen Bundesarbeitsminister Walter Riester) zwei Möglichkeiten geschaffen, die entstehenden Lücken zu füllen. Und um die Motivation zu mehr eigenverantwortlicher Vorsorge zu erhöhen, werden diese beiden Vorsorgesysteme steuerlich bzw. durch Zulagen gefördert. Schicht 3, die private Vorsorge, wird nicht staatlich gefördert, kann dafür jedoch deutlich flexibler gehandhabt werden. Alle Möglichkeiten der Altersvorsorge lassen sich in ein Schema einordnen:

Schicht 1	Gesetzliche Rentenversicherung Basisrente (Rürup-Rente)
Schicht 2	Riester-Rente Betriebliche Altersversorgung, baV
Schicht 3	Private Altersvorsorge

Beiträge zu Rürup-Verträgen (Schicht 1) können analog den Beiträgen zur gesetzlichen Rentenversicherung als Sonderausgaben steuerlich geltend gemacht werden. Dabei gilt ein Höchstbetrag für die absetzbaren Beiträge. Der Gesetzgeber unterscheidet die steuerliche Behandlung der Ansparphase und die der Rentenphase. Die steuerliche Förderung in der Ansparphase erkauft man sich quasi mit der Versteuerung eines zunehmenden Anteils in der Rentenphase, dessen Höhe vom Jahr des Renteneintritts abhängt.

	2017	2018	2019	ab 2025
Beitragsbemessungsgrenze, BMG	94.200 €	96.000 €	98.400 €	
Beitragssatz	24,7 %	24,7 %	24,7 %	
BMG × Beitragssatz = Höchstbetrag	23.367 €	23.712 €	24.305 €	
Steuerlich anrechenbarer Anteil	84 %	86 %	88 %	100 %
Höchstbetrag × Anteil = Betrag	19.628 €	20.392 €	21.388 €	

Tabelle 29: Beispiel der steuerlichen Behandlung der Rürup-Rente in der Ansparphase

Der steuerlich anrechenbare Anteil steigt in der Ansparphase von 60 Prozent im Jahr 2005 auf 100 Prozent ab dem Jahr 2025. Je nach Höhe der Beitragsbemessungsgrenze steigt damit auch die Steuerersparnis überproportional an. Dafür nimmt auch der Besteuerungsanteil zu und erreicht ab dem Jahr 2040 dann 100 Prozent.

Rentenbeginn	2017	2018	2019	2038	2039	ab 2040
Besteuerungsanteil	74 %	76 %	78 %	98 %	99 %	100 %

Tabelle 30: Beispiel für die steuerliche Behandlung der Rürup-Rente in der Auszahlungsphase

Während die Rürup-Rente in erster Linie für Besserverdiener konzipiert wurde, zielt die Riester-Rente (Schicht 2) – insbesondere durch Zulagen –

auf Normalverdiener. Damit hatte der Gesetzgeber in erster Linie Familien mit Kindern im Fokus.

Egal ob geförderte Altersvorsorge in den Schichten 1 und 2 oder rein private Vorsorge in Schicht 3: Wenn Sie im Rentenalter weiterhin einen guten Lebensstandard halten möchten, dann ist selbstverantwortete Vorsorge – am besten gleich in allen drei Schichten – ein absolutes Muss!

120. Wie nutze ich am besten eine betriebliche Altersvorsorge (bAV) für mich?

Als zweite Säule der Altersvorsorge besteht neben der gesetzlichen Rente und der privaten Vorsorge die betriebliche Altersvorsorge, abgekürzt bAV. Das Prinzip der bAV ist einfach: Der Arbeitgeber zieht Ihren Sparbeitrag einmalig oder monatlich direkt von Ihrem Bruttolohn ab. Sie sparen sich daher zunächst einmal in der Ansparphase Lohnsteuer und Sozialversicherungsbeiträge. Dafür müssen Sie dann später, in der Auszahlungsphase, Ihre Renteneinnahmen wiederum versteuern und Krankenversicherungsbeiträge darauf abführen. In Deutschland ist jeder Arbeitgeber verpflichtet, seinen Angestellten die Möglichkeit zur Vorsorge mittels betrieblicher Altersvorsorge anzubieten. Die bAV kann in unterschiedlichen Formen organisiert werden:

> Direktzusage
> Direktversicherung
> Unterstützungskasse
> Pensionskasse
> Pensionsfonds

Gleichgültig welchen Durchführungsweg der bAV Sie als Arbeitnehmer wählen, für Sie ist das eine sehr gute Möglichkeit, sich automatisch ein finanzielles Polster für eine weitere Einkommensquelle im Rentenalter aufzubauen. Zu beachten gilt es jedoch, dass die Übertragbarkeit von bAV-Verträgen von einem Arbeitgeber zu einem anderen, also die sogenannte Portabilität, oftmals nur eingeschränkt möglich ist. Sprechen Sie daher unbedingt mit Ihrem Finanzberater über Ihre bAV. Er oder sie wird Ihnen helfen, diese Möglichkeit der Altersvorsorge noch besser einzusetzen.

Diese Vorsorge-Säule nutzen in Deutschland noch zu wenige Arbeitnehmer. Deswegen wird die Möglichkeit eines sogenannten Opting-out-Modells zunehmend diskutiert. Hinter diesem Modell steht die Idee, dass jeder Arbeitnehmer automatisch mit Unterzeichnung eines Arbeitsvertrages eine betriebliche Altersvorsorge abschließt. Möchte er sich dagegen entscheiden, dann kann er diese Form der Altersvorsorge aktiv abwählen.

121. Wie funktioniert das System der gesetzlichen Rentenversicherung?

Kanzler Otto von Bismarck rief im Januar 1891 die Invaliditäts- und Alterssicherung in seinem System sozialer Sicherungsmechanismen ins Leben . Gesetzlich festgelegte Rentenzahlungen gab es damals ab dem 70. Lebensjahr.

Die gesetzliche Rentenversicherung basiert in Deutschland auf dem Umlageverfahren. Das bedeutet, dass die jeweils jüngere, arbeitende Generation für die ältere, nicht mehr arbeitende Generation aufkommt. Grundlage dieses Umlageverfahrens ist folglich ein Generationenvertrag zwischen Jung und Alt. Die weit verbreitete Meinung, dass »ich in die Rentenkasse einbezahle und dann im Alter meine Beiträge wieder ausbezahlt bekomme«, ist falsch. Die Rentenkasse wird nicht langfristig gefüllt. Im Wesentlichen werden die Einzahlungen durch Arbeitnehmer, Arbeitgeber sowie die staatliche Steuerzuführung unmittelbar wieder für aktuelle Rentenzahlungen ausgegeben.

Eine heute gut gefüllte Rentenkasse nutzt heutigen Rentnern. Zukünftigen Rentnern hilft sie jedoch nicht. Die 100 Euro, die Sie als Angestellter als Beitrag zur gesetzlichen Rentenversicherung von Ihrem Gehalt abgezogen bekommen, werden also nicht etwa für Sie aufbewahrt. Vielmehr fließen diese 100 Euro Einzahlung sofort wieder als Auszahlung an heutige Rentner. Ihr Rentenversicherungsbeitrag wird also entsprechend umgelegt. Im Gegensatz zum Umlageverfahren steht das Kapitaldeckungsverfahren. Bei diesem System bleibt tatsächlich das eingezahlte Kapital in Form einer Rentensubstanz bestehen. Dieses Verfahren gibt es aber bei der gesetzlichen Rente nicht.

Das Umlageverfahren funktioniert natürlich dann besonders gut, wenn viele jüngere Menschen für wenige ältere Menschen die Rente zu zahlen haben. Die Bevölkerungspyramide von 1950 zeigt auch genau dieses Bild.

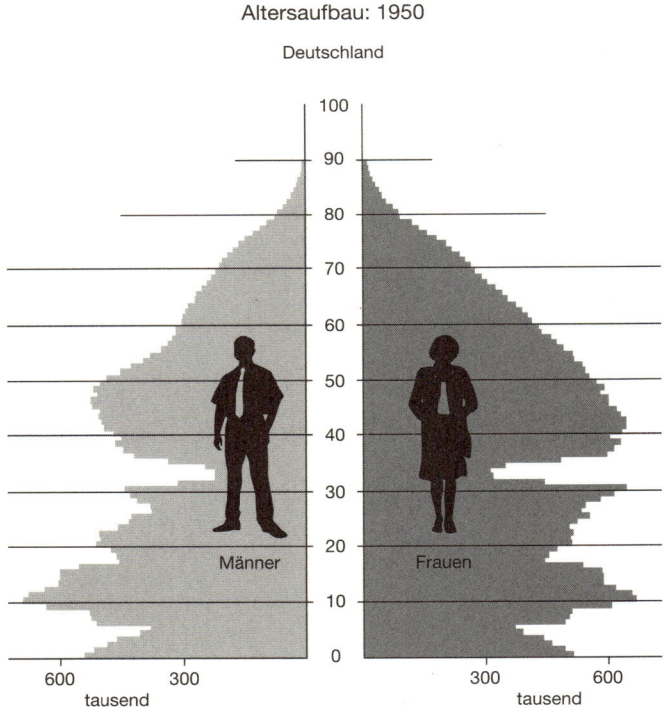

Altersstruktur der Bevölkerung in Deutschland 1950, Quelle: eigene Darstellung

In der Vergangenheit wurden immer weniger Kinder in Deutschland geboren. Somit wurde aus der Bevölkerungspyramide ein Bevölkerungstannenbaum. Das Umlageverfahren kann natürlich auch mit dieser Form der Bevölkerungsstruktur weiter funktionieren. Die Steuerzuschüsse aus dem Bundeshaushalt, die in das Rentensystem einfließen, sind jedoch jetzt schon hoch. Bei einer sehr wahrscheinlichen weiteren Alterung der Bevölkerung in Deutschland werden sie weiter ansteigen müssen.

Altersaufbau: 2050
Deutschland

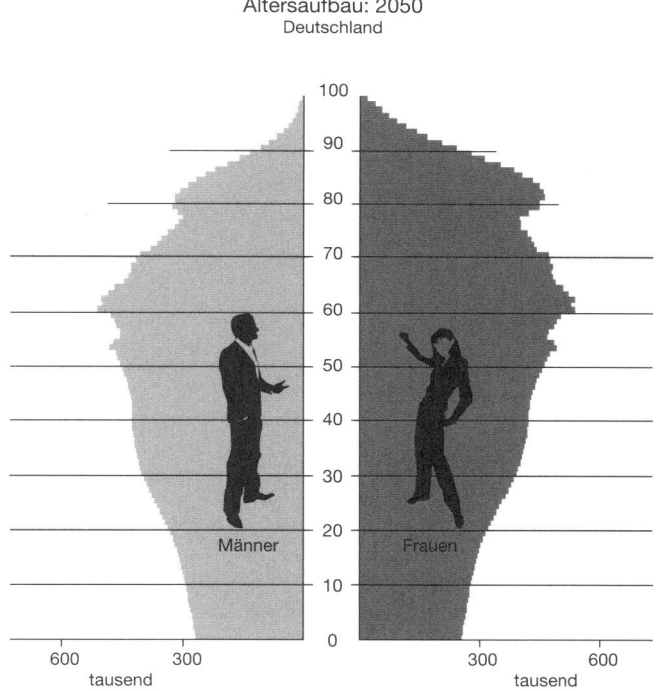

Voraussichtliche Altersstruktur der Bevölkerung in Deutschland 2050, Quelle: eigene Darstellung

Es lässt sich somit leicht prognostizieren, dass die Höhe der gesetzlichen Rente zukünftig immer mehr von steuerlichen Zuschüssen zur Rentenkasse abhängen wird. Die arbeitende Generation wird die Rentenzahlungen für die nicht mehr im Erwerbsleben stehende Generation kaum mehr leisten können. Dafür ist die Zahl der Beitragzahler einfach zu gering und die Zahl der Rentenempfänger zu hoch.

Die gesetzliche Rente wird auch weiterhin den aktuellen und künftigen Rentnerinnen und Rentnern zufließen. Für einen auskömmlichen Lebensstandard wird die Höhe der monatlichen Zuflüsse aber immer weniger ausreichen. Nicht umsonst weist die gesetzliche Rentenkasse selbst in den jährlich versandten Renteninformationen genau auf diesen Punkt hin:

»Da die Renten im Vergleich zu den Löhnen künftig geringer steigen werden und sich somit die spätere Lücke zwischen Rente und Erwerbseinkommen vergrößert, wird eine zusätzliche Absicherung für das Alter wichtiger (>Versorgungslücke<). Bei der ergänzenden Altersvorsorge sollten Sie – wie bei Ihrer zu erwartenden Rente – den Kaufkraftverlust beachten.«

122. Wie viel gesetzliche Rente werde ich später mal bekommen?

Die Höhe der gesetzlichen Rentenversicherung richtet sich im Wesentlichen nach den Beitragsjahren, also den Jahren, in denen in die Rentenkasse eingezahlt wurde, und nach der Höhe der eingezahlten Beiträge.

Haben Sie beispielsweise im Jahr 2018 den Durchschnittsverdienst in Höhe von 37.873 Euro erzielt, dann wird dafür genau ein Entgeltpunkt gutgeschrieben. Die Summe dieser Entgeltpunkte wird dann mit dem aktuellen Rentenwert multipliziert. Der aktuelle Rentenwert beläuft sich im ersten Halbjahr 2019 auf 32,03 Euro (alte Länder) bzw. 30,69 Euro (neue Länder). Im zweiten Halbjahr 2019 sind es 33,05 Euro (alte Länder) bzw. 31,89 (alte Länder).

Damit lassen sich verschiedene Szenarien mit einfachen Beispielrechnungen aufzeigen:

> Hatten Sie beispielsweise 30 Jahre lang ein Einkommen genau in der Höhe des deutschen Durchschnittsverdiensts, dann sieht die Rechnung für Sie im ersten Halbjahr 2019 folgendermaßen aus, wenn Sie in den alten Bundesländern wohnen:
  – 30 Jahre × 32,03 Euro = 960,90 Euro
> Haben Sie – bei derselben Zahlenbasis – 40 Beitragsjahre vorzuweisen, dann ist für Sie im ersten Halbjahr 2019 folgende Rechnung relevant, wenn Sie Westrentner sind:
  – 40 Jahre × 32,03 Euro = 1.281,20 Euro

In Publikationen der deutschen Rentenversicherung wird detailliert dargelegt, welchen monatlichen Rentenanspruch Sie nach einem Jahr Zahlung von Rentenbeiträgen bei unterschiedlich hohen Jahresverdiensten erwarten können.

Einflussgrößen wie beispielsweise Arbeitslosigkeit, Frühruhestand oder geringeres Einkommen verringern direkt Ihre monatliche Rente. Somit ist davon auszugehen, dass die gesetzliche Rente künftig nur noch für Basisausgaben im Alter reichen wird. Für einen besseren Lebensstandard müssen Sie durch betriebliche Altersvorsorge und durch private Vorsorge dann schon selbst sorgen.

123. Wie rechne ich aus, wann ich meine gesetzliche Rente am besten abrufe?

Eine Möglichkeit, das aktive Arbeitsleben früher zu beenden, baut auf der Denkstruktur des Differenzmanagements auf.

Wenn Sie beispielsweise ab Ihrem 67. Lebensjahr Ihre volle gesetzliche Rente erhalten, jedoch bereits mit Ihrem 65. Lebensjahr das Erwerbsleben beenden möchten, dann kann es Ihnen helfen, folgende beiden Szenarien zu vergleichen.

Szenario 1: Gesetzliche Rente mit 65 beantragen

Zu berücksichtigen ist der monatliche Abschlag in Höhe von 0,3 Prozent im Falle einer vorzeitigen regelmäßigen Auszahlung der gesetzlichen Rente. Bei zwei Jahren vorzeitiger Auszahlung ergibt sich folgende Rechnung:

$$24 \text{ Monate} \times 0,3\ \% = 7,2\ \% \text{ Abschlag von der gesetzlichen Rente}$$

Bei einer gesetzlichen Beispiel-Rente in Höhe von 1.000 Euro bedeutet das:

$$1.000 \text{ Euro } -7,2\ \% = 928 \text{ Euro}$$

Bei einer Lebenserwartung von beispielsweise 85 Jahren – also 20 erlebten Jahren nach Eintritt in den Frühruhestand – müssten Sie folglich insgesamt auf gesetzliche Rentenzahlungen in folgender Höhe verzichten:

$$72 \text{ Euro} \times 12 \text{ Monate} \times 20 \text{ Jahre} = 17.280 \text{ Euro}$$

Bei diesen exemplarischen Berechnungen bleiben mögliche Rentenerhöhungen, Steuerzahlungen, Sozialversicherungsabgaben wie zum Beispiel für die Krankenversicherung sowie die Inflation unberücksichtigt.

Szenario 2: Gesetzliche Rente erst mit 67 beantragen

Wenn die finanzielle Möglichkeit besteht, dann können Sie erwägen, bereits mit 65 Jahren aus dem aktiven Erwerbsleben auszuscheiden, und trotzdem erst mit Erreichen des 67. Lebensjahres Ihre gesetzlichen Rentenzahlungen zu beantragen.

Das bedeutet, dass Sie zwei Jahre lang keine Zahlung aus der gesetzlichen Rentenversicherung erhalten. Somit verzichten Sie auf einen monatlichen Betrag in Höhe von 928 Euro (1.000 Euro × 72 Prozent).

$$24 \text{ Monate} \times 928 \text{ Euro} = 22.272 \text{ Euro}$$

Im Anschluss fließen Ihnen dafür Monat für Monat die vollen 1.000 Euro Rente ohne Abschläge zu.

Das bedeutet, dass die Differenz dieser beiden errechneten Zahlen von großer Relevanz ist:

$$22.272 \text{ Euro} - 17.280 \text{ Euro} = 4.992 \text{ Euro}$$

Die gesetzliche Rente erst zwei Jahre später zu beantragen, würde für Sie folglich 4.992 Euro weniger an Einnahmen bringen. Dennoch könnte diese Rechnung auch entgegengesetzt interpretiert werden. Denn mögliche Rentenerhöhungen sind hier nicht berücksichtigt. Außerdem spielt bei dieser Art der Berechnung immer auch die geschätzte Lebenserwartung eine Rolle. Würden Sie davon ausgehen, dass Sie sechs Jahre (72 Monate) älter – also 91 Jahre alt – würden, ergäbe sich folgende Differenz:

$$72 \text{ Monate} \times 72 \text{ Euro} = 5.184 \text{ Euro}$$

Ohne mögliche Rentenerhöhungen könnten Sie bei einer um sechs Jahre längeren Lebenserwartung und der fortgeschriebenen Differenz in Höhe von 72 Euro monatlich (siehe oben) mit 5.184 Euro eine um 192 Euro höhere gesetzliche Lebensrentenzahlung erhalten. Mit anderen Worten: Auch der Zeitpunkt, zu dem Sie die gesetzlichen Rentenzahlungen abrufen, ist eine Art Wette auf die eigene Lebenserwartung.

124. Wie kann ich mich aus dem Strudel der negativen Berichterstattung zur Altersvorsorge lösen und dennoch fürs Alter vorsorgen?

Die Liste der Unwörter des Jahres wird seit 1994 jedes Jahr von der »Sprachkritischen Aktion Unwort des Jahres« veröffentlicht. Ungewöhnlich häufig haben Unwörter aus dem Bereich der Altersvorsorge und Finanzdienstleistung diese zweifelhafte Ehre erhalten:

> 1994: »Peanuts«
> 1996: »Rentnerschwemme«
> 1998: »sozialverträgliches Frühableben«
> 2008: »notleidende Banken«

Ein Unwort wird übrigens nur dann zum Unwort, wenn es gegen sachliche Angemessenheit oder gegen humanitäre Grundsätze verstößt.

Die gesamte Finanzdienstleistungsbranche hat sicher noch großen Verbesserungsbedarf beim Serviceverhalten gegenüber ihren Kunden, bei der Produktgestaltung und -transparenz sowie bei der Kundenkommunikation. Dennoch sollten Sie nicht vergessen, dass es erfreulich viele sehr gute Produktangebote am Markt gibt, die Ihnen dabei helfen, für Ihre Bedürfnisse im Alter vorzusorgen. Aus dem manchmal schwierigen Image von Finanzdienstleistungsunternehmen sollten Sie keinesfalls ein Alibi ableiten, um nicht zu sparen und zu investieren. Auch allgemeine Risikoüberlegungen dürfen Sie nicht von Ihrer Altersvorsorge abhalten. Bleiben Sie dem Grundsatz des Sparens und der Streuung treu. Dann werden Sie auch ausreichend Erträge für Ihr Alter erwirtschaften. Ertrag und Risiko sind schließlich wie ein Geschwisterpärchen – nicht immer können die beiden miteinander, aber sie können halt auch nicht ohne einander.

125. Wie kann ich es denn schaffen, früher in Rente zu gehen und dennoch finanziell abgesichert zu sein?

Früher in Rente zu gehen, bedeutet zunächst einmal, die eigene Lebensarbeitszeit zu verkürzen. Und die Festlegung »früher« kann sich beziehen auf das Lebensalter: Beispielsweise möchten Sie vielleicht mit dem 60. Lebensjahr in Rente gehen. Der Begriff »früher« kann sich jedoch auch auf die Regelalterszeit als Vergleichsmaßstab beziehen, die ja schrittweise auf das 67. Lebensjahr erhöht wird. Je eher Sie anfangen, sich konkret darüber Gedanken zu machen und konkrete (Spar)Schritte dafür einleiten, desto besser.

Eine einfache Faustformel hilft bei einer realistischen Rechnung: Nehmen Sie an, Sie würden in den Jahren vor dem angestrebten Rentenbeginn 1.500 Euro netto pro Monat verdienen und Sie bekämen davon zwei Drittel als Rente ausgezahlt, also 1.000 Euro monatlich. Gehen Sie zudem von einer monatlichen Miete von 500 Euro aus, dann blieben noch 500 Euro monatlich für Ihr tägliches Leben. Das wären dann also durchschnittlich 125 Euro pro Woche oder, ausgehend von 30 Tagen im Monat, 16,67 Euro pro Tag. Davon könnten Sie sicher leben, aber vermutlich nicht sehr gut.

Private finanzielle Vorsorge ist also unbedingt notwendig! Und die Zinseszinsrechnung sowie die Geschichte von den zwei Brüdern hat gezeigt:

Je früher Sie mit dem Sparen anfangen, desto besser. Beachten Sie jedoch, dass Geldsparen alleine auf keinen Fall ausreicht. Mindestens ebenso wichtig ist die Art und Weise, wie Sie Ihr erspartes Geld anlegen!

Sie müssen also für eine finanzielle Absicherung im Alter das Rad nicht neu erfinden. Basis- und Fortgeschrittenenwissen der Vermögensanlage sind ausreichend, aber eben auch notwendig, um sich ein finanzielles Polster aufzubauen und zu erhalten.

Simplified Fazit

Bedenken Sie immer: Erträge brauchen Sie zweimal im Leben. In der Ansparphase brauchen Sie Erträge, um den Zinseszinseffekt zu nutzen. In der Entsparphase brauchen Sie Ihren Kapitalsockel nicht oder zumindest weniger anzugreifen, wenn Sie mithilfe Ihres Vermögens genügend Erträge erwirtschaften.

126. Mit gutem Plan in den Frühruhestand – eine Utopie?

Möchten Sie in den Frühruhestand gehen, dann ist eine gute und detaillierte Planung absolut zwingend. Eine solche Planung ist schließlich nichts anderes als die geistige Vorwegnahme Ihres künftigen Handelns. Und an Pläne sollten Sie eigentlich gewöhnt sein, denn erhebliche Bereiche des täglichen Lebens orientieren sich an einem **Plan**. Die Schullaufbahn startet mit einem **Stundenplan** und Sportler trainieren nach einen **Trainingsplan**. Fußball-Fans warten im Sommer bereits auf den **Spielplan** der kommenden Saison und die Deutsche Bahn fährt – mal mehr, mal weniger pünktlich – nach einem **Fahrplan**. Napoleon wusste zu berichten, dass er nie in eine Schlacht gezogen wäre, ohne vorher einen klaren **Schlachtplan** zu entwickeln. Er gab auch zu, dass keine Schlacht nach **Plan** verlaufen sei. Und obwohl er diese Erfahrungen gemacht hatte, hielt er immer an einem **Plan** als **Soll-Größe** fest, um diesen dann an die Realität als **Ist-Größe** anzupassen. Ein Plan ersetzt den Zufall. Der entscheidende Unterschied: Aus dem Zufall kann der Mensch nichts, aber auch gar nichts lernen. Aus einem Plan, sogar aus einem, der letztlich nicht funktioniert hat, lassen sich immer gute Lehren ziehen!

Wenn Sie einen Finanzplan aufstellen, dann muss dieser einfach und leicht umsetzbar sein. Wird es zu kompliziert oder aufwendig, dann verhindert Frustration die Umsetzung. Es gelten folgende drei Voraussetzungen für eine umsetzbare Planung:

> Das Ziel muss klar definiert sein (z. B. »Ruhestand mit Beginn des 60. Lebensjahres«).
> Der Weg zur Zielerreichung muss klar sein (z. B. »Ich habe bis dahin noch 15 Jahre Zeit.« Oder: »Ich kann jeden Monat 150 Euro sparen und investieren.«).
> Der wichtigste der drei Punkte ist jedoch sicherlich der Antrieb, warum dieses Ziel so attraktiv erscheint und warum Sie es sehr gerne erreichen wollen. Diese Motivation wird laufend dabei helfen, Ihr Ziel zu verfolgen.

Eine realistische Planung geht immer vom Soll-Ist-Vergleich aus:

> An welchem Punkt stehen Sie gerade? Die Bestandsaufnahme der Ist-Situation ist der einzig sinnvolle Startpunkt. Sie können beispielsweise genau prüfen, wie hoch Ihre Ersparnisse sind und wie diese investiert sind.

> Der Soll-Wert kann leicht mittels Ihrer Planung angenommen werden, die sich mithilfe eines Zeitstrahls sehr gut visualisieren lässt.
> Ein lebensnaher Soll-Ist-Vergleich berücksichtigt immer auch ein zwangsläufig aufkommendes Störfeuer. Das heißt, dass zeitliche Puffer und Puffer im Hinblick auf die Ansparbeträge in Ihrem Plan enthalten sein sollten.

127. Wie könnte denn mein Finanzplan für den Frühruhestand konkret aussehen?

Sehr hilfreich für einen Frühruhestands-Finanzplan ist das Auflisten von **Bestandsgrößen** und **Stromgrößen**:

Bestandsgrößen:
> Welches Vermögen besitzen Sie bereits heute?
> Wie hoch ist Ihr Bestand an Verbindlichkeiten, beispielsweise für eine Baufinanzierung?
> Wie lässt sich Ihr aktuelles Vermögen aufgliedern in liquide Mittel, z. B. Tagesgeld, und illiquides Vermögen, z. B. Immobilien?
> Welche Ansprüche aus Versicherungsverträgen haben Sie bis zum heutigen Zeitpunkt erworben? Welche Einmalzahlungen oder Rentenzahlungen werden Ihnen zufließen aus …
>   – der gesetzlichen Rentenversicherung oder aus einer Beamtenpension oder aus einem Versorgungswerk?
>   – einem Rürup-Rentenvertrag?
>   – einer Riester-Rente?
>   – einer betrieblichen Altersversorgung (bAV)?
>   – einer privaten Lebens-/Rentenversicherung ohne staatliche Förderung?

Stromgrößen:
> Wie viel fließt Ihnen derzeit aus unterschiedlichen Einkommenskategorien zu, wie beispielsweise als …
>   – Einkommen aus angestellter Tätigkeit?
>   – Einkommen aus selbständiger Tätigkeit?
>   – Einnahmen aus Kapitalvermögen (Zinsen und Dividenden)?
>   – Einnahmen aus Vermietung und Verpachtung?

> Wie hoch sind Ihre regelmäßigen Mittelabflüsse, z. B. Miete oder Wohngeld, Kosten von Lebensmitteln und Hygieneartikeln, Leasing-Verträge, Kommunikationskosten?
> Wie hoch sind Ihre unregelmäßigen Mittelabflüsse, z.b. für Urlaub oder mögliche Autoreparaturen?

	Vermögen/Einkommen		Verbindlichkeiten/Ausgaben	
	Was?	Betrag (in Euro)	Was?	Betrag (in Euro)
Bestands-größen	Immobilie	350.000	Baudarlehen	200.000
	Tagesgeld	30.000	Dispo-Kredit	5.000
	Sparbuch	10.000		
	Rentenversicherung	40.000		
Strom-größen	Gehalt (netto)	3.500	Wohngeld	800
	Zinsen/Dividenden	100	Lebensmittel	600
			Drogerieartikel	200
			Auto-Leasing	250
			Kommunikation	100

Tabelle 30: Beispiel einer Finanzplan-Übersicht

Sind Sie mit der aktuellen Struktur Ihres Vermögen zufrieden, dann kann ein einfacher Finanzplan die Grundlage für den zukünftigen Vermögensaufbau sein. Und sind Sie mit der aktuellen Struktur Ihres Vermögens nicht zufrieden – beispielsweise wegen der geringen Erträge, die im obigen Beispiel auf dem niedrigen Zinsniveau basieren –, dann bieten Investmentfonds eine sehr gute Möglichkeit, das zu ändern. Sowohl der Aufbau als auch die Neustrukturierung von liquidem Vermögen ist mithilfe monatlicher Sparpläne in Investmentfonds wirklich einfach.

Beim Aufbau von Vermögen hilft es ganz enorm, wenn Sie die monatliche Einzahlung in Ihr Fondsdepot oder in Ihre Fondspolice analog der monatlichen Mietzahlung als Quasi-Kosten einstufen. Damit erhöhen Sie erfahrungsgemäß Ihre Disziplin erheblich.

Möchten Sie kurzfristiges liquides Vermögen, beispielsweise Tagesgeld, in langfristiges liquides Vermögen umwandeln, dann können Sie gut einen Zeitraum von z. B. zwei Jahren dafür nutzen. In diesen 24 Monaten könnten Sie beispielsweise Ihren Tagesgeldbestand um 24 × 500 Euro = 12.000 Euro reduzieren und damit einen Bestand an Aktienfondsanteilen aufbauen. Sie strecken einfach die Fondskäufe über einen überschaubaren Zeitraum.

Gleichgültig wie gut Sie Ihren Plan ausgearbeitet haben: Ohne eine Alternative, also ohne einen Plan B, wird es schwer für Sie werden. Er soll Sie jedoch nicht dazu verleiten, die Flinte schnell ins Korn werfen sollten, wenn Ihr ursprünglicher Plan (Plan A) nicht leicht umsetzbar ist. Denn diesen zu verwirklichen, dürfte sich sicher in den allermeisten Fällen lohnen.

Was aber, wenn Umstände eintreten (beispielsweise durch Arbeitslosigkeit oder ein späteres Eintrittsalter in den Frühruhestand), die Sie nicht oder kaum beeinflussen können? Dann sollte das nicht dazu führen, dass Sie planlos durchs (finanzielle) Leben gehen, sondern dann orientieren Sie sich eben an Ihrem persönlichen Plan B. Vielleicht besteht Ihr Plan B aus dem Vorhaben, statt 150 Euro monatlich nur noch 50 Euro monatlich auf die hohe Kante zu legen. Oder aber Sie planen Ihren Ruhestand eben erst zum 59. Geburtstag statt zum 57. Oder ..., oder ..., oder ....

128. Wie viel Geld muss man gespart haben, um früher in den Ruhestand gehen zu können?

Die korrekte Antwort auf diese Frage muss lauten: Es kommt drauf an! Drei wesentliche Punkte gilt es zunächst zu klären:

> Aktuelles Lebensalter
> Dauer bis zum geplanten Frühruhestand
> Höhe der gewünschten monatlichen Rente im Alter

Eine aktuelle Bestandsaufnahme kann immer dabei helfen, böse Überraschungen zu vermeiden:

> Wie hoch wäre Ihre gesetzliche Rente, wenn Sie ganz normal, also mit Erreichen der Regelaltersgrenze in Rente gingen?
> Welche Einbußen müssen Sie bei einem früheren Rentenbeginn in Kauf nehmen?

> Wie hoch sind Ihre aktuellen privaten Rücklagen und wie hoch sollten diese bei einem früheren Rentenbeginn sein (Soll-Ist-Vergleich)?

Ein Frühruhestand wirkt sich doppelt negativ auf die Bezüge aus der gesetzlichen Rentenversicherung aus. Zunächst einmal entfallen mit dem Wegfall des Arbeitseinkommens auch die Einzahlungen in die Rentenkasse, die ja die künftige Rente erhöhen würden. Zudem müssen Abschläge bei den Auszahlungen hingenommen werden: Bei einem vorgezogenen Rentenbeginn werden für jeden Monat vorzeitigen Rentenbezugs 0,3 Prozent von der individuellen Altersrente abgezogen.

Möchten Sie also beispielsweise mit dem 60. statt mit dem 63. Lebensjahr in Rente gehen, dann reduziert sich Ihre monatliche Rentenzahlung um

36 Monate × 0,3 Prozent = 10,8 Prozent

Würden Ihnen beispielsweise 1.000 Euro monatliche Rentenbezüge mit Erreichen der Regelaltersgrenze zustehen, dann ergibt sich folgende Rechnung:

1.000 Euro – 108 Euro = 892 Euro

In Euro und Cent ausgedrückt wird deutlich, dass der Antritt der Frührente zu erheblichen Einbußen bei Ihren eingehenden Rentenzahlungen führt. Solche Berechnungen müssen Sie unbedingt in Ihre Überlegungen einbeziehen.

Gingen Sie nun in einem weiteren Beispiel auch weiterhin mit 60 in Frührente und berücksichtigen Sie dabei, dass die Regelaltersgrenze auf das 67. Lebensjahr angehoben wird, dann reduziert sich die monatliche Rentenzahlung quasi automatisch. Die neue Regelaltersgrenze von 67 wird nun aber nicht auf einen Schlag kommen, sondern sie wird schrittweise eingeführt.

Folgende Geburtsmonate und Geburtsjahrgänge gehen mit den folgenden zunehmenden Regelaltersgrenzen einher:

Versicherte Geburtsmonat/Geburtsjahr	Anhebung der Altersgrenze um ... Monate
Januar 1949	1
Februar 1949	2
März – Dezember 1949	3
1950	4
1951	5
1952	6
1953	7
1954	8
1955	9
1956	10
1957	11
1958	12
1959	14
1960	16
1961	18
1962	20
1963	22
ab 1964	24

Tabelle 31: Geburtsmonate und Geburtsjahrgänge im Verhältnis zu den Regelaltersgrenzen

Ein Frühruhestand wirkt insbesondere in Verbindung mit der Anhebung der normalen Altersrente auf das 67. Lebensjahr faktisch wie eine zusätzliche Rentenkürzung.

Simplified Fazit

Die Planung des Frühruhestands ist auch immer die Planung von Betragsdifferenzen. Wie viel Geld haben Sie heute und wie viel Geld werden Sie künftig benötigen? Die Differenz dieser beiden Beträge ist entscheidend.

129. Was sind die drei Berechnungsschritte, die ich für eine Frührente anstellen muss?

Je höher unsere Lebenserwartung ist, desto später kann erst die Auszahlung der Leistungen der Gesetzlichen Rentenversicherung beginnen. Denn bei einem Umlageverfahren muss die arbeitende Bevölkerung schließlich die Rentenzahlungen an die Rentner der früheren Arbeitergeneration finanzieren. Wird die Rentenphase durch die zunehmende Lebenserwartung der Menschen jedoch immer höher, wäre das kaum mehr bezahlbar. Dem versucht der Gesetzgeber Rechnung zu tragen, indem er das Renteneintrittsalter schrittweise nach oben setzt. Immer weniger Menschen möchten jedoch erst im fortgeschrittenen Alter in Rente gehen. Damit bleibt die Frage zu klären: »Wer kann sich wann einen frühen Ruhestand leisten?«

Ein komprimiertes Vorgehen bei der Berechnung berücksichtigt dabei sowohl die Kosten als auch das Einkommen. Die Kostenseite bezieht sich zunächst auf die aktuelle Situation. Die Einkommensseite fließt aktuell indirekt über die Sparquote ein. Im Wesentlichen geht es bei der Einkommensseite jedoch um zukünftige Einnahmen während der Verrentungsphase.

Und so einfach geht es:

1. Berechnen Sie Ihre monatlichen Ausgaben und multiplizieren Sie das Ergebnis mit 12, um Ihre Jahresausgaben zu errechnen.
2. Multiplizieren Sie dann Ihre jährlichen Ausgaben mit 100.
3. Wenn Sie die errechnete Summe angespart haben, dann können Sie in Rente gehen.

Ein Beispiel hilft sicher dabei, diese Rechnung zu illustrieren:
1. Monatliche Ausgaben 2.000 Euro × 12 = jährliche Ausgaben 24.000 Euro
2. 24.000 Euro × 100 = 2.400.000 Euro
3. Wenn Sie ein Vermögen in Höhe von 2,4 Millionen Euro angespart haben, dann können Sie in Rente gehen.

Was steckt aber nun hinter diesem – wirklich sehr vereinfachenden – Modell für ein Gerüst an Annahmen und Voraussetzungen?

Die Ausgaben werden als fix angesehen. Sie selbst haben ja schließlich Ihre monatlichen Kosten errechnet. Der verwendete Multiplikator – 100 in der obigen Darstellung – hängt von der unterstellten durchschnittlichen jährlichen realen Netto-Rendite ab. Die reale Netto-Rendite ist die Rendite, die nach Abzug von Steuern, Kosten und Inflation übrigbleibt. Folgende Rechnung lässt sich dazu aufstellen:

> nominale Brutto-Rendite: **6 Prozent**
> zu zahlende Steuer (Abgeltungssteuersatz 25 Prozent + Solidaritätszuschlag 5,5 Prozent + Kirchensteuer 8 oder 9 Prozent) ergibt sich aus den 6 Prozent Brutto-Rendite: 1,7 Prozent (gerundet)
> Kosten: pauschal mit 1,5 Prozent pro Jahr angenommen
> Inflation: 1,8 Prozent (in Anlehnung an das Inflationsziel der Europäischen Zentralbank, EZB)
> Reale Netto-Rendite: 6 Prozent - 1,7 Prozent - 1,5 Prozent - 1,8 Prozent = **1 Prozent**

Bei einer Netto-Rendite in Höhe von 1 Prozent lassen sich bei einem Kapitalstock von 2.400.000 Euro jährlich 24.000 Euro erwirtschaften. Das Kapital wird bei dieser Rechnung folglich nicht angetastet. Es bleibt – beispielsweise zur Weitergabe an die nächste Generation – erhalten.

Auf der Grundlage dieser Berechnung können Sie jetzt mit den Zahlen spielen. Gehen Sie von einer Brutto-Rendite von 7 Prozent aus und lassen Sie alle weiteren Annahmen unberührt, dann resultiert daraus eine Netto-Rendite von 2 Prozent. Wenn nun aber 24.000 Euro diesen 2 Prozent entsprechen, dann reicht ein lediglich halb so hohes Vermögen von 1.200.000 Euro aus. Zielen Sie folglich auf diese 1,2 Millionen Euro ab, dann reicht im Berechnungsbeispiel ein Multiplikator von 50 aus:

1. Monatliche Ausgaben 2.000 Euro × 12 = jährliche Ausgaben 24.000 Euro
2. 24.000 Euro × 50 = 1.200.000 Euro
3. Wenn Sie ein Vermögen in Höhe von 1,2 Millionen Euro angespart haben, dann können Sie in Rente gehen.

Diese Variationen lassen sich beliebig rechnen. Hinterfragt werden muss jedoch bei jeder einzelnen Berechnung, wie realistisch die zugrunde gelegte nominale Brutto- und die reale Netto-Rendite ist. Je höher die Zahlen werden, desto unrealistischer erscheint das Ergebnis:

1. Monatliche Ausgaben 2.000 Euro × 12 = jährliche Ausgaben 24.000 Euro
2. 24.000 Euro × 25 = 600.000 Euro
3. Wenn Sie ein Vermögen in Höhe von 600.000 Euro angespart haben, dann können Sie in Rente gehen.

Der Multiplikator von 25 impliziert somit die Annahme, dass 4 Prozent reale Netto-Rendite durchschnittlich und dauerhaft erzielbar sind. Gemäß den obigen Annahmen entsprechen 4 Prozent reale Netto-Rendite jedoch 9 Prozent nominaler Brutto-Rendite. Auch diese Zahl ist erreichbar. Zu bedenken ist jedoch, dass zu jeder Chance auf Rendite das jeweilige einzugehende Risiko gehört.

130. Wie viel Vermögen ist genug für die Frührente?

Die Diskussion über den richtigen Betrag, der nötig ist, um früher als vom Gesetzgeber vorgesehen in Rente zu gehen, gibt es schon seit ewigen Jahren. Die klassische Antwort auf diese sagenumwobene Frage lautet zumeist: 1.000.000 Euro. Kurioserweise steht diese hohe Zahl schon so lange im Raum, dass früher von einer Million DM gesprochen wurde und sich seit dem 1. Januar 2002 zwar die Währung geändert hat, die Zahl jedoch gleich geblieben ist. Eine Million Euro lautet deswegen heute oft die Antwort auf die Frage nach dem richtigen Betrag.

Eine absolute Zahl als Antwort auf diese Frage heranzuziehen, erscheint zwar recht einfach, ist jedoch durchaus bedenklich. Für die meisten Menschen ist 1 Million Euro enorm viel Geld. Einem Multimillionär jedoch zaubert diese Zahl vielleicht nur ein müdes Lächeln ins Gesicht. Doch wenn sie nicht den einfachen Lösungsweg beschreiten wollen, wie können Sie diese Frage denn am besten beantworten?

Als Startpunkt zur Beantwortung der Frage »Wie viel ist genug?« sollten Sie vielmehr an relative Größen denken. Denn wenn Sie errechnet haben, wie viel Sie jedes Jahr für die Aufrechterhaltung des aktuellen Lebensstandards ausgeben, dann bekommen Sie sicher ein viel besseres Gefühl dafür, wie Sie einer Antwort auf diese durchaus knifflige Frage näherkommen und sich diese erarbeiten. Ja, Sie haben richtig gelesen: Die Antwort müssen Sie sich erarbeiten. Mit dieser Formulierung möchte ich zum Ausdruck bringen, dass es zwar einfach ist, irgendeine Zahl in den Raum zu stellen. Eine aussagekräftige Zahl lässt sich jedoch nur in den seltensten Fällen aus der Luft greifen. Vielmehr geht es darum, sie durch eine Kombination existierender Werte und faktenbasierter Schätzungen abzuleiten.

Starten Sie am besten gleich mit der Ausgabenseite. Die Einnahmenseite können die meisten Menschen auf ihrer Gehaltsabrechnung, dem Depotauszug oder dem Mietvertrag für vermietetes Wohneigentum ablesen. Die Besonderheit der Ausgabenseite besteht darin, dass Ihnen dabei kaum etwas anderes übrigbleibt, als bei der Kalkulation sehr ehrlich zu sich selbst zu sein. Jede Art des Schönrechnens fällt Ihnen sicher schnell auf oder aber Sie leiden später unter den Folgen. Möchten Sie beispielsweise mit Ihrem 60., 62. oder 65. Lebensjahr in Frührente gehen und dann ab dem 67. Lebensjahr offiziell Rente beziehen, dann könnte eine einfache Kalkulation beispielsweise so aussehen:

	Aktueller IST-Wert	Zukünftiger SOLL-Wert	Veränderung (in % %)
monatliche Mietzahlung	1.000 €	1.200 €	+20 %
monatliche Ausgaben für Lebensmittel	1.000 €	1.300 €	+30 %
monatliche Ausgaben für Mobilität (Auto, öffentlicher Personennahverkehr, etc.)	300 €	400 €	+33 %
monatliche Ausgaben für Freizeitaktivitäten (inkl. Urlaub)	400 €	600 €	+50 %
Reserve / Puffer	200 €	200 €	+/-
monatliche Ausgaben für Krankenversicherung	300 €	900 €	+200 %
monatliche Sparrate	300 €	0 €	-100 %
monatliche Summe	**3.500 €**	**4.600 €**	**+31 %**
Summe für 84 Monate	**294.000 €**	**386.400 €**	**+31 %**
Summe für 60 Monate	**210.000 €**	**276.000 €**	**+31 %**
Summe für 24 Monate	**84.000 €**	**110.400 €**	**+31 %**

Tabelle 32: Monatliche Ausgaben, heute und durchschnittlich in den nächsten sieben, fünf und zwei Jahren, Quelle: eigene Berechnungen

In die Soll-Werte sind neben möglichen Preissteigerungen auch Veränderungen des persönlichen Verhaltens einbezogen. Wenn Sie mehr Zeit zur Verfügung haben, werden vermutlich die Kosten für Freizeitaktivitäten steigen. Und Ihre Krankenversicherungsbeiträge ergeben sich aus dem Arbeitnehmer- und dem Arbeitgeberanteil sowie einer zu beobachtenden Steigerung.

Die berühmte Million muss es in obigem Beispiel also gar nicht sein. Die errechneten Zahlen sind jedoch trotzdem ziemlich hoch. Vergessen sollten Sie nie, dass es sich bei dieser Art der Berechnung um ein sogenanntes Differenzmanagement handelt. Möchten Sie beispielsweise mit 60 aus dem aktiven Erwerbsleben ausscheiden und planen Sie mit den ausreichend hohen Zahlungen aus gesetzlicher Rentenversicherung oder Rürup-Rente (Schicht 1), betrieblicher Altersvorsorge oder Riester-Rente (Schicht 2) sowie privater Rentenversicherung (Schicht 3) ab dem 67. Lebensjahr, dann geht es bei dieser Art von Berechnungen um die zeitliche Differenz von sieben Jahren (84 Monaten), fünf Jahren (60 Monaten) oder zwei Jahren (24 Monaten).

131. Welche Steuerlast habe ich als Rentner zu tragen und wie kann ich sie reduzieren?

Bereits seit einigen Jahren haben Rentenerhöhungen für zahlreiche Rentner eine bedenkliche Kehrseite der Medaille: Immer mehr Rentner werden steuerpflichtig. Umso wichtiger wird es deswegen für aktuelle und zukünftige Ruheständler, sich zu informieren, wo sie den Staat über ihre Steuererklärung an ihren Ausgaben beteiligen können und welche Freibeträge sie nutzen sollten.

Doch warum müssen mittlerweile immer mehr Rentner Steuern bezahlen?

Das liegt daran, dass der steuerpflichtige Anteil der sogenannten Schicht 1 – also gesetzliche Rente und Basis-Rente – von Rentnerjahrgang zu Rentnerjahrgang steigt. Bis zum Jahr 2040 wird der steuerpflichtige Anteil schrittweise gesteigert und für Rentner, die ab 2040 in den Ruhestand gehen, werden dann 100 Prozent der Rente aus Schicht 1 steuerpflichtig. Hinzu kommt, dass in den kommenden Jahren bis 2040 auch schrittweise verschiedene Freibeträge abgeschmolzen werden. Dazu zählt beispielsweise der Altersentlastungsbetrag für andere Einkünfte wie Mieten.

Auch Alterseinkünfte aus der Schicht 2 – beispielsweise Betriebsrenten aus einer Unterstützungskasse – unterliegen der Steuerpflicht. Allerdings gewährt das Finanzamt auch hier Freibeträge. Dieses System der Freibeträge ist recht komplex und wird ebenfalls bis zum Jahr 2040 abgebaut. Bis dahin lohnt es sich natürlich, sich mit den einzelnen steuerlichen Regelungen detailliert auseinanderzusetzen. Der Rat eines kompetenten Steuerberaters kann dabei sicher viel helfen.

Bei Rentenzahlungen aus der (privaten) Schicht 3 – beispielsweise aus einem privaten Rentenversicherungsvertrag – fällt die Steuerlast im Alter vergleichsweise gering aus. Das ist auch nur gerecht, da schließlich die Beiträge in der Ansparphase aus dem bereits versteuerten Einkommen bezahlt wurden. Die Faustformel dafür lautet: Je älter der Betroffene bei der ersten Auszahlung ist, desto geringer fällt der Besteuerungsanteil aus. Und insbesondere bei der Schicht 3 gesteht der Gesetzgeber einige Gestaltungsmöglichkeiten zu. So könnte beispielsweise ein Rentnerehepaar überlegen, ob ein Wertpapierdepot, das bisher nur auf einen der Ehepartner lautet, auf die Namen beider Ehepartner umgeschrieben werden sollte. Damit einher geht zumeist eine Verdoppelung der relevanten Freibeträge. Bedenken Sie in einem solchen Fall unbedingt, dass eine solche Umschreibung ein schenkungssteuerpflichtiger Vorgang ist. Der Schenkungssteuerfreibetrag von 500.000 Euro, der bei Schenkungen unter Ehepartnern gilt, sollte idealerweise also nicht überschritten werden.

Wie jeder Steuerpflichtige sollten auch Rentner, die steuerpflichtig geworden sind, prüfen, welche Ausgaben die Steuerlast reduzieren könnten. Versicherungsbeiträge, Kosten für Pflege, Kosten für Handwerker und haushaltsnahe Dienstleistungen sind dabei nur einige Beispiele. Denn auch wenn Rentner plötzlich verpflichtet werden, eine Steuererklärung abzugeben, heißt das noch lange nicht, dass sie auch tatsächlich Steuern zahlen müssen.

132. Was mache ich mit meinem Vermögen, wenn ich morgen in Rente gehe?

An diesem einen speziellen Stichtag sollten Sie mit Ihrem Vermögen nichts wirklich Besonderes machen. Lange bevor Sie in Rente gehen, haben Sie sich hoffentlich bereits über wesentliche Parameter informiert:

> Wie hoch wird anfänglich meine monatliche gesetzliche Rente ausfallen?
> Welche weiteren Rentenzahlungen aus betrieblicher und privater Vorsorge erwarte ich, und auf welche Höhe werden sie sich belaufen?
> Kann ich gegebenenfalls mit einer Abfindung meines (ehemaligen) Arbeitgebers rechnen?
> Welche (neuen) laufenden Kosten kommen zukünftig auf mich zu?

Nachdem Sie diese Eckpunkte erarbeitet haben, wissen Sie, ob Ihnen der monatliche Mittelzufluss reichen wird oder nicht. Falls nein, dann sollten Sie die Zinsen und Dividenden mit in Ihre Rechnung aufnehmen, die künftig zu erwarten sind. Zudem lohnt es sich für Sie vielleicht, eine Sofortrentenversicherung abzuschließen. Damit erhalten Sie dann bis an Ihr Lebensende monatliche Zahlungen. Lassen Sie sich aber unbedingt von Ihrem Berater vorab Beispiele ausrechnen und informieren Sie sich über das Bedingungswerk entsprechender Versicherungsverträge.

Wenn Sie sichergestellt haben, dass Sie mit Ihren laufenden Geldzuflüssen auskommen, kümmern Sie sich um Ihren Vermögensbestand. Bedenken Sie unbedingt dabei, dass ja noch hoffentlich ein Drittel Ihres Lebens vor Ihnen liegt. Das gesamte Vermögen auf einem Sparbuch gutschreiben zu lassen ist daher ebenso wenig sinnvoll wie alle verfügba-

ren Mittel in Aktienfonds zu investieren. Aus Sicherheitsgründen gehört Vermögen auch und gerade im Alter gestreut.

Simplified Fazit

Egal welches Alter und egal in welcher Lebenssituation Sie sich befinden, es lohnt sich immer, über Ihre Vermögensanlage nachzudenken. Es gibt kein »zu jung« und schon gar kein »zu alt« dabei.

133. Warum ist im Ruhestand die Vermögensstruktur so wichtig?

Das gängige Rentner-Modell der vergangenen Jahrzehnte basierte zumeist auf einer einfachen Analyse der einzelnen Zahlungsströme.

Während des Arbeitslebens wurden im Wesentlichen Lohn und Gehalt als Zuflüsse verbucht, die dann ausreichen sollten, um die Abflüsse für die Ausgaben zu decken. Nach dem Ausscheiden aus dem aktiven Arbeitsle-

ben ging dieses Modell oftmals nahtlos im Ruhestand weiter. An Stelle von Lohn und Gehalt traten Einnahmen aus der gesetzlichen Rentenversicherung, und aus der betrieblichen Altersvorsorge.

Das Niveau an Einnahmen war zwar meistens im Rentenalter geringer, aber dafür waren zumeist auch die Ausgaben geringer. Insbesondere die Finanzierung der selbstgenutzten Immobilie war darauf ausgerichtet worden. Idealerweise wurde die letzte Darlehensrate mit dem letzten Gehalt beglichen. Ein großer Kostenblock hatte sich damit für den Ruhestand erledigt.

So weit, so gut! Diese Art der Rechnung wird sich jedoch zunehmend verändern müssen. Das Niveau der gesetzlichen Rente ist bereits heute niedriger, als es noch vor Jahren war – das gilt vor allem, wenn man die einzelnen Rentenzahlungen nicht in Euro, sondern in tatsächlicher Kaufkraft rechnet. Und die zunehmende Steuerbelastung von Rentnern tut ihr Übriges. Die Einnahmenseite wird somit künftig verstärkt von privater Altersvorsorge dominiert werden. Gleichzeitig ist das Niveau der Ausgabenseite höher als früher. Insbesondere zu Beginn der Ruhestandsphase steigen oftmals die Ausgaben. Heutige Rentner wollen reisen und ihre Freizeit aktiv gestalten, was den meisten auch dank eines besseren Gesundheitszustandes vergönnt ist. Was aber bedeutet diese Entwicklung für die Vermögensstruktur von Rentnern?

Eine selbstgenutzte, schuldenfreie Immobilie in Kombination mit einem Sparbuch oder Tagesgeldkonto wird künftig kaum mehr die richtige Struktur sein. Diese Bestandsgrößen bilden sicherlich auch weiterhin einen guten Sockel. Den zunehmend wichtiger werdenden Stromgrößen wird das aber bald schon nicht mehr gerecht werden. Mit kurzfristig liquidem Vermögen (Tagesgeld) und langfristig illiquidem Vermögen (Immobilie) fehlen im Wesentlichen zwei Vermögensbestandteile:

> mittelfristiges Vermögen
> langfristiges liquides Vermögen

Wer im Alter liquide Mittel benötigt, sollte immer daran denken, dass sich vermutlich die eigene Wohnung oder das eigene Haus nicht häppchenweise verkaufen lässt. Da gibt's nur ganz oder gar nicht.

Ein Wertpapierdepot oder eine fondsgebundene Rentenversicherung (Fondspolice) kann diese Lücke ausfüllen.

Fazit: »Ein Sparbuch und ein Haus reichen fürs Alter nicht aus!«

Stichwortverzeichnis